Ulrich Pröll · Ursula Ammon · Jens Maylandt

# Gesundheit bei der Arbeit als Thema von Kammern

# Dortmunder Beiträge zur Sozialforschung

Die Herausgeber/innen:
Ellen Hilf
Prof. Dr. Jürgen Howaldt
Prof. Dr. Gerhard Naegele
Prof. Dr. Monika Reichert

Vor dem Hintergrund sich verschärfender sozialer Risiken und demografischer Herausforderungen sowie einer beschleunigten Veränderungsdynamik in Wirtschaft, Gesellschaft und Kultur wächst ganz offensichtlich das Bewusstsein eines nur eingeschränkten Problemlösungspotenzials etablierter Steuerungs- und Problemlösungsroutinen.

Je weiter Gesellschaft, Wirtschaft, Kultur, die natürliche Umwelt, die Arbeits- und Lebenswelt von technischen Innovationen durchdrungen und in hohem Tempo umgestaltet werden, umso mehr gewinnen soziale Innovationen an Bedeutung und öffentlicher Aufmerksamkeit. Mit dem verstärkten Fokus auf soziale Innovationen tritt aber die mit den Sozialwissenschaften verbundene Reflexions- und Gestaltungskompetenz stärker in den Vordergrund.

Zu einer der aktuell wie künftig zentralen gesellschaftlichen Gestaltungsaufgaben gehört der demografische Wandel. Seine Auswirkungen sind vielschichtig. Neben der Bevölkerungsstruktur betreffen die Veränderungen den Arbeitsmarkt, die kommunale Infrastruktur, die Gesundheitsversorgung und das soziale Zusammenleben in der Gesellschaft.

Die Dortmunder Beiträge zur Sozialforschung versammeln wissenschaftliche Publikationen, die sich mit den damit verbundenen Fragen auseinandersetzen. Die Herausgeber/innen repräsentieren mit der Sozialforschungsstelle Dortmund und der Dortmunder sozialen Gerontologie an der Technischen Universität Dortmund zwei traditionsreiche Einrichtungen und Standorte sozialwissenschaftlicher Forschung in Deutschland. Sie bilden zugleich einen wichtigen Bestandteil der an der TU Dortmund vertretenen Sozialwissenschaften.

Ulrich Pröll · Ursula Ammon
Jens Maylandt

# Gesundheit bei der Arbeit als Thema von Kammern

Kleinbetriebliches Gesundheitsmanagement auf der Agenda beruflicher und wirtschaftlicher Selbstverwaltung

**VS VERLAG**

Bibliografische Information der Deutschen Nationalbibliothek
Die Deutsche Nationalbibliothek verzeichnet diese Publikation in der
Deutschen Nationalbibliografie; detaillierte bibliografische Daten sind im Internet über
<http://dnb.d-nb.de> abrufbar.

Die Forschungs- und Entwicklungsarbeiten im Verbundvorhaben „PräTrans – Transferpotenziale von Kammern und Verbänden für die Prävention in Klein- und Ein-Personen-
Unternehmen" wurden vom Bundesministerium für Bildung und Forschung im Programm
„Innovationsfähigkeit in einer modernen Arbeitswelt", Schwerpunkt „Präventiver Arbeits-
und Gesundheitsschutz", gefördert und fachlich durch die Projektträgerschaft „Arbeitsgestaltung und Dienstleistungen" des Deutschen Zentrums für Luft- und Raumfahrt e. V.
(DLR) betreut (Förderkennzeichen 01FA0647). Die inhaltliche Verantwortung für den Text
liegt ausschließlich bei der Autorin und den Autoren.

1. Auflage 2011

Alle Rechte vorbehalten
© VS Verlag für Sozialwissenschaften | Springer Fachmedien Wiesbaden GmbH 2011

Lektorat: Dorothee Koch | Monika Mülhausen

VS Verlag für Sozialwissenschaften ist eine Marke von Springer Fachmedien.
Springer Fachmedien ist Teil der Fachverlagsgruppe Springer Science+Business Media.
www.vs-verlag.de

Umschlaggestaltung: KünkelLopka Medienentwicklung, Heidelberg
Gedruckt auf säurefreiem und chlorfrei gebleichtem Papier
Printed in Germany

ISBN 978-3-531-18299-5

# Inhalt

# Abkürzungsverzeichnis

| | |
|---|---|
| ABDA | Bundesvereinigung Deutscher Apothekerverbände |
| ABI | Arbeitsbewältigungs-Index |
| ABV | Arbeitsgemeinschaft Berufsständischer Versorgungseinrichtungen e.V. |
| AK NW | Architektenkammer Nordrhein-Westfalen |
| AKN | Apothekerkammer Nordrhein |
| AOK | Allgemeine Ortskrankenkasse |
| ArbSchG | Gesetz über die Durchführung von Maßnahmen des Arbeitsschutzes zur Verbesserung der Sicherheit und des Gesundheitsschutzes der Beschäftigten bei der Arbeit (Arbeitsschutzgesetz) |
| ASiG | Gesetz über Betriebsärzte, Sicherheitsingenieure und andere Fachkräfte für Arbeitssicherheit (Arbeitssicherheitsgesetz) |
| BÄK | Bundesärztekammer |
| BAuA | Bundesanstalt für Arbeitsschutz und Arbeitsmedizin |
| BauKaG NRW | Baukammerngesetz Nordrhein-Westfalen |
| BDA | Bundesvereinigung der Deutschen Arbeitgeberverbände |
| BDI | Bundesverband der Deutschen Industrie |
| BG | Berufsgenossenschaft (Träger der gesetzlichen Unfallversicherung) |
| BGF | Betriebliche Gesundheitsförderung |
| BGM | Betriebliches Gesundheitsmanagement |
| BGW | Berufsgenossenschaft für Gesundheitsdienst und Wohlfahrtspflege |
| BIS | Beratungs- und Informationssystem im Handwerk |
| BMBF | Bundesministerium für Bildung und Forschung |
| BMFSFJ | Bundesministerium für Familie, Senioren, Frauen und Jugend |
| BPtK | Bundespsychotherapeutenkammer |
| BVerfG | Bundesverfassungsgericht |
| BW | Baden-Württemberg |
| CSR | Corporate Social Responsibility |
| DBU | Deutsche Bundesstiftung Umwelt |
| DGEVAL | Deutsche Gesellschaft für Evaluation |
| DGUV | Deutsche Gesetzliche Unfallversicherung |
| DHKT | Deutscher Handwerkskammertag |
| DAB | Deutsches Architektenblatt |
| DIB | Deutsches Ingenieurblatt |
| DIHK | Deutscher Industrie- und Handelskammertag |
| DLR | Deutsches Zentrum für Luft- und Raumfahrt |
| EG-Vertrag | Vertrag zur Gründung der Europäischen Gemeinschaft |
| EP | Entwicklungspartnerschaft |
| EU | Europäische Union |
| EuGH | Gerichtshof der Europäischen Gemeinschaften |
| F&E | Forschung und Entwicklung |
| gGmbH | Gemeinnützige GmbH |
| GHM | Gesellschaft für Handwerksmessen |

| | |
|---|---|
| HeilBerg NRW | Heilberufsgesetz Nordrhein-Westfalen |
| HRM | Humanressourcen-Management |
| HWK | Handwerkskammer |
| HwO | Handwerksordnung |
| IFB | Institut für Freie Berufe an der Universität Erlangen-Nürnberg |
| IHK | Industrie- und Handelskammer |
| IHKÄndG | Gesetz zur Änderung des IHK-Gesetzes |
| IHKG | Gesetz zur vorläufigen Regelung des Rechts der Industrie- und Handelskammern |
| IK H | Ingenieurkammer Hessen |
| IK S-A | Ingenieurkammer Sachsen-Anhalt |
| IK-BAU-NW | Ingenieurkammer-Bau Nordrhein-Westfalen |
| IKK | Innungskrankenkasse |
| ISWA | Institut für sozial- und wirtschaftspolitische Ausbildung |
| itb | Institut für Technik der Betriebsführung im Handwerk |
| k. A. | keine Angabe |
| LE | Lerneinheit |
| NRW | Nordrhein-Westfalen |
| o. J. | ohne Jahresangabe |
| PE | Personalentwicklung |
| PTA | Pharmazeutisch-Technische/r-Assistent/in |
| QM | Qualitätsmanagement |
| REACH | Registration, Evaluation, Authorisation and Restriction of Chemicals (Verordnung der Europäischen Union) |
| RKW | Rationalisierungs- und Innovationszentrum der Deutschen Wirtschaft e.V. |
| sfs | Sozialforschungsstelle der Technischen Universität Dortmund |
| SGB | Sozialgesetzbuch |
| SCV | Selbst-Check-Verfahren |
| SiGeKo | Koordinator für Sicherheit und Gesundheit auf Großbaustellen |
| TKK | Techniker Krankenkasse |
| UDH | Unternehmerverband Deutsches Handwerk |
| VDSI | Verband deutscher Sicherheitsingenieure e.V. |
| WIS | Weiterbildungs-Informations-System |
| WHO | World Health Organisation (Weltgesundheitsorganisation) |
| ZDH | Zentralverband des Deutschen Handwerks |
| ZWH | Zentralstelle für Weiterbildung im Handwerk |

# Verzeichnis der Abbildungen

# Verzeichnis der Tabellen

# Vorwort

In der vorliegenden Arbeit werden Ergebnisse eines gut vierjährigen Forschungs- und Entwicklungsvorhabens wissenschaftlich ausgewertet. Sie basiert auf einem von zwei Teilvorhaben des Verbundprojektes „PräTrans – Transferpotenziale von Kammern und Verbänden für die Prävention in Klein- und Ein-Personen-Unternehmen", das vom Bundesministerium für Bildung und Forschung im Schwerpunkt „Präventiver Arbeits- und Gesundheitsschutz" gefördert wurde (Förderkennzeichen 01FA0647).

Die übergreifende Fragestellung des Projektverbundes zielte auf mögliche Beiträge von intermediären Einrichtungen der Wirtschaft (Kammern und Verbände) zur Ausgestaltung einer milieuspezifischen Präventionspraxis in Klein- und Ein-Personen-Unternehmen. Dabei hat sich das in dieser Arbeit ausgewertete Teilvorhaben der Sozialforschungsstelle der Technischen Universität Dortmund auf Praxis und Potenziale der *wirtschaftlichen und beruflichen Selbstverwaltung, des deutschen Kammerwesens* also, konzentriert. Die Buchveröffentlichung ist – neben einer zusätzlich geplanten Dissertationsschrift – Teil der *wissenschaftlichen* Auswertung des Teilvorhabens. Praktisch nutzbare Arbeitsergebnisse aus dem gesamten Verbund wurden potenziellen Interessenten und der Fachöffentlichkeit bereits in einer Online-Toolbox auf der Projekthomepage zur Verfügung gestellt (www.gesundheit-unternehmen.de).

Das zweite Teilvorhaben wurde vom Rationalisierungs- und Innovationszentrum der Deutschen Wirtschaft e.V. (Kompetenzzentrum, Eschborn) durchgeführt und ist der Fragestellung mit einem analogen Projektdesign für den Bereich der *Branchenverbände* der deutschen Wirtschaft nachgegangen.

Die Autorin und die beiden Autoren dieses Bandes bildeten das wissenschaftliche Personal des PräTrans-Teams der Sozialforschungsstelle Dortmund. In der praktischen Projektarbeit wurden sie von Eva Alshuth (Sachbearbeitung), Kathrin Kowalski (studentische Assistenz) und Jürgen Bonnekoh (Datenmanagement) unterstützt, denen wir für ihre Mitarbeit herzlich danken.

Ohne die Gesprächsbereitschaft und vor allem die engagierte Eigenaktivität zahlreicher Kooperationspartner aus der Kammerpraxis wären unsere Forschungs- und Entwicklungsarbeiten nicht möglich gewesen. Um die Anonymität unserer Feldgeber und Kooperationspartner so weit wie möglich zu wahren, werden wir weder an dieser noch an anderer Stelle Namen nennen. Umso herzlicher deshalb unser Dank an alle, die Zeit und Interesse in das Projekt investiert haben.

Unser Dank gilt nicht zuletzt auch der DLR-Projektträgerschaft „Arbeitsgestaltung und Dienstleistungen" des BMBF, namentlich Frau Dr. Stephanie Becker, für die Unterstützung und Betreuung des Vorhabens.

Dortmund, im Mai 2011


Ursula Ammon, Jens Maylandt und Ulrich Pröll

# 1 Das Forschungs- und Entwicklungsvorhaben PräTrans: Ziele, Konzept und Methoden

Wir wollen zunächst in den Kontext des PräTrans-Projektes einführen und zeichnen dazu seine wissenschaftlichen und praktischen Referenzen nach, beschreiben sein methodisches Design und sein Kooperationsgefüge. Kapitel 1.1 widmet sich den präventionsstrategischen Motiven und Zielen sowie der historischen Genese von PräTrans. Im Kapitel 1.2 wird der theoretisch-konzeptionelle Rahmen unserer Analysen und Interventionen dargestellt, der gesundheits-, präventions- und innovationstheoretische Bezüge miteinander verbindet. Das dritte Unterkapitel widmet sich dem relativ komplexen Projektdesign von PräTrans, das Analysen, Konzeptentwicklung und Praxisexperimente zu einer „Innovations-Machbarkeitsstudie" zu kombinieren versucht.

## 1.1 Einführung: Problemkontext und Ziele

Lässt die bestehende Praxis der wirtschaftlichen und beruflichen Selbstverwaltung in Deutschland Möglichkeiten erkennen, das Thema Gesundheitsmanagement im Kontext von Arbeit, Beruf und Wirtschaft nachhaltig und eigensinnig in die Themenagenda zu integrieren? So würden wir heute – rückblickend auf vier Jahre Forschung, Entwicklung und Erprobung – das zentrale Erkenntnisinteresse des BMBF-Verbundvorhabens PräTrans präzisieren. Das soziale Feld, in dem sich das Team der Sozialforschungsstelle Dortmund dabei bewegt hat, ist das deutsche Kammerwesen, repräsentiert durch die Triade von Industrie- und Handelskammern, Handwerkskammern und Berufskammern, allesamt Einrichtungen der Selbstverwaltung mit obligatorischer Mitgliedschaft nahezu aller selbstständig Erwerbstätigen in der Bundesrepublik Deutschland. Im inhaltlichen Fokus stand die Frage, ob und wie durch eine thematische Perspektiverweiterung der gegebenen Kommunikations- und Dienstleistungspotenziale über die Mitgliedschaftsbeziehung ein systemischer Einfluss auf das persönliche und betriebliche Gesundheitsmanagement der Mitglieder möglich ist.

Die präventionspolitische Referenz des Projektes – seinen „Anwendungsbezug" – markiert das Problem adäquater Präventionskonzepte für das kleinbetrieb-

15

lich-freiberufliche Erwerbsmilieu. Diese Frage bewegt seit etwa zwanzig Jahren sowohl die deutsche Arbeitsschutz-Community[1] als auch Teile der anwendungsnahen Präventionsforschung. Die Sozialforschungsstelle hat sich an diesem Diskurs über eine kontinuierliche Projektlinie seit eineinhalb Jahrzehnten beteiligt, womit zugleich der forschungshistorische Kontext von PräTrans benannt ist.

Das Resultat dieses Prozesses ist jedoch nach wie vor unbefriedigend. Denn bis heute ist es nicht gelungen, in kleinen und kleinsten Unternehmen eine spezifische und alltagstaugliche Präventionsroutine auf breiter Front zu implementieren (vgl. z. B. Bertelsmann-Stiftung/ Hans-Böckler-Stiftung 2004). Der Zusammenhang von Erwerbsarbeit und Gesundheit ist dort weiterhin nicht so präsent, wie es der wachsende Präventionsdruck durch Globalisierung, Flexibilisierung und die demografischen Umbrüche erfordern würde.

Nach unseren Beobachtungen haben sich jedoch die Voraussetzungen für die Implementation *auf der Konzept- und Instrumentenebene* inzwischen deutlich verbessert. Bis weit in die 1990er Jahre hinein ließen die von der Arbeitsschutz-Community angebotenen Konzepte und Instrumente kleinbetriebliche Passfähigkeit weitgehend vermissen. Mit ihnen wurde versucht, auch kleinen Unternehmen das im großbetrieblichen Kontext als erfolgreich geltende technik-, experten- und vorschriftenorientierte Präventionsmodell namens „Arbeitsschutz" in reduzierter Dosierung schmackhaft zu machen. Wo die Schwachstellen dieser Strategie lagen, stellen wir ausführlicher in Kapitel 1.2.1.4 dar.

Mittlerweile haben sich die strategisch-konzeptionellen und instrumentellen Voraussetzungen einer kleinbetriebsorientierten Präventionspolitik allerdings deutlich verbessert. Denn etwa seit Mitte der 1990er Jahre sind erfreuliche Fortschritte bei der evidenzbasierten Entwicklung kleinbetriebstauglicher Leitbilder, Handlungskonzepte und Instrumente des Sicherheits- und Gesundheitsmanagements zu verzeichnen. Inzwischen gehört es fast schon zum programmatischen Mainstream, Kleinunternehmen einen pragmatischen, kommunikativen und partizipativen Umgang mit Arbeit und Gesundheit nahe zu legen und dabei auf ihren spezifischen Ressourcen aufzubauen. Moderne Modelle kleinbetrieblichen Präventionshandelns orientieren auf selbst organisierte, betriebsindividuelle Such- und Lernprozesse mit möglichst nachhaltigen internen Struktureffekten (ausführlicher in Kapitel 1.2.1.2).

Zur Unterfütterung dieses Modells gibt es mittlerweile eine Reihe pragmatischer Managementhilfen und Tool-Boxes, die eine weit größere Chance haben, kleine Unternehmen zu erreichen als ihre arbeitswissenschaftlich oder sicher-

---

[1] Der Begriff „Arbeitsschutz-Community" soll hier zunächst das Netzwerk der entscheidungsmächtigen fachpolitischen Akteure in Bund, Ländern und Unfallversicherungsträgern nebst ihren einschlägigen Fach- und Forschungsinstituten sowie Fachverbänden bezeichnen.

heitstechnisch elaborierten Vorgänger.[1] Parallel hat sich auch das Themenportfolio der institutionellen Präventionsakteure deutlich erweitert: Themenkreise wie „Stress und psychische Gesundheit" oder „pathogene Organisationsstrukturen und Führungsstile" sind bspw. seit einiger Zeit auch auf den Agenden von Aufsichts- und Beratungsdiensten zu finden, für die Vergangenheit typische Berührungsängste mit solch (vermeintlich) „weichen" Präventionsthemen haben deutlich abgenommen.

Mit wachsender Tiefenschärfe des Blicks auf die endogenen Möglichkeitsräume und Konstruktionsbedingungen von Gesundheit im Kleinunternehmen erscheinen fast unvermeidlich auch *Rolle und Funktion der Unternehmerperson* in anderem Licht. Unternehmerisches Handeln im kleinbetrieblich-freiberuflichen Erwerbsmilieu wird aus der Präventionsperspektive zunehmend auch als *spezifische Form von beanspruchender Erwerbsarbeit* betrachtet und nicht mehr nur als rein betriebswirtschaftliches Kalkül auf Arbeit und Gesundheit unter Gesichtspunkten von Kosten, Herrschaft und Kontrolle. Zweifellos sind die Dimensionen von Herrschaft und Verwertung im unternehmerischen Handeln auch von Kleinbetriebsinhabern nach wie vor in Kraft.

Die präventionsstrategische Bedeutung der gut 3,5 Mio. Solo-Selbstständigen und Kleinunternehmer lässt sich aber kaum darauf reduzieren. Zahlreiche empirische Beobachtungen deuten darauf hin, dass zwischen der *persönlichen* Präventionskompetenz Selbstständiger und der Qualität ihres *betrieblichen* bzw. *beruflichen* Gesundheitsmanagements ein systemischer Zusammenhang besteht. Je selbstachtsamer und gesundheitskompetenter eine Unternehmerperson ihren eigenen Erwerbsalltag gestaltet, desto selbstverständlicher und routinierter scheint sie diese Perspektive auch auf die Arbeitssituation der Belegschaft anzuwenden und damit die „Präventionskultur" des Unternehmens positiv zu beeinflussen. Ein Präventionskonzept für die kleinbetriebliche Arbeits- und Erwerbslandschaft dürfte deshalb ohne Flankierung durch ein Konzept „entrepreneurialer Prävention"[2] kaum zum Erfolg führen (ausführlicher in Kap. 1.2.1.3)

Die beschriebenen Positivtrends – Durchsetzung evidenzbasierter, pragmatischer Präventionskonzepte für Kleinunternehmen mit neuer Perspektive auf Unternehmerhandeln – sind bislang weitgehend *Angebots-Innovationen* geblieben. Sie haben sich erfolgreich von ersten konzeptionellen Neuerungen zu einem angebotsprägenden Mainstream fortentwickelt. Was jedoch die Avantgarde der institutionellen Prävention diskutiert und propagiert, bleibt ohne grenzüber-

---

1 Prototypisch dafür ist z. B. das mit BMBF-Förderung entwickelte Konzept „PragMaGuS" der Sozialforschungsstelle Dortmund (Pröll 2001; Cernavin/ Georg 2004) und eine Reihe ähnlich konzipierter berufsgenossenschaftlicher „Selbstchecks" für Kleinbetriebe (vgl. dazu auch die Evaluation des „Selbstcheck-Verfahrens" einiger Berufsgenossenschaften durch Beck (2010)).
2 Unter diesem provisorischen Arbeitsbegriff haben wir im Rahmen einer Konzept- und Modellstudie der BAuA Rahmenbedingungen erste strategische Eckpunkte formuliert (Pröll et al. 2007: 96ff.).

schreitende kommunikative Anstrengungen zunächst folgenlos für die kleinbetriebliche Praxis in der Fläche. Die inzwischen weitaus tragfähigere Kommunikations- und Kooperationsbasis zum Thema Arbeit und Gesundheit wird an der Basis der mittelständischen Wirtschaft so gut wie gar nicht wahrgenommen.

Ob die staatlichen und para-staatlichen Einrichtungen der Prävention und die am Markt operierenden privaten Präventionsdienstleister die erforderliche Kommunikationsoffensive bewältigen können, scheint mehr als fraglich. Beide sind der kleinbetrieblich-freiberuflichen Arbeitswelt hinsichtlich Interaktionsdichte und Alltagspräsenz fern und sozio-kulturell eher fremd (Fromm/ Pröll 2000). Ihr Personal stellt zwar aufgrund des expliziten Präventionsauftrags die „geborenen", angesichts struktureller Kommunikationsprobleme aber kaum die effektivsten Protagonisten eines kleinbetrieblichen Gesundheitsmanagements.

An diesem präventionsstrategischen Dilemma setzt das Verbundvorhaben PräTrans an, indem es nach Möglichkeiten und Wegen sucht, im *Innern* des kleinbetrieblich-freiberuflichen Erwerbsmilieus erweiterte Kommunikationsstrukturen und Thematisierungspotenziale für den Zusammenhang von Erwerbsarbeit und Gesundheit zu erschließen. Speziell das komplexe System intermediärer Einrichtungen der Wirtschaft, namentlich die wirtschaftliche und berufliche Selbstverwaltung sowie die zahlreichen Verbände, standen bei der Konzeptualisierung des Verbundvorhabens PräTrans unter „dringendem Potenzialverdacht". Sie haben als Kollektivakteure zwar keinen expliziten Präventionsauftrag, stehen aber in engem funktionalen Bezug zur Gestaltung der Arbeits- und Erwerbsbedingungen in der kleinbetrieblich-freiberuflichen Arbeitswelt. Worin könnte also ihr spezifischer (arbeitsteilig-kooperativer) Beitrag zur flächigen und nachhaltigen Implementation eines modernen kleinbetrieblichen Präventionsstandards liegen?

In den beiden folgenden Unterkapiteln wird der theoretisch-konzeptionelle Bezugsrahmen des Vorhabens aus dieser doppelten Gegenstandsperspektive entwickelt: Zunächst ist dabei die Evidenz eines pragmatischen kleinbetrieblichen Gesundheitsmanagements näher zu begründen (1.2.1), anschließend ist die Potenzial-Hypothese in Bezug auf die berufliche und wirtschaftliche Selbstverwaltung präziser auszuarbeiten (1.2.2). Im Kapitel 1.2.3 werden wir dann das PräTrans-Forschungsthema ergänzend aus innovationstheoretischer Perspektive entfalten.

## 1.2 Theoretisch-konzeptioneller Bezugsrahmen

### 1.2.1 *Prävention in kleinbetrieblich-freiberuflichen Erwerbsmilieus*

Bevor wir uns eingehender mit dem endogenen Beitrag von Wirtschafts- und Berufskammern zur Implementation eines spezifisch kleinbetrieblichen Gesundheitsmanagements befassen können, müssen zunächst dessen Qualitäten näher beschrieben werden. Der folgende Abschnitt zeichnet deshalb die Grundlinien wissenschaftlicher Erkenntnisse und praktischer Erfahrungen nach, auf die sich Vorstellungen von gelungener Prävention im Kleinbetrieb stützen können. Dabei muss zumindest kurz auf die durch die neuere Gesundheitswissenschaft und -theorie bereiteten Grundlagen eingegangen werden (1.2.1.1). Danach gehen wir auf zentrale Ergebnisse ihrer empirischen Anwendung auf die Konstitution von Gesundheit in Kleinunternehmen (1.2.1.2) und bei Solo-Selbstständigkeit (1.2.1.3) ein, um das Anforderungsprofil und den praktischen Möglichkeitsraum eines milieuspezifischen Präventionskonzeptes näher zu bestimmen. Anschließend wechseln wir von der arbeitsweltlichen auf eine präventionspolitische Perspektive und fragen, was sich aus den Schwierigkeiten und Misserfolgen der Kleinbetriebs-Politik des institutionellen Arbeitsschutzes lernen lässt (1.1.2.4). Im fünften Unterkapitel bündeln wir die bis dahin zusammen getragenen Argumente zu Leitgedanken eines eigenen Rahmenkonzeptes, das wir unter dem provisorischen Label „pragmatisches kleinbetriebliches Gesundheitsmanagement" (zur Semantik vgl. Kap. 1.2.1.6) zur normativ-gestalterischen Grundlage unserer Interventionsvorschläge und -beiträge gemacht haben.

### 1.2.1.1 Paradigmatische Wegbereiter in Gesundheitswissenschaft und Gesundheitspolitik

In den 1990er Jahren wurde die internationale Gesundheitswissenschaft vor allem durch drei konzeptuelle Innovationen deutlich bereichert: Einen dynamisch-relationalen Gesundheitsbegriff, das Paradigma der „Salutogenese" und die fortschreitende Ausarbeitung einer gesundheitsbezogenen Ressourcentheorie. Diese Konzeptelemente können heute mit einigem Recht als breit akzeptierte Grundpfeiler der Forschung zu Arbeit und Gesundheit betrachtet werden. Für die empirische Grundlagenforschung (nicht nur) der Sozialforschungsstelle zur Präventionspraxis kleiner Unternehmen und damit für das Verständnis und die Begründung des Konzepts „pragmatisches kleinbetriebliches Gesundheitsmanagement" sind sie von großer Bedeutung.

Das „zeitgenössische" Gesundheitskonzept betrachtet Gesundheit nicht mehr als bloßes Freisein von Krankheit oder – wie die Definition der Weltgesundheitsorganisation von 1952 – als einen psycho-physischen Idealzustand, sondern als permanenten Prozess der Selbstregulation und Selbsterneuerung. Bei Rimann und Udris (1998: 352) findet sich folgende Definition, die zugleich die Nahtstellen zu Salutogenese und Ressourcentheorie kenntlich macht. Danach ist Gesundheit

"... ein transaktional bewirktes dynamisches Gleichgewicht zwischen den physischen und psychischen Schutz- und Abwehrmechanismen des Organismus einerseits und den potentiell krankmachenden Einflüssen der physikalischen, biologischen und sozialen Umwelt andererseits (...). Gesundsein ist ein konstruktiver Prozess der Selbstorganisation und Selbsterneuerung. Gesundheit muss vom Organismus ständig hergestellt werden: als immunologisch verstandene Abwehr sowie als Anpassung an oder zielgerichtete Veränderung der Umweltbedingungen durch das Individuum. Dieses dynamische Gleichgewicht ist abhängig von der Verfügbarkeit und der Nutzung von gesundheitsschützenden (protektiven) bzw. -wiederherstellenden (restaurativen) Faktoren in der Person und in der Umwelt, die als innere (personale) und äußere (situative) Ressourcen bezeichnet werden."

Das von Antonovsky (1997) bereits im Jahrzehnt zuvor begründete Konzept der *Salutogenese* (Wydler/ Kolip/ Abel 2000; Antonovsky 1997; Bengel et al. 1998) stellt die Frage nach den *Gesundheit stiftenden* Faktoren menschlicher Existenz in den Mittelpunkt: Warum und wie können Menschen trotz mitunter extremer Belastungen gesund bleiben? Gegenüber dem pathogenetischen Paradigma, das sich vorzugsweise für Schädigungsprozesse und -wirkungen definierter Einzelbelastungen interessiert, bedeutet dies eine radikale Umkehr der Hypothesenrichtung. Damit verknüpft ist eine analytische Perspektive, die die „Herstellung" von Gesundheit ausgehend von der Selbstregulation des Subjekts bis in die darauf Einfluss nehmenden personalen, sozialen und organisatorischen „Möglichkeitsräume" des Gesundseins und -bleibens verfolgt.

Im Zentrum der Analyse solcher Ermöglichungsbedingungen von Gesundheit steht der Begriff der *„gesundheitlichen Ressource"*. Die Ressourcenforschung orientiert sich überwiegend an einer dichotomen Basisklassifizierung entlang der Kategorien von Person und Umwelt (Situation) bzw. nach „inneren" und „äußeren" Ressourcen. *Personale* Ressourcen werden zumeist auf drei Hauptdimensionen differenziert:

- kognitive Überzeugungssysteme (Selbstwirksamkeitserwartungen, Kontrollüberzeugungen, Kohärenzerleben usw.),
- allgemeine und „gesundheitstechnische" Handlungskompetenzen (berufliche und soziale Kompetenz, Fähigkeiten zu Stressbewältigung, Entspannung, Selbstachtsamkeit etc.),

- psycho-physiologische Faktoren (Kondition, Konstitution, genetische Disposition, Immunstatus usw.).

*Organisationale* Ressourcen der Gesundheit lassen sich als protektive Handlungsoptionen verstehen, die durch Organisationen bereitgestellt und in förmlichen Entscheidungsprozessen und Handlungsregeln reproduziert werden. Empirisch erforscht und in ihrer salutogenen Funktion weitgehend bestätigt sind vor allem die folgenden:

- Handlungs- und Entscheidungsspielräume in der Arbeitsausführung,
- materielle und immaterielle Gratifikationen,
- sozial anerkannter beruflicher Status, berufliche Entfaltungsmöglichkeiten (Wahlmöglichkeiten und Alternativen),
- formelle Unterstützungssysteme im Bereich Arbeitsschutz, Gesundheitsförderung, Personalentwicklung usw.,
- formell verbürgte Partizipationschancen (Kontrolle der eigenen betrieblichen Umwelt),
- Zeitsouveränität,
- formell garantierte Kommunikations- und Kooperationsmöglichkeiten.

Gesundheitsdienliche Wirkung haben daneben all jene „natürlichen" Formen der Hilfe, Zuwendung und Unterstützung die jenseits förmlicher Organisationsziele und -regeln auf der Ebene sozialer Gruppen und Gemeinschaften sowohl im beruflich-betrieblichen als auch im privat-familiären Raum wirksam sind. Zu solchen *sozialen Ressourcen* im engeren Sinne zählen insbesondere emotionale Anteilnahme, persönliche Wertschätzung, Kollegialität und Solidarität.

Das salutogenetische und ressourcenorientierte Paradigma ist verknüpft mit dem politischen Aufschwung der *Strategie der Gesundheitsförderung*, als deren Initialzündung die Charta der Weltgesundheitsorganisation von 1986 betrachtet werden kann (WHO 1986). Hier wird Gesundheit bereits als umfassende Fähigkeit zu einer subjektiv befriedigenden und gesellschaftlichen Gerechtigkeitsmaßstäben genügenden Lebensführung gefasst. Gesundheit hängt auf das Engste mit differenziellen Mustern der Alltagsbewältigung (Lebensweise) zusammen und kann nur in den sozio-kulturellen und ökologischen Zusammenhängen wirksam beeinflusst werden, die das Alltagsleben der Menschen maßgeblich strukturieren, so genannte *settings* wie Familie, Kommune oder Betrieb (Kap. 1.2.2.1). Die Befähigung zur eigenständigen und selbst organisierten Verfolgung gesundheitlicher Interessen nach den Prinzipien von *Partizipation* und *Empowerment* (Caplan 1964) wird zu einer mindestens ebenso wichtigen Voraussetzung für

Gesundheit wie gesunde Umwelt- und Lebensbedingungen oder medizinische Versorgung.

Zur Mitte der 1990er Jahre lag damit ein zunehmend empirisch unterlegtes theoretisches Rahmenkonzept vor, das fruchtbare neue Zugänge der Forschung zu Arbeit und Gesundheit generell unterstützen konnte und speziell im Forschungsfeld „Kleinunternehmen" geradezu herausfordern musste. Bis dato war die Forschung zur betrieblichen Prävention weithin „Arbeitsschutz-Forschung", die Gesundheit bei der Arbeit vor allem als Ausfluss der Logiken und Funktionsbedingungen des „Arbeitsschutzsystems" interpretierte und entsprechend stark durch politik-, organisations- und verwaltungswissenschaftliche Perspektiven geprägt war (vgl. bspw. Windhoff-Heretier 1990). Vernachlässigt wurde dagegen die subjektive und soziale Konstitution von Gesundheit und Sicherheit in der betrieblichen Lebenswelt jenseits formaler Regelsysteme, Organisationsstrukturen und bestimmter institutioneller Konfigurationen. Diese „Alltagsblindheit" erschwerte der Arbeitsschutz-Forschung insbesondere das Verständnis impliziter, latenter Präventionsleistungen und -potenziale im *kleinbetrieblichen* Arbeitsalltag.[1]

### 1.2.1.2    Arbeit und Gesundheit in Kleinunternehmen: Alltagshandeln und Gesundheitsressourcen

Ermutigt und instrumentiert durch die beschriebenen paradigmatischen Entwicklungen begann der damalige Forschungsbereich „Arbeit und Gesundheit" der Sozialforschungsstelle Dortmund 1995 mit einer Linie von Forschungs- und Interventionsprojekten, die sich *empirisch* auf diese endogenen, quasi-natürlichen Präventionspotenziale kleiner Unternehmen konzentrierten. Dabei ging es von Beginn an auch um deren praktisch-systematischen Stellenwert im Rahmen kleinbetriebsspezifischer Präventionskonzepte. Die dabei zusammengetragenen Erkenntnisse und Erfahrungen werden hier aus Platzgründen stark komprimiert dargestellt.

Der von PräTrans mit der Kategorie „Klein- und Ein-Personen-Unternehmen" fokussierte Erwerbssektor, d. h. Unternehmen mit einer Beschäftigtenzahl von null bis etwa zwanzig, erweist sich bei näherer Betrachtung als sozioökonomisch höchst heterogen. Jenseits der grundlegenden Differenzierung zwi-

---

1 Dass es solche endogenen Potenziale geben musste, zeigte sich vor allem an den Problemen, kleinen Unternehmen einen *größenspezifischen* und damit *generellen* Mangel an präventiver Effizienz nachzuweisen: Trotz minimalen Einsatzes von formalen Regeln und Ressourcen des Arbeits- und Gesundheitsschutzes fallen Kleinunternehmen nicht durch signifikant überdurchschnittliche Produktion gesundheitlicher Probleme auf. Beck (2010: 121ff.) hat dieses Paradoxon anhand aktueller Daten weitgehend bestätigt gefunden.

schen alleinselbstständigen Erwerbstätigen (Solo-Selbstständige) und Kleinunternehmen mit Belegschaften entscheidet vor allem die Zugehörigkeit zu verschiedenen Wirtschaftssektoren (Handwerk, Freie Berufe, gewerbliche Wirtschaft), Branchen und sogar Wirtschaftsregionen maßgeblich über die soziale Typik der Arbeits- und Wirtschaftsweise. Kotthoff und Reindl, die 1990 in ihrer breit angelegten empirischen Studie „Soziale Welt kleiner Betriebe" Pionierarbeit bei der Erforschung kleinbetrieblicher Sozialstrukturen geleistet haben, unterscheiden allein sieben Grundmuster betrieblicher „Sozialordnungen" (Kotthoff/ Reindl 1990). Allerdings umfasst ihre Fallauswahl vor allem Unternehmen mit 20 bis 250 Beschäftigten und hat damit nur begrenzte Aussagekraft für die uns interessierende Grundgesamtheit.

Der präventionsorientierten Kleinbetriebsforschung der Sozialforschungsstelle ging es auch nicht um eine Typologie klein- und kleinstbetrieblicher Sozialordnungen und Präventionskulturen. Wir haben uns vielmehr auf die kategorialen Unterschiede zwischen groß- und kleinbetrieblichen Möglichkeitsräumen von Gesundheit resp. konzentriert um damit die allgemeinen Grundzüge eines *spezifisch kleinbetrieblichen* Präventionsmodells zu fundieren. Uns interessierten also vor allem die Differenzen der *Relation* von Arbeits- und Sozialordnung mit Praxis und Potenzialen von Prävention zwischen der großbetrieblichen und der kleinbetrieblichen Arbeitswelt. Unser Bild von kleinbetrieblicher Prävention entspricht deshalb eher dem Idealtypus Max Webers und nimmt eine tendenzielle Überzeichnung des „Wesentlichen" bei gewollter Abstraktion von der – nicht zu bestreitenden – Vielfalt empirischer Realtypen in Kauf.

Das Konstrukt „betriebliche Sozialordnung" bzw. Sozialtypik eignet sich *qua definitionem* nur für die differentielle Analyse *beschäftigender*, Belegschaft führender Unternehmen. Die von PräTrans systematisch berücksichtigten allein wirtschaftenden Selbstständigen sind nicht in einen betrieblichen Sozialzusammenhang von Führung, Disposition und Kooperation gestellt. Dies bedeutet gegenüber Klein- und Kleinstunternehmen nochmals eine kategoriale Differenz im Erwerbskontext und erfordert, die Arbeits- und Erwerbssituation Solo-Selbstständiger als Möglichkeitsraum von Prävention gesondert zu diskutieren (vgl. Kap. 1.2.1.3). Wir werden bei dieser Gelegenheit auch auf die generelle Perspektive von Selbständigen (also auch Arbeit Gebender) auf Erwerbsarbeit, Gesundheit und Prävention eingehen – soweit es die spärlichen empirischen Befunde gestatten.

Zunächst aber wollen wir die Besonderheiten, die den sozialen Herstellungsprozess von Gesundheit im Kleinbetrieb prägen, holzschnittartig darstellen.[1]

*Soziale Kohäsion und „personalisierte" Arbeitsbeziehungen*

Enge und Dichte des kleinbetrieblichen Kooperationsgefüges bewirken, dass untereinander nicht nur die individuellen Fähigkeiten, Stärken und Schwächen, Vorlieben und Abneigungen der Anderen bekannt sind, sondern auch deren persönliche Lebensumstände und Interessen. Diese Personalisierungstendenz wird durch geringe soziale Statusdifferenzen innerhalb der Belegschaft begünstigt. Aber auch zwischen Belegschaft und Unternehmensleitung sind die hierarchischen Barrieren zumeist niedrig. Insbesondere in den Freien Berufen und im Handwerk wird das formale Direktionsrecht durch die Idee der Kollegialität und das Bewusstsein der Zugehörigkeit zum selben „Stand" mit gemeinsam geteiltem Arbeitsethos und Normalitätsvorstellungen überformt.

Diese ausgeprägte Personalisierung der Arbeitsbeziehungen beeinflusst die wechselseitigen Ansprüche und Erwartungen, die sich zuvorderst an gemeinsam geteilten Normen des Anstands und der Fairness orientieren. Hieran bemessen sich auch Inhalt und Reichweite der unternehmerischen Fürsorgepflicht, was sowohl weniger als auch mehr sein kann als das arbeits- und tarifrechtlich Verbürgte.

Soziale Kohäsion und Personalisierung haben durchaus ambivalente Wirkungen. Überall dort, wo die Person im Arbeitsprozess in Gänze adressiert ist, sind Selbstbegrenzung und innere Distanzierung erschwert. Es wächst das Risiko von Überidentifikation mit Arbeit und Beruf und gestörter Arbeit-Leben-Balance. Der defensive Rückzug auf das im Arbeitsvertrag Geregelte ist im Kleinunternehmen weitaus schwieriger als im Großbetrieb. Entsprechend geringer ist die „Konflikttoleranz" der kleinbetrieblichen Sozialordnung. Dauerkonflikte, sei es zwischen Unternehmensleitung und einzelnen Beschäftigten oder innerhalb der Belegschaft, würden die soziale Kohäsion und das ausgeprägte Wir-Gefühl massiv gefährden. Wer nicht in das fein austarierte betriebliche Sozialgefüge „passt", wird das Unternehmen eher früher als später verlassen müssen.

---

1 Materialbasis sind dabei vor allem die im BMBF-Projekt „Gesundheitsdienliche Potenziale kleiner Betriebe" durchgeführten Fallstudien in Kleinbetrieben des Handwerks, der gewerblichen Wirtschaft und des Facheinzelhandels (vgl. Fromm/ Pröll 2000).

- Weniger deformierte Handlungs- und Kontrollspielräume, Eigenverantwortung und unternehmerisches Denken der Belegschaft

Ein weiteres differenzielles Merkmal der kleinbetrieblichen Arbeitskultur ist ein hohes Maß an Eigenständigkeit und Eigenverantwortung der Beschäftigten in der Arbeitsausführung. Die kleinbetriebliche Arbeitsweise hat weit weniger unter der für den Taylorismus kennzeichnenden Trennung von dispositiven und ausführenden Tätigkeitselementen gelitten als z. B. die industrielle Massenproduktion. Entsprechend größer ist der Anteil ganzheitlicher Aufgabenzuschnitte in Verbindung mit überdurchschnittlichen beruflichen Qualifikationen sowie Handlungs- und Kontrollspielräumen. Diese Spielräume eigenverantwortlich und möglichst „anweisungsfrei" auszufüllen, dabei zugleich unternehmerisches (Mit-)Denken an den Tag zu legen – z. B. hinsichtlich Ressourceneinsatz, Kostenkontrolle und Kundenpflege –, gehört in vielen Kleinunternehmen zu den traditionellen motivationalen Grundanforderungen.

Das Prinzip des selbstständigen Arbeitens erstreckt sich auch auf die Verantwortungsteilung für Sicherheit und Gesundheit. Zwar fühlen sich die Unternehmensleitungen grundsätzlich für die betrieblichen Rahmenbedingungen sicheren und gesunden Arbeitens – Arbeitsstätte, Arbeitsmittel, Schutzausrüstungen etc. – verantwortlich. Die alltagspraktische Nutzung dieser Möglichkeiten ist für sie jedoch Sache der beruflichen Kompetenz, Routine und Eigenverantwortung ihrer Mitarbeiter.

Handlungs- und Kontrollspielraum in der Arbeit sind zum einen arbeitswissenschaftlich bestätigte organisationale Ressourcen der Gesundheit. Sie sind objektive Voraussetzung dafür, Einfluss auf die Arbeitsausführung zu nehmen und dabei Belastungen situativ zu vermeiden, zu reduzieren oder den eigenen Möglichkeiten entsprechend zu bewältigen (Variieren des Arbeitstempos, Haltungswechsel, Inanspruchnahme von Unterstützung usw.). Zum anderen fördert diese Form der Arbeitskraftnutzung die generelle Wertschätzung der Humanressourcen: Qualifizierte, leistungs- und verantwortungsbereite Beschäftigte zu finden und zu halten, wird zu einer existenziellen Herausforderung kleiner Unternehmen.

*Einbettung des Unternehmerhandelns in den Betriebsalltag*

In der Mehrzahl kleiner Unternehmen sind die Inhaber/innen unmittelbar an der Wertschöpfung beteiligt, legen in Werkstatt und Verkaufsraum selber mit Hand an oder teilen mit ihren Beschäftigten den Arbeitsalltag in Büro, Kanzlei oder Praxis. Beschäftigte als Mit-Arbeitende zu betrachten und zu bezeichnen macht in solchen Kleinbetrieben also durchaus Sinn. Die gemeinsam geteilte Arbeitssituation vertieft nicht nur die persönliche Kenntnis der Mitarbeitenden, sondern gestattet auch eine unmittelbare Anschauung ihrer betrieblichen Arbeitsbedingungen und -belastungen. Arbeitsprobleme generell und speziell solche, die mit gesundheitlichen Beeinträchtigungen verknüpft sind, können damit direkt und authentisch kommuniziert werden, d. h. ohne bürokratische Transformationen durch Hierarchien, Arbeitsschutzregeln und Expertenmeinungen. Die Geltungsbegründung für Ansprüche der Beschäftigten wird damit zwar pragmatischer, aber nicht in jedem Fall einfacher, da Argumente in der Sache umso stichhaltiger sein müssen.

Je mehr betrieblichen Arbeitsalltag man teilt (und je kleiner das Unternehmen ist), desto größer ist der unmittelbare Einfluss der persönlichen Maßstäbe und Kompetenzen der Unternehmensleitung auf die betriebliche Präventionskultur. Als im wahrsten Wortsinne „maßgebliches" Teammitglied prägt sie auf operative Weise Kommunikation, Kooperation, Leistungsnormen und Belastungsmaßstäbe besonders stark. Dieses faktische Gewicht im sozialen Herstellungsprozess von Gesundheit legt ein besonderes Augenmerk auf die persönliche Präventionskompetenz der Kleinbetriebsinhaber nahe.

*Kompetenzbewusstsein und pragmatisches Risikomanagement*

Die Überzeugung, branchenspezifische Risiken hinreichend zu kennen und diese im eigenen Haus selbstständig bewältigen zu können, ist in Kleinunternehmen sehr ausgeprägt. Diese generelle Grundhaltung korrespondiert sowohl mit den Autonomieansprüchen der selbstständigen Inhaber wie mit der breit akzeptierten operativen Mit- oder Eigenverantwortung der qualifizierten Beschäftigten.

Zwar sind in kleinen Unternehmen Zweifel durchaus verbreitet, ob dieses präventive Potenzial bereits genügend genutzt wird und alle Beteiligten dem normativen Modell der Verantwortungs- und Aufgabenteilung auch gerecht werden. Entscheidend ist aber die Überzeugung, dass man den betrieblichen Problemen und ihren Lösungsmöglichkeiten grundsätzlich näher steht als jedweder externe Experte und erst recht das Vorschriftenwerk des Arbeitsschutzes. Autonomieanspruch und Kompetenzbewusstsein sind somit auch die Hauptquellen der Aversion gegenüber externer Betreuung und Beratung, insbesondere durch Vertreter des institutionellen Arbeitsschutzes. Deren Intervention wird oft als zu eindimensional auf Gesundheit und Sicherheit bezogen und mit zu wenig Verständnis für die Komplexität des kleinbetrieblichen Alltags empfunden. Hier sind in der Regel eine Vielzahl von ökonomischen, technischen und organisatorischen Problemen mit einander verwoben, die ein abwägendes und austarierendes pragmatisches Risikomanagement erfordern. Erfolgreiche Kleinunternehmer sind auf diesem Gebiet nicht selten wahre Alltagsexperten.

Natürlich ist dieses kollektive Grundvertrauen in die eigene Risikowahrnehmung nicht immer gerechtfertigt. Seine Grenzen zeigen sich vor allem da, wo Gesundheitsbeeinträchtigungen problematischen Arbeitsbedingungen nicht unmittelbar auf den Fuß folgen wie z. B. beim unergonomischen Heben und Tragen oder dort, wo sich „Betriebsblindheit" gegenüber realen Gefährdungen eingeschlichen hat (Stolperstellen oder die vernachlässigte Erste-Hilfe-Ausrüstung). Auch gegenüber Gesundheitsrisiken, die im eigenen Branchen- und Berufskontext nicht hinreichend thematisiert werden, hat dieser Bewältigungsoptimismus seine Grenzen (Beispiel: schädlicher Stress, riskante Arbeitsstoffe).

Sobald jedoch Konsens über ein Problem und daraus resultierenden Handlungsbedarf besteht, ist im Kleinunternehmen der Weg zu tragfähigen praktischen Lösungen relativ kurz. Für Änderungen im Arbeitsablauf oder in den sächlichen Arbeitsbedingungen müssen keine langen Dienstwege und Formalprozeduren eingeschlagen werden, und in vielen Fällen ist die zur Problemlösung nötige Fachkompetenz im Betrieb verfügbar.

Die beschriebenen Strukturmerkmale der kleinbetrieblichen Sozialtypik können nicht nur als Bedingungen der Möglichkeit gelingender Prävention betrachtet werden, sie sind zugleich ökonomisch rational für kleinbetriebliche Arbeits- und Produktionsweisen: Sie dienen vor allem einer spezifischen Form von funktioneller Flexibilität, der raschen, Stabilität sichernden Anpassung an wechselnde Auftragslagen und besondere Kundenwünsche. Die kurzen und unbürokratischen Kommunikationswege sowie die besondere Einsatzflexibilität der Beschäftigten sind Garanten für ein situatives Management und die taktische Nutzung von Marktchancen. Präventionskonzepte für Kleinbetriebe sollten sich diesen Funktionszusammenhang spezifischer ökonomischer Stärken mit Ressourcen der Gesundheit gezielt zunutze machen.

## 1.2.1.3 Selbstständige Erwerbsarbeit und Gesundheit

Für das Jahr 2008 weist die deutsche Erwerbsstatistik 4,161 Mio. Selbstständige aus (mithelfende Familienangehörige nicht eingerechnet), was einem Anteil von über 11% aller Erwerbspersonen entspricht. Die Selbstständigenquote ist in den letzten 15 Jahren stetig gewachsen, wobei Selbstständige ohne Beschäftigte („Solo-Selbstständige") überproportional zugenommen haben und inzwischen mit 56% die Mehrheit der unternehmerisch Tätigen ausmachen. Das Gros der Arbeit gebenden Selbstständigen wiederum leitet Klein- und Kleinstunternehmen mit selten mehr als zehn Beschäftigten und ist dort zumeist noch aktiv in die

Wertschöpfung eingebunden. Selbstständige Erwerbsarbeit findet also fast ausschließlich in Kleinst- und Ein-Personen-Unternehmen statt.

Als wirtschafts- und beschäftigungspolitische Hoffnungsträger haben Klein- und Solounternehmer/innen inzwischen verstärkte politische Aufmerksamkeit erfahren. Sie gelten als wichtige Säule eines modernen Mittelstandes und als personalisierter „Unternehmergeist"; zahlreiche Förderprogramme schaffen Anreize für Neugründungen; Einrichtungen der Wirtschaftsförderung, Kammern und Verbände engagieren sich in der Gründungsberatung. In der organisierten Prävention ist von dieser gesellschaftlichen Wertschätzung allerdings wenig zu spüren. Selbstständige interessieren hier in erster Linie als Arbeit Gebende im Rahmen ihrer „Fürsorgepflicht" und „Garantenfunktion" gegenüber abhängig Beschäftigten. Als *gesundheitlich zu bewältigende Form von Erwerbsarbeit* wird unternehmerische Betätigung bislang kaum thematisiert. Eine solche Betrachtungsweise klammert die wachsende Zahl von Solo-Selbstständigen kategorisch aus und stellt sie in den Schlagschatten gesellschaftlicher Präventionsbemühungen. Mit besonders risikoarmen Arbeitsbedingungen oder einer generell privilegierten Ressourcenausstattung ist dies nicht zu rechtfertigen.

Auch wenn die durch den „Freelancer-Boom" in der IT- und Medienbranche der 1990er Jahre inspirierte Diskussion über die „Neuen Selbstständigen" diesen Eindruck erweckt: Solo-Selbstständigkeit ist keine Erfindung der Medien- und Wissensgesellschaft. Sie wurde immer schon in erheblichem Umfang praktiziert (1991: 45,6%), und bis heute dominieren dabei gewerbliche Kleingründungen im Dienstleistungssektor und Ein-Mann/Frau-Unternehmen, vor allem im handwerksähnlichen Gewerbe und in den Freien Berufen (vgl. Pröll et al. 2007: 13f.).

Dennoch sind die beruflichen Belastungen und Gesundheitsrisiken der Freelancer in den höher qualifizierten IT-, Medien- und Wissensdienstleistungen noch vergleichsweise am besten untersucht. Die große Mehrheit erlebt ihre Tätigkeit als kreativ, herausfordernd und abwechslungsreich. Die gegenüber abhängiger Beschäftigung weit höheren Autonomiepotenziale und Kontrollspielräume in der Arbeit werden als berufliche Ressourcen durchweg sehr hoch geschätzt. Auf der anderen Seite bergen die Unberechenbarkeit der Marktlage, ein permanent hoher Zeit- und Leistungsdruck sowie ein unsicheres bzw. schwankendes Einkommen eine ständige Quelle von Stress und Unzufriedenheit. Extensive Arbeitszeiten gehen oft mit mangelnder Freizeit, beeinträchtigter Erholungsfähigkeit und gefährdeter Work-Life-Balance einher (Pröll et al. 2007; Ertel/ Pröll 2004). Zu ähnlichen Befunden und Hinweisen auf eine hohe Prävalenz von Burn-Out bei Solo-Selbstständigen kommen jüngst Siebecke (2009: 10f.) für IT-Beschäftigte und Pröll (im PräTrans-Kontext) für Architektinnen und Architekten (Pröll 2009b: 306).

Da Solo-Selbstständigkeit jedoch weit über das Segment flexibler Wissensdienstleistungen hinaus praktiziert wird, ist ihr Belastungsprofil im Querschnitt ebenso stark durch *physische* Belastungsfaktoren geprägt. So belegt das *European Survey on Working Conditions* regelmäßig eine ausgeprägte Exposition der Solo-Selbstständigen gegenüber körperlichen Arbeitsanforderungen und Arbeitsumweltbelastungen; Goudswaard/ Andries 2005: 28f.). Mit anstrengender körperlicher Arbeit assoziierte Belastungen, insbesondere Zwangshaltungen, Lastenhandhabung und repetitive Handarbeit, werden selbst von Kleinstbetriebsinhabern (zwei bis vier Beschäftigte) noch ähnlich häufig angegeben wie von Solo-Selbstständigen und Arbeitnehmern (Martin/ Bartscher-Finzer 2008: 6f.). Aber auch hohe arbeitszeitliche Belastungen stellen nicht nur für die qualifizierten Solo-Selbstständigen ein Problem dar: die am geringsten qualifizierten Solo-Selbstständigen arbeiten deutlich länger als die hoch qualifizierten (Leicht, 2003: 258).

Über die Unterschiede in der Unternehmensform hinweg attestieren sich Selbstständige signifikant häufiger als Arbeitnehmer/innen eine gute Qualität ihrer Arbeit. Dieses Urteil gründet sich vor allem auf Entscheidungsspielräume, Abwechslungsreichtum, interessante Inhalte und die mit der Tätigkeit verbundenen Lernanreize und Entwicklungsmöglichkeiten (Protsch, 2006: 21ff; Fuchs et al. 2006: 93; Pröll 2009b: 301). Vor allem weite Handlungs- und Entscheidungsspielräume sowie überdurchschnittliches Autonomieerleben sind empirisch konstitutiv für selbstständig Erwerbstätige (Goudsward/ Andries 2005: 38; Martin/ Bartscher-Finzer 2008: 10; Benz/ Frey, 2003; Fuchs et al. 2006). Der Wunsch nach beruflicher Autonomie und eine Aversion gegen hierarchische Kooperationsverhältnisse sind weit stärkere Motive für den Eintritt in eine selbstständige Existenz als z. B. die Erwartung von Erfolg oder Sicherheit in finanzieller Hinsicht (vgl. Pröll/ Gude 2003: 76f. und die dort zitierte Literatur).

Selbstständige heben sich in Umfragen konsistent durch hohe Arbeits- und Berufszufriedenheit von der allgemeinen Erwerbsbevölkerung ab (Martin/ Bartscher-Finzer 2008: 14f.; Protsch 2006: 13; Benz/Frey 2003; Fuchs et al. 2006: 142). Dabei scheint die berufliche Zufriedenheit der Selbstständigen relativ unabhängig von Belastungs-, Konflikt- und Anforderungsmerkmalen zu sein (Bissels/ Sackmann/ Bissels 2008: 105). Selbst bei vergleichbaren Konstellationen von Belastungen und Ressourcen zeigen Selbstständige ein positiveres Arbeitserleben als abhängig Beschäftigte (Fuchs et al. 2006: 157).

Wichtige Komponenten dieses „Immunisierungseffektes" dürften reduzierte Selbstachtsamkeit und erhöhte Verausgabungsbereitschaft sein. In Fallstudien aus der empirischen Kleinbetriebsforschung der Sozialforschungsstelle Dortmund (Fromm/ Pröll 2000) zeigten Betriebsinhaber/innen oftmals eine ausgeprägte Bereitschaft, zeitweise extreme Arbeitsbelastungen zu akzeptieren. Diese

Akzeptanz war allerdings immer an die Erwartung anschließenden „Normalbetriebs" mit Phasen der Entspannung und Erholung geknüpft. Stark zyklische Belastungskurven wurden von den meisten also als normale, quasi-natürliche Randbedingung selbstständiger Tätigkeit hingenommen. Die zweite Bedingung einer dauerhaft stabilen Anforderungsbewältigung sahen viele Kleinbetriebsinhaber/innen in einer längerfristig ausgeglichenen Gratifikationsbilanz, die nach der Theorie „beruflicher Gratifikationskrisen" (*efford-reward-imbalance*) in hohem Maße gesundheitsrelevant ist (vgl. Siegrist 1996). Noch wichtiger als ein gutes finanzielles Auskommen und die Sicherung der materiellen Existenz ist vielen die Wahrung unternehmerischer Autonomie, die Erfahrung von Selbstentwicklung und die Aufrechterhaltung eines befriedigenden Privat- und Familienlebens.

Wir sind in Kleinunternehmen keinem Unternehmer und keiner Unternehmerin begegnet, für die nicht auch intakte Kooperationsbeziehungen mit der Belegschaft eine zentrale Rolle für (Selbst-)Belohnung und Anforderungsbewältigung spielten. Entscheidend ist dabei, durch einen sozial kompetenten, kommunikativen und partizipativen Führungsstil Engagement und Verantwortungsbereitschaft der Mitarbeiter/innen zu mobilisieren, sich selbst Freiräume für Delegation zu schaffen und nicht zuletzt auch eine Kultur des Vertrauens und der wechselseitigen emotionalen Unterstützung aufrecht zu erhalten. Eine „partnerschaftliche Führungskultur" stellt also eine bedeutende kleinbetriebliche Gesundheitsressource dar, weil Belegschaft und Unternehmensleitung gleichermaßen davon profitieren.

Die Fallstudienbefunde der sfs (Fromm/ Pröll 2000) geben außerdem einige deutliche Hinweise darauf, dass die auf Arbeit und Gesundheit bezogenen persönlichen Erfahrungen, Alltagstheorien und praktischen Kompetenzen der Unternehmensleitungen erheblichen Einfluss auf die gesamte betriebliche „Präventionskultur" haben. Es zeichneten sich vor allem solche Arbeitgeber durch besondere praktische Sensibilität für Gesundheit und Sicherheit im Betrieb aus, die persönliches Arbeitsleid erfahren hatten (schwerer Unfall, Rückenschäden, psycho-somatische Stressfolgen) und aus der Bewältigung dieser individuellen Krisen präventionspraktische Lehren für den Umgang mit ihren Beschäftigten ziehen konnten. Einen gleichgerichteten Effekt können aber auch persönliche positive Erfahrungen mit *Prävention* haben. Praxisexperten der kleinbetrieblichen Gesundheitsförderung berichten übereinstimmend, dass die persönliche Inanspruchnahme von Präventionsangeboten wie Rückenschulen oder Entspannungstrainings erkennbar die Bereitschaft fördern, solche Angebote systematisch im eigenen Unternehmen zu implementieren. Weitere empirische Hinweise deuten darauf hin, dass persönlich bewältigungskompetente und „gesundheitsbewusste" Firmeninhaber/innen offenbar aktiver bzw. handlungsbereiter im betrieblichen

Gesundheitsmanagement (Techniker-Krankenkasse 2008: 22) und erfolgreicher bei der betrieblichen Unfallverhütung sind (Cernavin et al. 2006: 54ff.). Auch Hirtenlehner und Meggeneder (2005) liefern deutliche Hinweise darauf, dass das kognitive und praktische Verhältnis zur betrieblichen Gesundheitsförderung maßgeblich durch *persönliche* Faktoren der Entscheidungsmächtigen geprägt ist. Sie gewinnen aus einer Befragung von über 1.200 Verantwortungsträgern (überwiegend Eigentümern und Eigentümerinnen) aus oberösterreichischen Kleinunternehmen fünf unterschiedliche „Ansprechbarkeitsprofile" für das Thema betriebliche Gesundheitsförderung. Dabei stufen sie lediglich 7% der Befragten als schwer erreichbare „Skeptiker" in Bezug auf betriebliches Gesundheitsmanagement ein. Die übrigen weisen zwar eine ähnliche praktische Abstinenz auf, sind jedoch in ihrer indifferenten (35%), prinzipiell aufgeschlossenen (44%) oder schlicht uninformierten (14%) Haltung gegenüber betrieblicher Gesundheitsförderung durchaus in je spezifischer Weise ansprechbar. Dabei können die Autoren keinen statistischen Zusammenhang zwischen diesen Einstellungsunterschieden und den erhobenen betrieblichen Strukturdaten feststellen, was als deutlicher Hinweis auf den Einfluss persönlicher Faktoren interpretiert wird.

Die vorgestellten Befunde lassen erkennen, dass viele Selbstständige ihre Erwerbssituation als quasi-natürliches Spannungsverhältnis von beruflicher Autonomie und „harter Arbeit" erfahren. Je ambitionierter, „unternehmerischer" Selbstständigkeit praktiziert wird, desto mehr Verausgabungsbereitschaft, Leistungsmotivstärke und tendenzielle Selbstvernachlässigung scheint im Spiel zu sein. Ein zweites Moment ist eine ausgeprägte Abneigung gegen alles, was unternehmerische Flexibilität und Autonomie – und damit auch die Chancen im wirtschaftlichen Existenzkampf – faktisch einschränkt.

Eine speziell an die Adresse von Selbstständigen gerichtete Leitidee von Prävention sollte sich zuvorderst das dominante Motiv der wirtschaftlichen und beruflichen Autonomie zunutze machen und es mit dem Aspekt der Nachhaltigkeit verbinden. Praktisch läuft dies hinaus auf den Ausbau der Bewältigungskompetenz gegenüber den charakteristischen Anforderungen und psychomentalen Belastungen einer durch hohe Flexibilitätsanforderungen und ökonomische Unsicherheit geprägten Erwerbs- und Arbeitssituation. Als nützlich haben sich dabei vor allem folgende Präventionsstrategien erwiesen (Pröll et al. 2007):

- Selbstführung (berufliche Orientierung auf persönlich bedeutsame Ziele und Lebensinteressen, Selbstachtsamkeit);
- Techniken des persönlichen Zeitmanagements und der Selbstorganisation;
- kommunikativer und unterstützender Kooperations- und Führungsstil;

31

- explizites „Work-Life-Management" (Eingrenzung von Beruf und Arbeit, Pflege sozialer Ressourcen in der außerberuflichen Lebenswelt etc.).

Eine hierauf aufbauende „entrepreneuriale" Prävention hat damit eine erhebliche Schnittmenge mit den Strategien und Praktiken, die auch für die Anforderungsbewältigung vieler abhängig Beschäftigter, nicht nur in flexiblen Dienstleistungstätigkeiten, als hilfreich anerkannt sind. Dies stellt vor allem in beruflich relativ homogenen Kontexten, wie im Handwerk und den Freien Berufen, eine günstige Voraussetzung für eine statusübergreifende Präventionsstrategie dar.

### 1.2.1.4 Lehren aus der Kleinbetriebs-Strategie des institutionellen Arbeitsschutzes

Das kleinbetrieblich-freiberufliche Erwerbsmilieu stand bis weit in die 1980er Jahre hinein im Schatten einer auf industrielle Großunternehmen fixierten Präventionspolitik. Forschung und Entwicklung, Regelsetzung, Handlungs- und Organisationsmodelle sowie die zugehörigen Professionalisierungskonzepte für betriebliche Arbeitsschutzexperten orientierten sich primär an den Bedürfnissen und Ressourcen beschäftigungs- und umsatzstarker Unternehmungen. Eine entfaltete Industriebürokratie, funktionierende betriebliche Expertensysteme und verhandlungsmächtige betriebliche Interessenvertretungen wurden so zu grundlegenden Funktionsvoraussetzungen für betriebliche Prävention.

Erst im Jahrzehnt darauf begann die Arbeitsschutz-Community sich intensiver mit spezifischen Konzepten für kleinbetriebliche Prävention zu beschäftigen. Hauptanlass war zunächst politischer Druck der Europäischen Gemeinschaft auf die Mitgliedstaaten, auch für die faktisch ausgeklammerten Kleinunternehmen praktikable Regelungen und Infrastrukturen der Prävention auf den Weg zu bringen. Die dadurch beförderte Konzept- und Modellentwicklung orientierte sich jedoch noch lange Zeit am Arbeitsschutz-Paradigma und versuchte, in der kleinbetrieblichen Arbeitswelt großbetriebs-analoge Konzeptelemente des Arbeitsschutzes in gleichsam „miniaturisierter" Form zu implementieren.

Ein Projekt des institutionalisierten Arbeitsschutzes zielte auf die großflächige Implementation *arbeitsschutzbezogener Motivations- und Informationsseminare für Inhaber von Kleinunternehmern* (so genannte „Unternehmer-Modelle" der Berufsgenossenschaften). Gedacht war dies als funktionales Äquivalent für die Bestellung eigener Experten oder den Zukauf fixer Kontingente an externer Expertise (Einsatzzeiten-Modell), was bis dahin für mittlere und große Unternehmen vorgeschrieben war. Der prinzipiell fortschrittliche Grundgedanke des Unternehmer-Modells besteht darin, an einer betrieblichen Schlüsselposition

Basiskompetenz für Prävention zu installieren und damit eine systematische Grundlage für Eigenhandeln und gezielte Beratungsnachfrage zu schaffen. Die praktische Umsetzung war jedoch über weite Strecken als klassische Arbeitsschutz-Unterweisung angelegt, mit dem Ziel, die Unternehmensleitung in die institutionellen Strukturen und bürokratischen Gepflogenheiten des Arbeitsschutzes einzuführen und ihr Teilaufgaben einer Sicherheitsfachkraft zu ermöglichen. Diese industriebürokratische Perspektive war den meisten Teilnehmenden jedoch fremd und hatte mit ihrem pragmatischen Stil ihres betrieblichen Risikomanagements wenig gemein. Auch wurde die Chance nicht systematisch genutzt, die persönlichen Belastungs- und Bewältigungsprobleme als unternehmerisch Erwerbstätige zu thematisieren und damit eine authentischere Kommunikation zum Thema Gesundheitsmanagement zu erproben (Pröll 1998a).

Ein weiteres Beispiel ist die auch von Kleinunternehmen prinzipiell zu leistende *„Beurteilung der Arbeitsbedingungen"* ihrer Beschäftigten (gemäß § 5 Arbeitsschutzgesetz). Sicher können eine methodische Reflektion auf arbeitsbedingte Gesundheitsprobleme und die Ableitung von Handlungsbedarf eine systematische Prävention im Kleinunternehmen wirksam unterstützen. Die hierzu produzierten Verfahrensangebote der „ersten Generation" waren allerdings strukturell kaum kleinbetriebstauglich: In ihnen agiert der Unternehmer gleichsam als Revisor aus der Perspektive einer Quasi-Sicherheitsfachkraft und hantiert überwiegend mit sicherheitsanalytischen oder juristischen Systematiken und Begrifflichkeiten (Gefährdungstatbestände, Risikofaktoren, Rechtsmaterien des Arbeitsschutzes). Schon die Bezeichnung als „Gefährdungsbeurteilung" zeigt, dass die Verfahren ausschließlich auf das Management von Risiken ausgelegt, für spezifische Stärken der Prävention oder Ressourcen der Gesundheit jedoch nicht sensitiv waren. Auch die formalen Dokumentationsregeln orientierten sich am Muster industriebürokratischer Instrumente (Berichtsbögen etc.). Sie entsprachen damit eher den Bedürfnissen externer Aufsichtspersonen als den Anforderungen eines Instrumentes für kleinbetriebliches Gesundheitsmanagement.

Als weitere Alternative zur „Regelbetreuung" und „Unternehmermodell" können sich Kleinunternehmen für eine *bedarfsorientierte* präventionsfachliche Betreuung entscheiden, die vorzugsweise nach dem Pool-Modell organisiert ist. Dazu schließen sich Unternehmen eines Gewerbezweiges über einen Verband oder eine Selbstverwaltungsorganisation zu einer Nutzergemeinschaft zusammen, die einen Präventionsdienstleister unter Vertrag nimmt. Dessen Aufgabe besteht vor allem darin, das Unternehmen bei einer initialen Gefährdungsbeurteilung zu unterstützen und danach bei größeren betrieblichen Änderungsmaßnahmen zu beraten. Der korporatistische Rahmen soll dabei für flankierende Informations- und Motivationsmaßnahmen in der Gruppe genutzt werden.

Modellversuche und Praxisbilanzen der jüngeren Vergangenheit haben wiederholt die methodischen und organisatorisch-logistischen Probleme solcher Kleinbetriebsmodelle aufgezeigt (vgl. dazu Damm/ Kablitz 2000; Boldt/ Gille/ Grahl 1997):

- Eine trägerschaftliche Anbindung der Beratung an die Selbstorganisation der mittelständischen Wirtschaft, z. B. Kreishandwerker- und Unternehmerschaften, fördert deutlich die Akzeptanz bei den Unternehmen, wirft aber auch erhebliche Probleme der Qualitätssicherung auf.
- Betriebs- und Branchennähe des Beratungsangebots müssen hinreichend gewährleistet sein, um den hohen Anforderungen an Zielgruppengerechtigkeit, Flexibilität und Kundenorientierung gerecht zu werden.
- Inhalt und Methodik der Beratung müssen sich primär am pragmatischen Stil des Kleinunternehmens und weniger an der ‚reinen Lehre' des Arbeitsschutzes orientieren.
- Die Beratung sollte über ihre Intervention immer das Hauptziel verfolgen, betriebliche Lernprozesse zu initiieren, über die endogene Handlungsmotivation und -kompetenz aufgebaut wird. Solche „Hilfe zur Selbsthilfe" muss aber nicht immer im Interesse kommerziell ausgerichteter Präventionsberater liegen.

Noch in den 1990er Jahren weit verbreitete Positionen, Kleinunternehmen dauerhaft und umfassend durch „regionale Kompetenzzentren" betreuen zu lassen, sind inzwischen (glücklicherweise) kaum noch anzutreffen. Dass im Zentrum jedes kleinbetrieblichen Präventionskonzeptes der betriebliche Kompetenzerwerb und weitgehende autonome Handlungsfähigkeit im Gesundheitsmanagement stehen soll, also ein Maximum an betrieblicher Kompetenzentwicklung mit einem Minimum an externer präventionsfachlicher Beratung einhergehen sollte, wird derzeit kaum noch bestritten.

Beck (2010) hat in 14 Fallstudien den Umgang von Kleinst- und Kleinunternehmen mit dem so genannten Selbst-Check-Verfahren (SCV) untersucht. Das SCV ist eine strikt partizipative Variante der Gefährdungsbeurteilung, die standardisierte Mitarbeiterinterviews zur Aufdeckung branchentypischer betrieblicher Gesundheitsrisiken, aber auch von Gesundheitsressourcen wie Arbeitsstolz etc., in den Mittelpunkt stellt. Das Verfahren soll von der Unternehmensleitung selbst in eigener Regie angewandt werden und Impulsgeber für einen betrieblichen Lernprozess sein. Propagiert und operativ unterstützt wird es von einer Reihe gewerblicher Berufsgenossenschaften (Beck 2010: 173f.).

Die detailliert dokumentierten Ergebnisse der Studie gewähren erstmals differenzierte Einblicke in kleinbetriebliche Adoptionsprozesse alternativer Präventionsmethoden, speziell die ihnen zugrunde liegenden unternehmerischen Handlungsmaximen, betrieblichen Handlungsbedingungen, Implementationsverläufe usw.. Die Resultate der Untersuchung sind eben so aufschlussreich wie ernüchternd.[1]

Die höchste Effizienz und Akzeptanz des SCV war mit seiner Re-Invention als berufsgenossenschaftlich moderiertes Sanierungsverfahren verbunden. Dort, wo die Unternehmensleitungen die operative Verantwortung weitgehend an die BG-Experten abgeben konnten, trug das Verfahren noch am ehesten bis zur Entwicklung triftiger Einzelmaßnahmen und wurde von den Inhabern als nützlich attribuiert. Als expertengestütztes Sanierungsverfahren ist das SCV allerdings nicht konzipiert und schon wegen mangelnder Ressourcen der Unfallversicherungsträger nicht diffusionsfähig. Gedacht ist es als modernes Bordmittel eines autonomen, primärpräventiven und kommunikativen Gesundheitsmanagements, das bei Beck „zeitgemäße kleinbetriebliche Gesundheitspolitik" heißt.

Dieser Bestimmung gemäß hat das SCV jedoch nur dort funktioniert, wo in der betrieblichen Sozialordnung – maßgeblich vorbestimmt durch das Unternehmens- und Führungskonzept der Inhaberperson – bereits wesentliche Voraussetzungen einer guten Präventionskultur angelegt waren, namentlich funktionierende Beteiligungsstrukturen und Rudimente der lernenden Organisation. Unter diesen Bedingungen muss die stark formalisierte Partizipationsprozedur des Verfahrens (Interviews mit der eigenen Belegschaft) nicht unbedingt als kompatible Instrumentierung empfunden werden; sie ist in diesen Fällen vermutlich funktional redundant mit vorhandenen Kommunikationsroutinen und streng genommen überflüssig.

In den „autokratisch" oder „patriarchalisch" geführten Kleinunternehmen blieb das Verfahren dagegen weitgehend ineffektiv und/ oder scheiterte bereits im Implementationsverlauf. Dort waren weder die anspruchsvollen endogenen Voraussetzungen gegeben, noch waren die hochgradig autonomieorientierten Inhaber bereit, die Berufsgenossenschaft als hilfreichen Dienstleister zu akzeptieren.

Mit diesem Befund lässt sich derzeit wohl kaum eine optimistische Diffusionsprognose für das SCV begründen. Als Prototyp oder gar „Leitverfahren" (Königsweg) kleinbetrieblichen Gesundheitsmanagements dürfte es keine Chancen haben. Sein spezifisches Kernproblem sehen wir darin, dass es wie alle Derivate der „Gefährdungsbeurteilung" handlungslogisch immer noch den genetischen Code des *„Revisionsmodells"* trägt. Periodisches problemübergreifendes

---

1 Die Fallstudien Becks gehen jeweils auf eine Anwendungsempfehlung der zuständigen Berufsgenossenschaft (BG) an die Unternehmensleitungen zurück. Niemand hatte sich also auf dem freien Markt für das Verfahren entschieden, und Loyalität gegenüber bzw. Respekt vor der BG war ein mehr oder weniger bedeutendes Motiv, das SCV auszuprobieren.

Screening auf Sanierungsbedarf ist ursprünglich ein Format der Kommunikation zwischen öffentlicher Arbeitsschutzaufsicht und großen Industrieunternehmen, das in der Folge Eingang in die autonome Praxis großbetrieblicher Arbeitssicherheitsstäbe („Begehungen") gefunden hat (was 1974 durch das Arbeitssicherheitsgesetz sanktioniert wurde; vgl. dazu auch Pröll 1991). Seine Kompatibilität mit typisch kleinbetrieblicher Praxis ist dagegen weder belegt noch plausibel. Wir lesen die Befunde Becks deshalb als weiteren Beleg für die Notwendigkeit, Prävention aus der Handlungsperspektive kleiner Unternehmen unter deren Mitwirkung praktisch neu zu erfinden. Königswege und *best practice* werden dabei nicht weiter helfen, sondern nur ein gut sortierter Werkzeugkoffer pragmatischen Gesundheitsmanagements, der für möglichst viele Unternehmenstypen und Handlungskonstellationen etwas Passendes bereit hält, d. h. auch für Autokratien und Patriarchate und vor allem für erste kleine Schritte.

### 1.2.1.5 Eckpunkte eines pragmatischen kleinbetrieblichen Gesundheitsmanagements

Abschließend soll das Rahmenkonzept eines „pragmatischen kleinbetrieblichen Gesundheitsmanagements" noch einmal in leitbildhafter Diktion kurz und prägnant beschrieben werden.[1]

- Kein Kleinunternehmen – einschließlich des „Ein-Personen-Unternehmens" – ist allein aufgrund der mit seiner „Kleinheit" verbundenen Strukturmerkmale an einer gelungenen Präventionspraxis gehindert. Viele Kleinunternehmen verfügen über tragfähige implizite Ressourcen, die die Herstellung von Gesundheit begünstigen und in dieser Funktion für eine systematischere Präventionspraxis genutzt werden können.
- Kleine Unternehmen bestehen darauf – und sind dazu auch weitgehend in der Lage –, ihre alltäglichen Präventionsprobleme aus eigener Kraft, ggf. mit speziell für sie geschaffenen „Bordmitteln" zu lösen. Eine systematische Präventionspraxis lässt sich nur über kollektive betriebliche Lernprozesse entwickeln, die ein strukturelles Korrelat in der Gesundheitskultur ausbilden. Externer präventionsfachlicher Support sollte deshalb in erster Linie als Coaching verstanden werden und nicht als reiner Leistungszukauf.

---

1 Wir haben dieses Konzept in zwei unserer Modellentwicklungen *explizit* und in nahezu wortgleicher Formulierung in den frühen Dialog der Entwicklungspartnerschaften eingespeist und auf dieser Grundlage strategischen Konsens erzielt (vgl. auch Kap. 5). Weiter gehende Überlegungen zur Funktion von Leitbildern im Präventionsdiskurs sowie eine frühe Version für den Bereich des Handwerks hat Pröll bereits 1998 vorgelegt (Pröll 1998: 224ff.).

- Für die wirtschaftliche und präventive Effizienz kleiner Unternehmen sind Qualitäten von Führung, Kommunikation, Kooperation und Work-Life-Balance besonders kritisch. Ihre Gestaltung hat deshalb keine geringere Bedeutung als klassischer Arbeitsschutz und Ergonomie. Gleichwohl ist die zuverlässige Beherrschung branchentypischer Probleme und die Einhaltung elementarer Vorschriften des Arbeits- und Gesundheitsschutzes vorausgesetzt; pragmatisches kleinbetriebliches Gesundheitsmanagement ist dafür keine Ersatz- oder Entlastungsstrategie, kein „Arbeitsschutz light".

- Gesundheit (und Sicherheit) sind gerade in Kleinunternehmen keine verabsolutierten Ideale, sondern ein Kriterium ständiger betrieblicher Problemlösungen und alltäglichen unternehmerischen Risikomanagements. Kleinbetriebliche Prävention ist nicht die Summe spezieller „Maßnahmen" oder Investitionen für Sicherheit und Gesundheit, sondern das Lösen praktischer Probleme in einem um Gesundheit und Sicherheit erweiterten Referenzrahmen (pragmatisch-integrativer Ansatz). Minimalziel ist dabei, Markt- und Modernisierungsdruck so zu bewältigen, dass die spezifischen Humanressourcen des Kleinunternehmens nicht in Gefahr geraten.

- Die persönliche Gesundheitskompetenz der Unternehmensleitung spielt eine herausragende Rolle für die kleinbetriebliche „Präventionskultur". Im kleinbetrieblichen Gesundheitsmanagement ist deshalb eine Trennung zwischen den Gesundheitsperspektiven selbstständiger (unternehmerischer) und abhängiger Erwerbsarbeit alltagspraktisch unzweckmäßig. In Motivations-, Instrumenten- und Betreuungskonzepten sollten deshalb „Unternehmergesundheit" und betriebliche Gesundheitsprävention („Unternehmensgesundheit") eng miteinander verknüpft sein.


## 1.2.1.6    Semantische Aspekte der Konzeptbezeichnung

Je mehr sich die Kommunikation über Arbeit und Gesundheit im Kleinunternehmen von einer *über* zu einer *mit* den eigentlichen Adressaten entwickelt, desto dringlicher stellt sich das Problem einer anschlussfähigen Semantik. Damit ist nicht nur die verständliche Untersetzung präventionstechnischer Fachterminologie gemeint, sondern auch der Umgang mit *Leitbegriffen*. Für PräTrans stellte sich das Problem, für sein Konzept des Umgangs mit Arbeit und Gesundheit im kleinbetrieblich-freiberuflichen Erwerbsmilieu eine für die Praxispartner verständliche und orientierende Sprachregelung zu finden. Der Leitbild-Dialog mit den intermediären Akteuren sollte unter einem provisorischen Label stattfinden, das nicht auf nur den Code von Wissenschaft oder Fachinstitutionen rekurriert.

Damit wird nicht der Anspruch erhoben, dass dieser primär strategische Arbeitsbegriff unmittelbar für die breite Binnenkommunikation innerhalb einer Kammer geeignet ist oder sein muss. Hier sind fall- und aspektspezifische, noch näher an den beruflichen Alltag und die sektorale Semantik der Mitgliedschaft angelehnte Bezeichnungen erforderlich. Wie solche weiteren Übersetzungsschritte aussehen können, haben wir in unseren Modellentwicklungen erprobt (vgl. Kap. 5).

Unter diesem Gesichtspunkt sind die Begriffe „Arbeitsschutz" oder „betriebliche Gesundheitsförderung" wenig orientierend. Beide stehen für eine elaborierte und formalisierte betriebliche Präventionspraxis, die an typisch großbetriebliche Rahmenbedingungen gebunden sind. In Klein- und Ein-Personen-Unternehmen, wie wir sie fokussieren, sind solche Handlungsvoraussetzungen weder gegeben noch jemals herstellbar. Der Begriff *Arbeitsschutz* trägt darüber hinaus die Hypothek einer systematischen und immanent nicht aufhebbaren Einengung auf normierungsfähige Präventionsgegenstände und -themen.

Der Begriff *Gesundheitsförderung* teilt diese inhaltlichen Restriktionen zwar nicht, ist dafür jedoch mit einem erheblichen Überschuss an gesundheits- und gesellschaftspolitischer Programmatik behaftet, der sich an Meta-Zielen wie soziale Gerechtigkeit, Empowerment und Partizipation festmachen lässt (WHO 1986). Als gesundheitspolitischer Akteur in diesem Sinne zu handeln, dürfte wohl nur sehr wenigen Mittelständlern in den Sinn kommen. Themenbezogene Umfragen in KMU machen immer wieder deutlich, dass die Begriffe im kleinbetrieblichen Alltag nur selten gebraucht werden und wenn, dann in einer unscharfen Verwendung, die wenig mit dem Stand der Diskussion in den jeweiligen Fachgemeinschaften zu tun hat.

Auch der Begriff „Gesundheitsmanagement" hat problematische Konnotationen. Im *wissenschaftlichen* Diskurs über Erwerbsarbeit und Gesundheit steht er für den Anspruch eines in alle Ebenen und Prozesse (groß-)betrieblichen Managements systematisch und methodisch integrierten Präventionskalküls (Badura/ Ritter/ Scherf 1999). Er soll insofern einen Fortschritt gegenüber der in Form singulärer Projekte unsystematisch und additiv betriebenen Praxis betrieblicher Gesundheitsförderung darstellen. Vertreter des umfassenden WHO-Konzepts der Gesundheitsförderung kritisieren wiederum, dass damit eine einseitige instrumentelle Indienstnahme von Gesundheit und Sicherheit für betriebswirtschaftliche Zwecke und eine Präferenz für herrschaftliche Management-Strategien einhergehe (Faller 2008).[1]

---

1 Im Gutachten einer hochrangigen Expertenkommission (Bertelsmann-Stiftung/ Hans-Böckler-Stiftung 2004) zu Modernisierungsperspektiven der betrieblichen Prävention spielte der Begriff „betriebliche Gesundheitspolitik" eine zentrale Rolle. Auf präventionswissenschaftlicher und -

Für unsere Bevorzugung des Begriffs *Gesundheitsmanagement* im Kontext eines kleinbetrieblichen Präventionsmodells spricht vor allem, dass er die Idee einer „reflexiven Routine" des wirtschaftlichen Umgangs (Management) mit einer auch in der kleinbetrieblichen Arbeitswelt hoch bewerteten Humanressource (Gesundheit) bezeichnet. Der im Management-Begriff mitschwingende Nutzenaspekt und der implizite Verweis auf die Organisationsverantwortung der Unternehmensleitung fördern u. E. die Anschlussfähigkeit an vorherrschende Deutungsmuster der kleinbetrieblichen Arbeitswelt.

Der Sinn der Formel ergibt sich aber vor allem aus dem Adjektiv „pragmatisch". Es soll einen unbürokratischen, problem- und ergebnisorientierten Management-Stil markieren und vor allem eine deutliche Differenz zu den für Großunternehmen konzipierten aufwändigen „Managementsystemen" im Arbeits- und Gesundheitsschutz markieren.

Aber auch die Rede von „pragmatischem kleinbetrieblichen Gesundheitsmanagement" bleibt eine Kompromisskonstruktion und ein Provisorium für einen milieuspezifischen Leitbilddiskurs. Damit verbindet sich die Hoffnung, dass dieser Diskurs im Idealfall seine eigene, unverwechselbare Semantik zum Thema „Arbeit und Gesundheit" entwickelt. Einige Übungen dazu haben die PräTrans-Modellentwicklungen absolviert.

### 1.2.2 Wirtschafts- und Berufskammern im Setting „Klein- und Ein-Personen-Unternehmen"

Nachdem im letzten Kapitel ein spezifisches Präventionsmodell für das Zielsegment Klein- und Ein-Personen-Unternehmen vorgestellt und begründet wurde, ist nun das zweite logische Standbein des PräTrans-Vorhabens näher zu erläutern: Was rechtfertigt den „begründeten Ausgangsverdacht", dass Einrichtungen der außerbetrieblichen Sphäre ohne expliziten Präventionsauftrag überhaupt irgend etwas für die Präventionspraxis in der kleinbetrieblichen Arbeitswelt bewirken können?

Dass sich eine Reihe prominenter Einrichtungen und Dachverbände für die Projektidee interessierten und förmliche Unterstützungsbekundungen abgaben, deutet zumindest auf die verbreitete Vermutung einer potenziellen organisationspolitischen Relevanz des Themas hin. An dieser Stelle ist jedoch keine politische, sondern eine *wissenschaftliche* Begründung gefragt, die sich auf den theo-

---

politischer Ebene kann man über seinen Sinn diskutieren, für den strategischen Dialog mit Intermediären des kleinbetrieblichen Praxisfeldes ist er zu abstrakt und nicht anschlussfähig.

retisch-konzeptionellen und empirischen Stand der einschlägigen Forschung stützt.

Wir wollen unsere zentrale Wirkungshypothese dabei aus zwei unterschiedlichen Blickwinkeln erhärten. Zunächst sind die jenseits des unmittelbaren betrieblichen Sozialkontextes beheimateten Determinanten und Prägungen der Gesundheitsdimension von Erwerbsarbeit und Unternehmensführung zu beleuchten. Allgemeines theoretisch-konzeptionelles Rüstzeug dafür stellt das Setting-Konzept zur Verfügung, das wir vorab diskutieren und auf unsere Fragestellung adaptieren (1.2.2.1). Danach ist zu klären, inwieweit Wirtschafts- und Berufskammern hypothetisch als Teil des Settings „Klein- und Ein-Personen-Unternehmen" betrachtet werden können. Basis dafür ist ihr allgemeines „institutionelles Profil", das Hinweise darauf gibt, über welche typischen Kommunikations- und Dienstleistungspotenziale Kammern sozial-normativ regulierenden Einfluss auf Arbeitsstandards, Branchenkulturen sowie Deutungsmuster von Selbstständigkeit und Unternehmertum haben können (Kapitel 1.2.2.2).[1]

### 1.2.2.1 Kleinbetriebliche Arbeitswelt als „Setting"

Ohne die durch die Konzepte „Lebensweise" und „Setting" inzwischen breit eingeführte Mehrebenen-Perspektive auf die soziale Herstellung von Gesundheit ist unsere zentrale Wirkungshypothese nur schwer nachzuvollziehen.

Das *Setting-Konzept* markiert die mit der WHO-Charta von 1986 vollzogene Hinwendung der gesundheitspolitischen Programmatik zur „primären Prävention". Dahinter steht die empirisch belegte Einsicht, dass sich Verbesserungen der Volksgesundheit weniger dem medizinischen Fortschritt verdanken, also z. B. verbesserter Diagnostik, Kuration oder Gesundheitsbildung, als vielmehr evolutionären Veränderungen der Lebensbedingungen in Form hygienischerer Wohn- und Arbeitsverhältnisse oder verbesserter Allgemeinbildung. Primäre Prävention heißt also, Gesundheit über die für ihre Erhaltung und Verbesserung signifikanten Lebensumstände und -verhältnisse positiv zu beeinflussen. In der amerikanischen Gemeindepsychologie hatte dieses sozialökologische Paradigma bereits eine längere Tradition (Caplan 1964). Vor diesem Hintergrund bezeichnet der Setting-Begriff idealtypische sozial-räumliche und sozial-ökologische Wirkungszusammenhänge der Herstellung von Gesundheit. Settings korrespondieren mit funktional definierten und institutionell verfassten „Lebensräumen" wie Kommune, Familie, Schule, Betrieb oder Krankenhaus, um nur die gebräuch-

---

1 Im Kapitel 1.2.3 erweitern wir den theoretisch-konzeptionellen Rahmen zusätzlich um eine *innovationstheoretische* Perspektive, die aber bei der Konzeptualisierung von PräTrans noch nicht explizit angelegt war.

lichsten zu nennen (vgl. Naidoo/ Wills 2010: 310ff.). Als Konstrukte der Gesundheits- und Präventionswissenschaft dienen sie dazu, die Korrespondenz von Person und Umwelt, Struktur und Handeln, Verhältnissen und Verhalten aus der Perspektive der Herstellung von Gesundheit so einzugrenzen und zu modellieren, dass in diesen Prozess gezielt (evidenzbasiert) interveniert werden kann. „Setting" ist also ein Gattungsbegriff der gesundheits- und präventionstheoretischen Modellbildung zum Zweck der Komplexitätsreduktion und der Interventionsbegründung. Settings sind durch praktische Interessen von Prävention und Gesundheitsförderung strukturierte (System-)Modelle lebensweltlicher Zusammenhänge, nicht aber diese Lebenszusammenhänge selbst.

Das von PräTrans fokussierte Setting basiert auf dem Arbeits- und Erwerbsalltag von Klein- und Ein-Personen-Unternehmen und modelliert die darin wirksamen betrieblichen und außerbetrieblichen Konstituenten von Gesundheit. Wie bereits am Ressourcenbegriff deutlich wurde, müssen diese Gesundheit stiftenden Faktoren zwar stets im alltäglichen betrieblichen Handlungsvollzug in Reichweite sein und realisiert werden. Solche Handlungsoptionen sind jedoch nur zum Teil Hervorbringungen, d. h. emergenter Bestandteil der betrieblichen Arbeitssituation. Sie sind der Situation auch durch soziale Tatsachen in Form von Institutionalisierungen, Organisationsregeln und kollektiven Deutungsmustern vorgegeben.

Die PräTrans-Perspektive betrachtet also nicht primär den Sozial- und Lebensraum „Kleinbetrieb" als Setting, sondern das gesamte Arrangement sozialer Tatsachen, die dort auf Gesundheitsprozess und Präventionspraxis signifikant einwirken. Um diese Komplexität und Mehrebenen-Staffelung unserer Verwendungsweise des Setting-Konzeptes deutlicher zu machen, sprechen wir gelegentlich auch von „kleinbetrieblicher Arbeitswelt" oder „kleinbetrieblich-freiberuflichem Erwerbsmilieu".

In der wissenschaftlichen Literatur zur Gesundheitsförderung findet sich gelegentlich eine auf Baric und Conrad zurückgehende Unterscheidung zwischen einem „gesundheitsfördernden Setting" und einer „Gesundheitsförderung im Setting" (Baric/ Conrad 1999). Ersteres erfordert die Fähigkeit und Bereitschaft zur authentischen Selbstthematisierung von Gesundheit, letzteres zielt auf bloße Instrumentalisierung von Settings für übergeordnete gesundheitspolitische Strategien. PräTrans geht es darum, das Erwerbsmilieu der Klein- und Ein-Personen-Unternehmen durch *selbsttätige* Einbindung der präventionsdienlichen Potenziale *seiner* wirtschaftlichen und beruflichen Selbstverwaltung zu einer spezifisch leistungsfähigen Präventionspraxis zu befähigen. Es geht nicht darum, die Kammern als bloße Durchleiter oder Multiplikatoren für Präventionspolitik zu Instrumentalisieren, oder – wie Rolf Rosenbrock es einmal formuliert hat – als „Lautsprecher für Gesundheitsbotschaften". Wir gehen also davon aus, dass sich

Kammern nur aus wohl begründetem Eigeninteresse und in darauf zugeschnittenen Formen und Inhalten nachhaltig für ein kleinbetriebliches Gesundheitsmanagement engagieren werden – und nicht als Transferagenten oder Multiplikatoren externer Instanzen. Aus diesem Grunde haben wir den im Projekttitel noch verwendeten Begriff der „Transferpotenziale" im späteren Vorhabenverlauf kaum noch gebraucht.

Die Strategie „Gesundheitsförderung im Setting" eignet sich insbesondere für epidemiologisch motivierte und fundierte Interventionen. Ziel ist dabei, nach der Prävalenz bestimmter Gesundheitsbelastungen oder Erkrankungen definierte Bevölkerungsteile mit Angeboten der gesundheitlichen Vorsorge oder medizinischen Versorgung möglichst effizient zu erreichen. Diese Vorgehensweise mag gesundheitlichen Effizienzpostulaten weit entgegen kommen, unter Nachhaltigkeitsgesichtspunkten hat sie jedoch ihre Schwächen. Denn sobald der Ressourceninput in die – zugespitzt formuliert – „Vertriebsstruktur" nachlässt, klingen auch die präventionspolitischen Effekte ab. Die Wirkungserwartungen von PräTrans richten sich dagegen nicht auf unmittelbare (epidemiologisch belegbare) gesundheitspolitische Effektivität, sondern auf die Steigerung der nachhaltigen präventiven Effizienz des gesamten Settings. Zu diesem Zweck soll ein Prozess initiiert werden, über den ein mit „institutioneller Identität" ausgestattetes soziales Wirkungsgefüge des Settings Klein- und Ein-Personen-Unternehmen die Gesundheitsperspektive schrittweise und organisch im Rahmen seiner gegebenen Potenziale integriert.

Wirkungen sind damit nur für diejenigen zu erwarten, die am Handlungskontext „Kammer" *teilhaben* und ihn als bedeutsam für den eigenen beruflichen und wirtschaftlichen Handlungshorizont akzeptieren. Der Anspruch, Risikopopulationen gezielt zu erreichen, ist damit nicht zu begründen und wird von PräTrans auch nicht verfolgt. Praktisch wie ethisch umso entscheidender ist allerdings, dass die Themenintegration nach Form und Inhalt niemanden aus der Setting-Population strukturell und systematisch von der Chance auf eine Erweiterung der persönlichen Handlungsperspektive ausgrenzt, z. B. durch implizite präventive Handlungsmodelle, die nicht mit der eigenen Erwerbswirklichkeit kompatibel sind.

Innerhalb dieses komplexen Wirkgefüges fokussieren wir Funktion und Bedeutung eines bestimmten Typs von Institutionen des „dritten Sektors" jenseits von Staat und Markt: der wirtschaftlichen und beruflichen Selbstverwaltung. In der Politikwissenschaft werden sie aufgrund ihrer teilweise vermittelnden Funktionen zwischen den beiden anderen Sektoren auch als „Intermediäre" bezeichnet. Zur *staatlichen Regulierung* im Kleinbetriebs-Setting sind insbesondere das Arbeits- und Arbeitsschutzrecht und die ihnen dienenden Einrichtungen und Interaktionen zu rechnen (z. B. die staatlichen Arbeitsschutzverwaltungen der

Länder). Der *Marktlogik* unterliegen in besonderer Weise die tarifliche Regelung von Arbeits- und Beschäftigungsbedingungen und die sie aushandelnden (Kollektiv-)Akteure (Arbeitgeberverbände, Gewerkschaften), des Weiteren der gesamte gewerblich-kommerzielle Beratungssektor zu betriebswirtschaftlichen Fragen. Die intermediäre Sphäre wird vor allem durch die auf Arbeit und/oder Gesundheit spezialisierte Unfall- und Krankenversicherung repräsentiert, die – ebenso wie unser spezieller Gegenstand - dem Prinzip der Selbstverwaltung unterliegen. Zusammen stellen sie ein breites und im Fall der Berufsgenossenschaften branchenspezifisches Angebot an präventionsfachlichen Informations-, Beratungs- und Betreuungsleistungen, die auch Klein- und Kleinstunternehmen adressieren (ausführlicher dazu Pröll 2004).

### 1.2.2.2 Wirtschaftliche und berufliche Selbstverwaltung als Kommunikations- und Dienstleistungsstruktur

Kammern könnten wie mittelständisch verfasste Dienstleister selbst als spezifisches Setting mit unmittelbaren gesundheitlichen Implikationen und Potenzialen betrachtet werden. Diese Perspektive auf „Kammerarbeit" steht in PräTrans nicht im Mittelpunkt, sondern deren systemische Präventionspotenziale im Setting Klein- und Ein-Personen-Unternehmen. Im Blick sind also „funktionelle Schnittstellen", über die Kammern potenziellen Einfluss auf solche Standards der Erwerbs- und Berufspraxis ihrer Mitglieder nehmen, die wiederum für Gesundheit und Prävention relevant sind. Um die Hypothese einer präventionsdienlichen Funktionalität genauer begründen zu können, sollen nachfolgend die institutionellen Kernmerkmale des deutschen Kammerwesens kurz skizziert werden. Welche generellen Kompetenzen, Ansprüche, Kommunikationspotenziale und Serviceleistungen rechtfertigen es, Kammern als präventionsrelevantes „Teilsystem" zu untersuchen? Wir behandeln dabei im Wesentlichen den Idealtypus „Kammer", gehen aber auch schon auf elementare Unterschiede zwischen den drei von uns untersuchten Kammerarten ein.

Wer in der Bundesrepublik eine selbstständige oder freiberufliche Erwerbstätigkeit ausübt, muss sich qua Gesetz einer Einrichtung der wirtschaftlichen oder berufsständischen Selbstverwaltung anschließen. Unternehmerinnen und Unternehmer der gewerblichen Wirtschaft, des Handwerks und der Freien Berufe sind also ausnahmslos den 54 Handwerkskammern, 80 Industrie- und Handelskammern und noch zahlreicheren Berufskammern angeschlossen. In einigen Berufskammern sind darüber hinaus auch *unselbstständig* Tätige als Pflichtmitglieder (approbierte Ärzte) oder freiwillige Mitglieder (Ingenieurkammern) organisiert. Ale selbstständig Erwerbstätigen sind also durch eine obligatorische, formaljuristische Mitgliedschaftsbeziehung in das Kammersystem eingebunden.

Die im deutschen Kammerwesen obwaltende Handlungslogik ist ohne das Prinzip der *Selbstverwaltung* nicht zu verstehen. Selbstverwaltung ist ein zentrales politisches Gestaltungsprinzip der Steinschen Reformen des 19. Jahrhunderts, das sich nicht nur in den Sphären Beruf und Wirtschaft wieder findet, sondern vor allem auf kommunaler Ebene, in der gesetzlichen Sozialversicherung und im universitären Wissenschaftsbetrieb. Für die kommunale und alle Formen der „funktionalen" Selbstverwaltung ist charakteristisch, dass sie weniger politische und soziale Errungenschaften korporatistisch agierender „Betroffener" sind als deren instrumentelle Indienstnahme durch staatspolitisches Kalkül. Selbstverwaltung ist auch nicht nahtlos aus emergenten Praktiken der Selbstregulation und -organisation hervor gegangen, sondern als Ablösung der in allen Feldern zuvor bereits weitgehend ausgeformten *unmittelbaren* staatlichen Regulierung und Kontrolle. Zweifellos spielt „Betroffenpartizipation" eine wichtige Rolle in der Ideengeschichte der Selbstverwaltung; auf der Vorderseite der Medaille steht jedoch „Staatsentlastung" (vgl. Hendler 2002).

Selbstverwaltung im Allgemeinen und die der Kammern im Besonderen umfasst damit zwei spannungsreiche Kernfunktionen: Sie bietet einerseits einen Raum für Selbstorganisation und Selbsthilfe in Bezug auf wirtschaftliche und berufliche „Belange", gleichsam einen Rahmen für das eigenverantwortliche Management von Kollektivgütern der Mitglieder (Goltz 2002; Olson 1965). Andererseits liegt ein Großteil ihrer politischen Existenzberechtigung darin, durch den Staat per Gesetz übertragene Verwaltungs- und Aufsichtstätigkeiten auszuführen, z. B. bei der Regelung der beruflichen Bildung und der Berufszugänge. Obwohl dies nur unter staatlicher Rechtsaufsicht geschieht und in der fachlichen Ausgestaltung den Selbstverwaltungsträgern ein Zweckmäßigkeitskalkül bleibt, werden sie in dieser Funktion von der Mitgliedschaft fast zwangsläufig als einschränkende und disziplinierende Bürokratie wahrgenommen. Außerdem absorbieren staatlich beliehene Verwaltungsaufgaben einen erheblichen Teil der Kammerressourcen, was den Handlungsspielraum für autonomen Mitgliederservice spürbar einschränkt. Kluth warnt deshalb davor, sich als Selbstverwaltungsträger zu einseitig über attraktive Servicefunktionen profilieren zu wollen (was andere auch könnten) und darüber die Selbst-*Verwaltung* als Alleinstellungsmerkmal und zentrale Legitimationsbasis zu untergraben (Kluth 2002).

Mit dem Selbstverwaltungsauftrag geht eine explizite *Gemeinwohlbindung* einher, d. h. Kammern dürfen sich nur solchen Kollektivgütern der Mitglieder widmen, die zugleich einen besonderen Wert für das Gemeinwohl haben. Berufszugangskriterien müssen sich z. B. durch den Qualitätssicherungsauftrag legitimieren lassen, während insbesondere tarifpolitische Interessen oder allgemeinpolitische Stellungnahmen für die Kammeragenda tabu sind. Als Organisationen mit Pflichtmitgliedschaft fehlt ihnen dafür das Mandat. Kammern müssen also zum einen die Belange der *Gesamtheit* aller Mitglieder im Auge behalten, andererseits müssen diese Kollektivinteressen mit *Gemeinwohlinteressen* abgewogen sein, bevor sie im fachpolitischen Raum artikuliert werden. Dies fordert den Kammern einen komplizierten Modus der Interessenkoordination ab, der durchaus formale Analogien mit verbandlicher Mikropolitik aufweist. Nach Sebaldt/ Straßner (2004: 59ff.) zählen dazu vor allem die *Aggregation, Selektion* und *Artikulation* von Interessen. Kammern müssen

- einen internen Abklärungsprozess ermöglichen, der legitime gemeinsame berufs-, wirtschafts- und standespolitische Interessen für die Mitglieder sichtbar macht,
- diese priorisieren, also eine interessenpolitische Agenda bilden und
- die Ergebnisse der beiden internen Prozesse in einen „politischen Code", in die Sprache von Forderungen, Maßnahmen, Positionen im Bereich der jeweils relevanten gesellschaftlichen und politischen Subsysteme übersetzen.

Im Gegensatz zur „reinen" Interessenvertretung privater Wirtschaftsverbände, die ausschließlich allgemeinen Postulaten verbandlicher Demokratie genügen muss, ist die Interessenarbeit der Kammern zusätzlich durch den Allgemeinwohlbezug relativiert. Der Begriff Interessenvertretung scheint deshalb eher in Parenthese gerechtfertigt, angemessener wäre die Rede von Interessenvermittlung oder Interessenkoordination.

Die wirtschaftliche und berufliche Selbstverwaltung greift nicht nur als Regulierungsinstanz empfindlich in das wirtschaftliche Handeln ihrer Mitglieder ein, sie erhebt dafür auch noch *finanzielle Beiträge und Gebühren*. Die Betriebskosten für Apparat und Infrastruktur müssen zum weit überwiegenden Teil von den Mitgliedern selbst finanziert werden. Zwar bemühen sich alle drei Kammerarten durch differenzierte Beitragssysteme um eine Lastenverteilung, die nach einem Mix von Solidaritäts- und Nutzenprinzip möglichst breit akzeptiert wird.

Dennoch bleibt die Beitragspflicht ein latentes Konflikt- und Kritikfeld. Eine Überdehnung des Solidaritätsprinzips führt nach der ökonomischen Theorie kollektiven Handelns zu einem massiven Kontributionsproblem (vgl. Schmidt-Trenz 2006; Goltz 2002): Wenn alle Mitglieder gleichen Zugriff auf die Kollektivgüter und gleiches Wahlrecht für die Vollversammlung haben, aber nur ein Teil die Refinanzierung trägt, stellt sich das Problem des so genannten „Trittbrettfahrertums". Insbesondere im IHK-Sektor hat dies zu mehreren gesetzlichen Modifikationen des Beitragsrechts geführt, ohne dass damit eine organisierte Dissidentenbewegung gegen Pflichtmitgliedschaft und Beitragszwang verhindert werden konnte (vgl. Kap. 2.2).

Eine empirisch-systematische Untersuchung des Kammerwesens aus präventionswissenschaftlicher Perspektive liegt bislang nicht vor. Teilaspekte wurden u. W. erstmals von Hügel und Kraus (1988) fokussiert, die sich mit dem möglichen Beitrag des Beratungspersonals von Verbänden zur Umsetzung von arbeitswissenschaftlichen Forschungsergebnissen – insbesondere aus dem auslaufenden Programm zur „Humanisierung des Arbeitslebens" – befasst haben. Die Autoren gelangen zu einer im Kern positiven Potenzialdiagnose, die jedoch durch die seinerzeit noch nachwirkenden Branchenprojekte des HdA-Programms geprägt sein dürfte. Zahlreiche Branchenverbände hatten sich in langjährigen Humanisierungs-Projekten engagiert und darüber in Ansätzen personelle und organisatorische Strukturen einer arbeitswissenschaftlichen Beratung ihrer Mitglieder installiert. Fromm und Pröll (2000) haben Wirtschaftskammern und Branchenverbände erstmals konzeptionell und ansatzweise empirisch als Substruktur einer als *setting* konzipierten „kleinbetrieblichen Arbeitswelt" berücksichtigt. Das Hauptinteresse ihrer Untersuchung galt jedoch den in der *betrieblichen* Sozialordnung angelegten „gesundheitsdienlichen Potenzialen", während die Dialog- und Dienstleistungspotenziale des intermediären Umfelds nur explorativ untersucht werden konnten.[1] Gleichwohl wurde bereits deutlich, dass die beiden Wirtschaftskammern – Berufskammern blieben damals noch unberücksichtigt – zur Förderung der wirtschaftlichen und beruflichen Belange ihrer Mitglieder beachtliche Serviceangebote bereithielten, die thematisch eng auf die Felder Berufs- und Erwerbsarbeit sowie unternehmerische Fragen ausgerichtet waren. Das Kommunikations- und Dienstleistungspotenzial von Kammern realisierte sich über ein breites Repertoire von Formaten wie:

- Bereitstellung von Fachinformationen;
- Beratung der Mitglieder, Existenzgründungsberatung[2];
- Organisation eigener beruflicher und betriebswirtschaftlicher Bildungsangebote;
- Organisation eines auf den Kammerzweck bezogenen praktischen Erfahrungsaustausches der Mitglieder;
- Moderation eines sektoralen Wirtschaftsdialogs bzw. eines branchen- oder berufspolitischen Dialogs;

---

1 Über ein Teilgutachten (Pröll 2004) floss dieser Befund auch in die Arbeit der Expertenkommission „Zukunftsfähige betriebliche Gesundheitspolitik" ein. Das Kommissionsgutachten ermuntert die intermediären Einrichtungen, sich noch stärker in der betrieblichen Prävention zu engagieren.
2 Die Möglichkeiten intermediärer Einrichtungen bei der präventionsorientierten Beratung von *Existenzgründern* wurden von Langhoff und Wildförster (2001) in einem Gutachten für das Bundesarbeitsministerium näher untersucht.

Außerdem ließ die sektorale bzw. regionale Feingliedrigkeit des Kammerwesens besondere Möglichkeiten der fachlichen Spezialisierung und der Berücksichtigung von Lokal- und Branchenkolorit bei der Feingestaltung des Dialog- und Dienstleistungsangebotes erkennen. Und nicht zuletzt war das Verhältnis der Kleinunternehmen zu ihrer Selbstverwaltung zwar nicht unbedingt als innig zu bezeichnen, wies jedoch ein ungleich höheres Maß an Homophilie auf als das zu den Repräsentanten des Arbeitsschutzes.

Prima vista lassen Kammern also ein stabiles handlungsrelevantes Potenzial zum Themenkreis Beruf, Erwerbsarbeit und Selbstständigkeit vermuten, das sich aufbauend auf der obligatorischen Mitgliedschaft von Klein- und Ein-Personen-Unternehmen an einem thematisch differenzierten und infrastrukturell entwickelten Dialog- und Dienstleistungspotenzial festmachen lässt. Es scheint sich also zu lohnen, dieses auf das Zentrum „Erwerbsarbeit" hin konfigurierte Potenzial auf seine Aufnahme- und Anschlussfähigkeit für eine Gesundheitsperspektive auf Arbeit, Beruf und Wirtschaft näher unter die Lupe zu nehmen.

### 1.2.3 Exkurs:
### Das PräTrans-Problem aus der Perspektive der Innovationsforschung

Die einschlägige Innovationsforschung geht von der Annahme aus, kultureller Wandel vollziehe sich in weiten Teilen als Nach- und Nebeneinander evolutionärer Elementarprozesse der Diffusion und der „Veralltäglichung" definierter Neuerungen. Innovationsforschung untersucht diese Elementarprozesse in ihrer endogenen Logik und ihrer sozialen Einbettung und versucht, sie anhand gegenstandsadäquater Objekttheorien und einer interdisziplinären Metatheorie zu beschreiben, zu analysieren und zu erklären. Dabei gibt es verstärkte Bemühungen und Erfolge, Innovationsforschung über ihre klassische Domäne der Produkt- und Produktivkraftentwicklung hinaus auch für die Analyse geplanten sozialen Wandels fruchtbar zu machen. Wir sehen deshalb in der Innovationstheorie gerade für gestaltungsorientierte Modellvorhaben wie PräTrans ein nützliches Instrumentarium der wissenschaftlichen Begründung und Selbstreflexion.

Damit folgen wir nicht der radikalen Kritik Moldaschls (2010) am Innovations-Paradigma, das er für einen reinen Lückenbüßer statischer Sozialtheorie und für ebenso überflüssig hält wie eine „Theorie des Prozesses" oder eine *theory of everything* (Moldaschl 2010: 8f.). Erstaunlich ist, dass sich Moldaschl dabei zwar ausführlich mit der Ideengeschichte des Innovationsbegriffs auseinandersetzt, nicht aber mit der systematisch ausgearbeiteten und empirisch breit fundierten Innovationstheorie von E. M. Rogers (2003). Diese bietet u. E. eine spezifische, nicht mit anderen Ansätzen redundante Perspektive auf kulturelle Dynamik. Wer nachgewiesen haben will, dass eine Theorie der Innovation nicht existiert, sollte sich zuvor schon mit dem System empirisch fundierter Generalisierungen von Rogers auseinandergesetzt haben. Moldaschls Unbehagen gegenüber der überbordenden „Innovations-Semantik", die auf breiter Front Praxisprobleme und Forschungsfragen zu politisch korrekten Innovations-Themen umformuliert, ist dagegen nur allzu berechtigt.

PräTrans hat in seiner Konzeptualisierung zunächst nicht explizit auf Innovationsforschung und -theorie rekurriert. Mit zunehmender empirischer Durchdringung und begleitender theoretischer Reflektion wurde deutlich, dass Perspektive und Begriffsinventar der Innovationstheorie für das Problemverständnis und die Befundinterpretation gleichermaßen nützlich sein können.[1] Im Unterschied zur verbreiteten Innovations-Semantik benutzen wir die Innovationsperspektive dabei „klassisch-handwerklich" im Sinne der Konzeption von Rogers. Dieser verfolgt einen interdisziplinär-kulturwissenschaftlichen Ansatz, den er als analytischen Rahmen auf technische Artefakte, Ideen, Moden, soziale Praktiken und Programme gleichermaßen erfolgreich angewendet hat. Im Zentrum seiner Aufmerksamkeit steht dabei stets der *Diffusionsprozess*.

Um den deskriptiven und interpretativen Gebrauch von Innovationstheorie vorzubereiten, sollen deren Termini und Theoreme nachfolgend kurz eingeführt (1.2.3.1) und anschließend auf Probleme und Fragestellungen (aber noch nicht die Ergebnisse) von PräTrans angewandt werden (1.2.3.2). Die Form des Exkurses soll deutlich machen, dass es sich dabei um eine im Forschungsprozess selbst rezipierte, flankierende Interpretationsfolie handelt, die in dieser Form kein systematischer Bestandteil der Projektentwicklung war.

### 1.2.3.1   Innovation als soziales Phänomen

Das sozialwissenschaftliche Interesse an Innovationsphänomenen richtet sich *generell* auf *Veränderungen sozialer Praxen* in definierten gesellschaftlichen Feldern, deren Ursachen, Randbedingungen und Verlaufsformen (Zapf 1989; Gillwald o. J.; Howaldt/ Schwarz 2010). Dabei können an diesem als „Innovation" reflektierten Praxiswandel technische Artefakte und Systeme ebenso wie genuin soziale Tatsachen (z. B. Institutionalisierungsprozesse) in unterschiedlicher Gewichtung und Mischung beteiligt sein. Technisches und Soziales sind

---

1 Wertvolle externe Impulse verdanken wir dabei einmal den Arbeitsergebnissen der Fokusgruppe „Soziale Innovation" an der Sozialforschungsstelle Dortmund, die u. a. in einem Sammelband dokumentiert sind (Howaldt/ Jacobsen (Hrsg.) 2010). Weitere Anregungen stammen aus Diskussionen mit *David Beck*, der die Innovationstheorie Rogers auf die Diffusionsprobleme „zeitgemäßer Gesundheitspolitik in Kleinst- und Kleinbetrieben" anwendet (Beck 2010).

dabei als *Medien der Ordnungsbildung* prinzipiell von gleichem empirischen Interesse und nicht selten eng mit einander verflochten.[1] Was rechtfertigt dann die Rede von *sozialen* Innovationen?

Zeitgenössische Auslegungen lehnen sich zumeist an den Vorschlag von Zapf (1989) an, soziale Innovationen als *intendierten* und *wertgesteuerten* Wandel definierter Praxen mit den Mitteln der Sozialtechnik zu begreifen. Soziale Innovationen sind demnach prinzipiell institutionalisierungsfähige Veränderungen sozialer Praxis, die in einem feldrelativen Wertesystem als „Verbesserung" (oder „Errungenschaft") gelten. Während sozialer *Wandel* ungerichtet und mitunter sogar regressiv prozessiert, können soziale *Innovationen* nach Zapf „die Richtung sozialen Wandels verändern" (Zapf 1989). Soziale Innovationen haben jedoch keinen inhärenten Gemeinwohlbezug. In welchem Maße und vor allem für wen sich die Fortschrittsverheißungen sozialer Innovationen tatsächlich erfüllen, ist also eine andere Frage. Zum wissenschaftlichen und politischen Diskursformat „soziale Innovation" gehört jedoch zwingend ein auf anerkannte gesellschaftliche Wertsysteme rekurrierendes Fortschrittsargument, ein *relative advantage* (Rogers 2003: 229ff.) gegenüber der vorgängigen Praxis (vgl. auch Howaldt/ Schwarz 2010: 4ff.).

Innovation lässt sich als *dreiphasiger evolutionärer Zyklus* fassen (vgl. auch Braun-Thürmann/ John 2010): Dieser beginnt mit dem Erscheinen funktionaler Äquivalente für bestehende Praktiken, die als Verbesserungsoptionen thematisiert werden. In der Innovationstheorie Rogers' wird diese „Geburtsstunde" einer Innovation als *Invention* bezeichnet. Das Alternative diffundiert anschließend unter bestimmten Voraussetzungen im Praxisfeld durch Prozesse der *Adoption*, d. h. des kognitiven und tätigen Nachvollzugs (Imitation) durch eine wachsende Zahl von Individuen. Die Adoption ist typisch eine *modifizierende* und *kontextualisierende* Einbettung der Invention in die je besonderen Umstände praktischen Handelns, also stets auch eine Re-Invention.

Mit fortschreitendem Diffusionsprozess verliert das Neue zumindest für signifikante Populationen des Feldes (die *Adoptoren*) seine Qualität *als Alternative* und löst sich in einer veränderten *Normalität* auf. Diese Spätphase des Innovationsprozesses zeigt also zentrale Merkmale von *Institutionalisierung*: Dem innovativen Muster zu folgen, erhöht die Handlungs- und Erwartungssicherheit im Praxisfeld. Aus dieser evolutionären Perspektive ist das (temporär) Neue möglicherweise das augenfälligste Element des Innovationsprozesses, jedoch

---

1 Faktisch sind „technische" Innovationen immer mit dem Entwurf einer sozialen Nutzungsordnung verbunden. Ein triviales Beispiel ist die Gebrauchsanweisung, die die bestimmungsgemäße Verwendung eines Artefakts normiert. Gerätetechnische Neuheiten antizipieren und bevorzugen stets bestimmte (gerichtete) Erweiterungen von Handlungsspielräumen, während sie andere Optionen faktisch behindern. Darüber hinaus setzen sie oft weitere konstruktiv nicht intendierte Sozialdynamiken frei: der klassische Gegenstand der Technikfolgenabschätzung.

nicht mit ihm identisch. Innovation ist der gesamte Zyklus des Werdens *und Vergehens* des Neuen und ein spezifischer Fokus liegt dabei auf dem Diffusionsprozess. Innovationsforschung ist also weit mehr als Kreativitätsforschung auf individueller und organisationaler Ebene, auf die sie die aktuelle Innovations-Semantik häufig reduziert.

Schon Schumpeter (1964) weist darauf hin, dass das *Erscheinen des Alternativen* in der Regel eine kreative Rekombination von Bekanntem und Bewährtem beinhaltet. Dies gilt vor allem für genuin soziale Inventionen, deren Rückbindung an die Lebenswelt unhintergehbar ist und die sich in die Gegebenheiten der sozialen Vor-, Um- und Mitwelt einpassen müssen. Das Neue im alternativen Handeln zeigt sich immer nur in Relation zum Alten. Zwischen alter und neuer Praxis muss außerdem ein Verhältnis der funktionalen Äquivalenz bestehen, um das Neue als Invention im Sinne der Innovationstheorie zu identifizieren.[1] Dabei wird es sich in der Regel um ein verändertes Muster der praktischen oder kognitiven Bewältigung eines bestimmten Problemtyps handeln, der mit überkommenen Handlungsmustern nicht mehr zufrieden stellend zu bewältigen ist. Entscheidend bleibt, dass die alternative Praxis gegenüber dem derzeit „Normalen" als Verbesserung bewertet und angestrebt wird.

Was stimuliert den Entwurf und den Diskurs alternativer Praxismuster als kollektives Phänomen? Diese Frage führt zurück an den Punkt, an dem sich der Innovationszyklus vollendet und Neues zur institutionell garantierten, d. h. als alternativlos akzeptierten Normalität wird. Institutionelle Neuordnungen der Lebenspraxis sind, gerade als *Ergebnis* sozialer Innovationen, einem besonderen Risiko *schleichenden Funktions- und Bedeutungsverlustes* ausgesetzt. Ihre Handlungssicherheit und -koordination verheißenden Angebote an Sinngebung und Bewältigungsroutinen können angesichts der Dynamik und Verkettung von Herausforderungen (partiell) inadäquat und irrelevant werden. Die „frühe" Arbeitsschutzforschung der Sozialforschungsstelle Dortmund hat dieses Phänomen am Beispiel des Umgangs des institutionellen Arbeitsschutzes mit diversen vernetzten Innovationen in seinem sachlich-thematischen Geltungsraum (neue Technologien, Organisations- und Managementkonzepte, Europäisierung usw.) eingehend empirisch untersucht (vgl. insbesondere Pröll 1991). Die Energie für soziale Innovation stammt also zu weiten Teilen aus den Irritationen, Friktionen und Utopien, die den Funktionsverlust von Institutionen begleiten.

Rogers (2003) hat sich in seiner Innovationsforschung vor allem mit dem *Diffusionsprozess* empirisch und theoretisch beschäftigt. Die Stärke seines An-

---

1 Eine Handlungsweise als *alternative* Option wahrzunehmen, ist logisch nur über die Differenz zu einer etablierten, funktional äquivalenten Handlungsweise möglich. „Individuals cannot deal with an innovation except on the basis of the familiar. Previous practice provides a standard against which an innovation can be interpreted, thus decreasing its uncertainty." (Rogers 2003: 242)

satzes liegt darin, unterschiedliche disziplinäre Perspektiven zu vereinen und damit einer Engführung des Problems vorzubeugen (vgl. Beck 2010). Sein Modell der Einflussgrößen auf die „Adoptionsrate einer Innovation" bspw. vereint wissens- und sozialpsychologische Aspekte (Typen von Innovationsentscheidungen, Attribuierungen der Adopter) mit kommunikations- und organisationswissenschaftlichen Perspektiven (Kommunikationspotenzial und Sozialstruktur des Feldes, *promotion efforts*). Die seiner Modellbildung zugrunde liegenden empirischen Analysen und Fallstudien beziehen sich zum großen Teil auf nichttechnische Innovationen, darunter viele aus dem Bereich Prävention und Gesundheitspolitik (AIDS-Prävention, Empfängnisverhütung usw.).

Besonders nützlich für experimentelle Innovationsforschung erscheinen die von Rogers extrahierten *attributes of innovations* (Rogers 2003: 219-265). Indem sie das Verständnis differentieller Innovations-Erfolge erleichtern, geben sie zugleich nützliche Hinweise für die Konstruktion diffusionstauglicher Praxismodelle als „soziale Prototypen". So muss Rogers zufolge die in der Invention verkörperte alternative Praxis gegenüber dem Normalen einen zusätzlichen Nutzen erwarten lassen (*relative advantage*), der sowohl als materiell-praktischer wie symbolisch-ideeller konzipiert sein kann. Zweitens muss die Alternative anschlussfähig an bestehende Wissensbestände, Wertsysteme und Bedürfnisse im Feld sein (*compatibility*). Das prototypisch Neue braucht einen hinreichend stabilen Kontext an Normalem, das seine Funktion und Bedeutung unterstützt und zugleich das Adoptionsrisiko begrenzt. Das dritte Attribut *complexity* bezeichnet die Verständlichkeit und Praktikabilität des Neuen, während *trialability* die Chance bezeichnet, eine Invention zunächst mit kalkulierbarem Risiko zu erproben. Dieses Kriterium ist vor allem für Erst- und Frühanwender von besonderer Bedeutung, weil diese sich noch nicht auf bewährte Adoptionsmuster stützen können. In engem Zusammenhang damit steht als fünftes Attribut *observability*: Die Anschaulichkeit und Vermittelbarkeit des Neuen, was in unserem Kontext speziell auf die demonstrativen Qualitäten von sozialen Prototypen abzielt.

Analytisch hilfreich scheint auch Rogers' Modellierung *organisationaler* Innovationsprozesse, die naturgemäß im Zentrum von PräTrans stehen. Dazu bietet Rogers eine fünfstufige Phasenlogik an, die den Gesamtprozess idealtypisch in eine *Initiierungs-* (2 Stufen) und eine *Implementations-Phase* (3 Stufen) gliedert (ebd.: 402ff). Den Einstieg bildet ein *agenda setting*, d. h. die Identifikation zumeist auf Performanzdefizite verweisender Probleme, deren Priorisierung und das „Scannen" der Organisationsumwelt nach alternativen Lösungsansätzen. In der zweiten Stufe erfolgt ein konzeptionelles *matching* von Problemen und Lösungsangeboten mit dem Ziel, optimale Passungen (*fit*) zu identifizieren. Bei diesen Machbarkeitskalkülen wirkt das Lösungsangebot auch auf die Problemrezeption und -definition zurück (*solution driven innovations*). Das Ende dieser konzeptionell-informationellen Phase markiert die Innovationsentscheidung. Die Implementation beginnt damit, dass sowohl die avisierte Invention als auch ihr innerorganisatorisches Umfeld praktisch (nicht mehr nur konzeptionell) auf optimale Passung modifiziert werden (*redifining, restructuring*). Gelingende Innovation erfordert weiterhin eine Phase der Transparenz- und Akzeptanzförderung bei den internen Adoptoren (*claryfying*). Dies setzt eine sinnhafte Rahmung des Neuen voraus, die mit dem Relevanzsystem der Adoptoren kompatibel sein muss. In der letzten Prozess-Stufe wird das neue Praxismuster soweit zur Routine (*routinizing*), dass es nicht mehr als Alternative wahrgenommen wird und seine Identität als Innovation verliert.

Auch das Konzept der *change agency* ist für PräTrans relevant. Rogers versteht darunter eine mit den nötigen Ressourcen (Geld, Macht, Wissen) ausgestattete Instanz, die den Diffusionsprozess voran treibt. *Change agents* sind dieser Instanz verpflichtete *Akteure,* die nicht selbst dem natürlichen Innovationsfeld angehören müssen, jedoch über soviel Feldkenntnis und Empathievermögen verfügen, dass sie Diffusionsprozesse gezielt fördern können (ebd.: 368).

### 1.2.3.2    Das implizite Innovations-Konzept des PräTrans-Projektes

Wie lässt sich nun der Forschungs- und Entwicklungsansatz des PräTrans-Vorhabens im gerade referierten theoretisch-begrifflichen Rahmen „sozialer" Innovation reformulieren?

Dabei ist zunächst zu klären, welches die soziale Innovation genau ist, für die PräTrans als empirisch-analytische und experimentelle „Machbarkeitsstudie" initiierende und wegbereitende Funktion haben soll. In einer Ziel-Terminologie ließe sie sich etwa folgendermaßen beschreiben: Im Praxisfeld der wirtschaftlichen und beruflichen Selbstverwaltung ist das Thema „kleinbetriebliches/ berufliches Gesundheitsmanagement" flächig und nachhaltig in die Kommunikations- und Dienstleistungsprofile integriert. Diese Perspektiverweiterung wird im Feld als Errungenschaft betrachtet, deren Sinn und Nutzen nicht mehr grundsätzlich infrage steht. In Relation zum Praxisstatus der PräTrans-Bestandsaufnahmen (vgl. Kap. 2) läge damit eine „echte" soziale Innovation vor.

Der Innovationsfokus von PräTrans liegt also auf der Praxis *intermediärer Organisationen* in ihrer Funktion als institutionalisierte Arenen der Meinungsbildung für betriebliche Akteure (insbesondere Verantwortungsträger) im kleinbetrieblich-freiberuflichen Erwerbsmilieu. Das PräTrans zugrunde liegende evidenzbasierte Modell eines pragmatischen kleinbetrieblichen Gesundheitsmanagements (vgl. Kap. 1.2.1) stellt zwar ebenfalls eine soziale Innovation dar. Deren Diffusionsprozess interessiert PräTrans aber nur insoweit, wie er durch soziale Innovationen „zweiter Ordnung" im intermediären Feld beeinflusst und gefördert werden kann. Das Konzept einer zukunftsorientierten kleinbetrieblichen Prävention stellt für PräTrans gleichsam eine *soziale Basisinnovation* dar, während der eigentliche Gegenstand solche organisationalen Innovationen im intermediären Feld sind, die den Diffusionsprozess dieser Basisinnovation beschleunigen und befestigen können. Abbildung 1 versucht, diese Mehrebenen-Logik des Problems zu veranschaulichen.

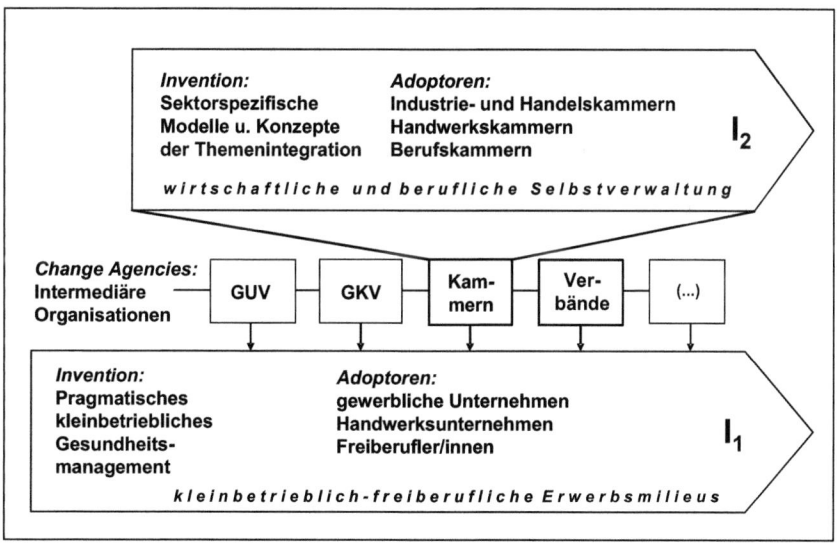

*Abbildung 1:*   Die PräTrans-Fragestellung aus innovationstheoretischer Perspektive

Die mit pragmatischem kleinbetrieblichem Gesundheitsmanagement bezeichnete soziale Basisinnovation ist dabei nicht als zeitlos gültiges normatives Muster konzipiert. So wie jede Invention im Diffusionsprozess durch Re-Invention ihre Gestalt verändert und dadurch zumeist auch praxistauglicher wird, sind solche Adaptionsprozesse auch zu erwarten und zu erhoffen, wenn sich die Kommunikation über kleinbetriebliche Präventionskonzepte stratifiziert und in die berufliche und wirtschaftliche Selbstverwaltung hinein diffundiert. Neue Perspektiven, Interessen und Rationalitäten kommen ins Spiel, die dem konzeptionellen Reifeprozess nur dienlich sein können. Insofern stellt unsere Vorstellung gelungener kleinbetrieblicher Prävention nicht mehr (und nicht weniger) als einen evidenzbasierten *Startpunkt* für eine thematisch erweiterte Binnenkommunikation des intermediären Feldes dar, in deren Verlauf das Konzept selbst wieder durch Neu-Erfindung an Authentizät gewinnen kann.

PräTrans hat es also mit der Etablierung neuer Praktiken in und durch intermediäre Organisationen zu tun und bewegt sich dabei über weite Strecken operativ in der *Inventionsphase* des in Abbildung 1 als $I_2$ bezeichneten Innovationsprozesses. Inhalt dieser Inventionen sind sektorspezifische Modelle (soziale Prototypen) und Konzepte der Themenintegration, d. h. der Erweiterung der thematischen Perspektive mitgliederbezogener Kommunikations- und Dienstleistungspotenziale. Wir verwenden dafür gelegentlich auch vereinfachend den Begriff „Themeninnovation", weil es im Kern um die thematische Bereicherung *vorhandener* Infrastrukturen und Formate gehen soll, weniger um die Adoption gänzlich neuer Kommunikations- und Dienstleistungsformen.

Adoptoren sind die einzelnen Industrie- und Handels-, Handwerks- und Berufskammern in der Bundesrepublik Deutschland, mit gut 200 Einrichtungen eine noch überschaubare Zahl von Organisationen. Das gesamte Innovationsfeld „berufliche und wirtschaftliche Selbstverwaltung" ($I_2$) gliedert sich dabei in drei Sektoren, deren soziale und kommunikative Strukturen (im Sinne der Adoptionstheorie Rogers') neben einer prägenden Gemeinsamkeit (Selbstverwaltung) signifikante diffusionsrelevante Unterschiede aufweisen. Dieser Substruktur tragen wir mit einem primär sektoralen Analyse- und Interventionsansatz Rechnung.

Analog müsste der *Verbändesektor*, auf den sich die Aktivitäten des Verbundpartners RKW konzentrierten, aus innovationstheoretischer Perspektive zunächst als eigenständiges und eigensinniges Innovationsfeld mit einer besonderen institutionellen Substruktur (abgebildet z. B. über eine gehaltvolle Verbände-Typologie) operationalisiert werden. Die Gemeinsamkeit zwischen beiden Innovationsfeldern (Verbände – Kammern) erschöpft sich im Wesentlichen darin, dass die Adoptoren Mitgliederorganisationen ohne expliziten Präventionsauftrag sind. Als demokratisch verfasste Mitgliederorganisationen verbindet sie weiterhin die Dominanz kollektiver, konsensbasierter Innovations-Entscheidungen, während autoritative Innovationsentscheidungen keine Rolle spielen dürften (Rogers 2003: 403). Wir haben also gut daran getan, Kammern und Verbände, die im Fachdiskurs semantisch ähnlich eng und unberechtigt verschweißt sind wie Klein- und Mittelunternehmen zu „KMU", wissenschaftlich in voneinander unabhängigen Fallstudien mit stark induktiv ausgerichteter Empirie zu bearbeiten. Präventions- und innovationsstrategische Unterschiede und Gemeinsamkeiten können dann diskutiert werden, wenn die Ergebnisse aus dem Verbändesektor evaluiert und wissenschaftlich interpretiert worden sind.

Angesichts der Breite des Praxisfeldes „Kammern und Verbände" und der Komplexität der fokussierten thematischen Innovation hätte sich PräTrans mit dem Anspruch, selbst schon ein Innovations-Programm zu sein, gründlich verhoben. Dazu waren seine zeitlichen und finanziellen Ressourcen bei weitem zu begrenzt, die effektive Ausfüllung von Funktionen einer intersektoralen *change agency* völlig unrealistisch. Typologisch kann PräTrans aber durchaus als umfassend und systematisch angelegte *Innovations-Machbarkeitsstudie* betrachtet werden: Es versucht durch empirische Potenzialanalysen und evidenzbasierte Modell- und Konzeptentwicklungen den Möglichkeitsraum einer spezifischen Themeninnovation – Einbau einer Perspektive auf Arbeit und Gesundheit – präziser auszuloten.

Bei der zusammenfassenden Kommentierung der Erfahrungen unserer Modellentwicklungen im Schlusskapitel werden wir diese innovationstheoretische Perspektive erneut systematisch aufgreifen.

## 1.3  Methodik und Projektorganisation

Beide Teilvorhaben des PräTrans-Projektes orientierten sich an einem einheitlichen Projektdesign, das drei sukzessive Arbeitspakete umfasste (vgl. auch Abbildung 2):

1.  Im ersten Arbeitspaket wurden die *themenrelevanten Kommunikations- und Dienstleistungspotenziale* der untersuchten intermediären Felder (Kammern bzw. Verbände) systematisch analysiert. Dabei wurde eine organisations- und institutionenanalytische Perspektive (Regeln und Ressourcen) mit der Untersuchung „natürlicher" Versuche und Ansätze der Themenintegration (Prozessperspektive) kombiniert. Die Befunde beider Erhebungsstränge wurden zu organisationstypspezifischen „Potenzial-Profil-Hypothesen" verdichtet.

2.  Mit diesen empirisch fundierten Hypothesen über spezifische Thematisierungspotenziale konnten wir mit unseren Praxispartnern – gleichsam auf Augenhöhe – in einen Dialog über sinnvolle und machbare Modellentwicklungen bzw. Konzeptstudien zur thematischen Erweiterung der Mitgliederkommunikation treten. Diese *Modellen und Konzeptentwicklungen* lagen in der Hand lokaler „Entwicklungspartnerschaften" von Kammerakteuren, Wissenschaftler/innen und externen Unterstützern. Ziel war, Modelle und Konzepte der Themenintegration mit prototypischer Qualität für den jeweiligen Sektor zu generieren.

3. Erst eine sorgfältige Dokumentation und Reflexion der Modell- und Konzeptentwicklungen gestattet zu beurteilen, worin die prototypische Qualität der erprobten Konzepte und Instrumente liegen könnte und unter welchen Voraussetzungen und Randbedingungen sie eine Diffusionschance haben. Die Evaluation der PräTrans-Interventionen ist Gegenstand des dritten Hauptarbeitsschrittes.

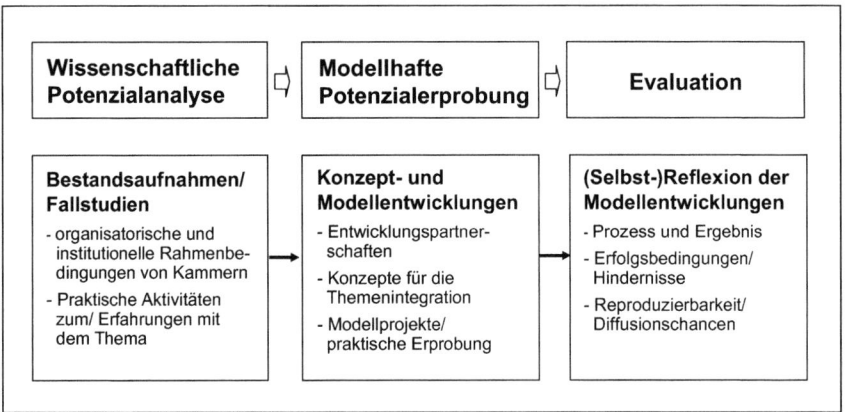

*Abbildung 2:* Rahmendesign des Verbundvorhabens PräTrans

In den nachfolgenden Abschnitten wird die Methodik des PräTrans-Teilvorhabens der Sozialforschungsstelle Dortmund zum Kammerwesen näher erläutert.

### 1.3.1 Systematische Potenzialabschätzung durch Analysen und Bestandsaufnahmen

#### 1.3.1.1 Untersuchung organisatorisch-institutioneller Ressourcen für die Themenintegration

Die rechtlich-institutionellen Rahmenbedingungen, organisatorischen Binnenstrukturen und die Kommunikationsroutinen einer Kammer stecken die Bedingungen der Möglichkeit ab, thematische Innovationen im Allgemeinen und eine Perspektiverweiterung in Richtung „Arbeit und Gesundheit" im Besonderen auf die Agenda setzen zu können. Im Zentrum dieses Erhebungsbausteins steht deshalb eine Rekonstruktion von

- rechtlich-institutionellen Rahmenbedingungen der jeweiligen Kammerart,
- organisatorischen Bedingungen (Mitgliederstruktur, Satzungsaufträge, Gremienwesen, Organisationspolitik, Leitbilder, Ressourcenausstattung usw.) sowie
- Angeboten, Formaten und Medien des Mitgliederservice und der Binnenkommunikation (Information, Beratung, Erfahrungsaustausch, branchen- und berufspolitische Aktivitäten usw.).

Die entsprechenden Daten wurden überwiegend durch Literatur- und Dokumentenanalysen sowie Internet-Recherchen gewonnen. Für jede der drei Kammerarten wurde dazu ein Subsample von Einrichtungen mit einer maximalen Streuung zentraler Strukturmerkmale (Größe, Regionalstruktur usw.) gebildet. In diesen Kammern wurden Experteninterviews mit Fach- und Führungspersonal sowie vertiefende Internet- und Dokumentenrecherchen durchgeführt. In den Wirtschaftskammern wurden darüber hinaus Expertengespräche in den jeweiligen Dachorganisationen geführt.

Die Modellentwicklungen und Konzeptstudien boten darüber hinaus Möglichkeiten, die sektoralen empirischen Analysen durch Interviews, Beobachtungen und Umfragen gezielt zu vertiefen. So waren bspw. in zwei Berufskammern Online-Mitgliederbefragungen und im Handwerkssektor eine Befragung des Beratungspersonals möglich.

### 1.3.1.2 Fallbeispiele für Kammeraktivitäten im Themenfeld „Arbeit und Gesundheit"

Dass Kammern durchaus zur Absorption virulenter Themen in der Lage sind und sich damit ihre Themenagenden evolutionär wandeln und erweitern können, zählt zu den hinreichend empirisch belegten Ausgangsprämissen des PräTrans-Vorhabens. Ein prominentes Beispiel dafür ist das offensive Aufgreifen des Umweltthemas durch die Handwerksorganisation in den 1990er Jahren, weitere finden sich bei den Industrie- und Handelskammern zu Themen wie Gesundheitswirtschaft, demografischer Wandel oder Familienfreundlichkeit. Auch auf dem Feld des Arbeits- und Gesundheitsschutzes hat es in allen drei Kammerarten in Breite und Tiefe unterschiedliche Ansätze gegeben, dieses Thema zu bearbeiten. In einem zweiten Untersuchungsstrang der Potenzialabschätzung haben wir deshalb solche Fälle untersucht und nach möglichen Treibern, Mustern, Erfolgs- und Scheiternsbedingungen der Themenintegration befragt.

### 1.3.1.3 Ergänzende empirische Untersuchungen

▪ Erhebungen zur Mitgliederperspektive

Ergänzend zu Literaturstudien und späteren Mitgliederbefragungen im Rahmen der PräTrans-Modellentwicklungen wurden in der ersten Projektphase von beiden Projektteams zusammen zehn ausführliche Interviews mit Inhabern und Inhaberinnen kleiner Unternehmen aus unterschiedlichen Branchen, Kammer- und Verbandskontexten geführt. Über einen narrativen Interviewstil sollten dabei typische Subjektperspektiven a) auf den Zusammenhang von unternehmerischer Erwerbsarbeit und Gesundheit sowie b) auf den Handlungskontext „Kammer" exploriert werden. Die arbeitsteilig geführten Interviews wurden vollständig transkribiert und standen danach anonymisiert jeweils beiden Projektteams zur Verfügung.[1] Ein wesentlicher Zweck dieses Untersuchungsteils bestand darin, Mitgliedern beider Projektgruppen einen qualitativ-subjektorientierten Forschungszugang zu eröffnen, vor allem denen, die bislang damit keine oder wenig Erfahrungen hatten.

▪ Bestandsaufnahme zielgruppentauglicher Handlungshilfen und Informationsbausteine

Diese *Inventarisierung* diente dazu, einen systematischen Überblick über das selbst für Experten nur noch schwer überschaubare Angebot auf dem projektrelevanten Informations- und Ratgebermarkt zu gewinnen. Um überflüssige Eigenentwicklungen zu vermeiden, wurden vor Beginn der Modellprojekte vorhandene zielgruppentaugliche Handlungshilfen und Informationsbausteine inventarisiert und klassifiziert. Als *zielgruppentauglich* wurden solche Informationsobjekte betrachtet, die explizit für die betriebliche und unternehmerische Praxis konzipiert und ohne wissenschaftliche Vorbildung verständlich sind. Zusatzkriterium war die Kompatibilität mit dem Praxisfeld der Klein- und Ein-Personen-Unternehmen. Handlungshilfen, die einseitig typische Probleme, Organisations-

---

1 Die Auswertung im PräTrans-Team der Sozialforschungsstelle erfolgte nach einem Verfahren der „intersubjektiven Validierung", in dem in der Forschergruppe nach hermeneutischen Regeln über Differenzen und Konvergenzen der individuellen Textauslegung diskutiert wurde.

strukturen und Ressourcen großer Unternehmen fixieren, wurden nicht berücksichtigt.[1]

Um die Ergebnisse der Inventarisierung nicht nur als wissenschaftliche Marktanalyse, sondern ggf. schon als praktisches Hilfsmittel in den Modellentwicklungen nutzen zu können, wurde die Form einer MS-ACCESS-Datenbank gewählt, die mit einer provisorischen Benutzeroberfläche für Eingaben, Abfragen und Reports versehen wurde.

Eine systematische Zwischenauswertung im Februar 2008 stützte unsere Ausgangsvermutung, dass zu den allermeisten präventionsrelevanten Themen bereits hinreichend zielgruppentaugliche Informationsangebote von Berufsgenossenschaften, Krankenkassen und freien Beratungsträgern vorliegen. Die bis dahin erfassten 242 Objekte richteten sich zu ca. 58% explizit an selbstständige Zielgruppen (Unternehmer/innen, Existenzgründer/innen), ein weiteres Drittel war generell für Erwerbstätige in Kleinunternehmen relevant bzw. konzipiert. Die Themenbereiche Stressbewältigung, ergonomische Arbeitsgestaltung, betriebliches Gesundheitsmanagement, Mitarbeiterführung und die Basics der Arbeitssicherheit nehmen darin breiten Raum ein. Die Themenkreise „Unternehmergesundheit" und „Selbstführung/ Selbst- und Zeitmanagement" folgen im Ranking unmittelbar anschließend.[2]

### 1.3.2 Modellentwicklungen und Konzeptstudien, Entwicklungspartnerschaften

Im Zuge der Potenzialabschätzung wurde für jeden der drei Kammersektoren umfangreiches Datenmaterial aus verschiedenen Untersuchungsebenen und -perspektiven gewonnen. Diese Befunde wurden nach einem einheitlichen Schema zu drei eigenständigen Sektor-Fallstudien zusammengefasst und in *Werkstattberichten* publiziert (vgl. Kapitel 2 und 3).[3] Die Sektor-Fallstudien werden zu Hy-

---

1 Spezielles sicherheitstechnisches, ergonomisches und arbeitsmedizinisches Fach- und Handlungswissen wurde ebenfalls außer Acht gelassen, weil es ausschließlich für Präventionsexperten relevant ist und in entsprechenden Fachinformationssystemen bereits hinreichend abgebildet wird. Berücksichtigt wurden allerdings in kompakter Form und pragmatischer Orientierung auf die kleinbetrieblichen Grundlagen des normierten Arbeitsschutzes eingehen (z. B. einfache Instrumente für die „Beurteilung der Arbeitsbedingungen").

2 Einen Werkstattbericht mit Detailergebnissen der Inventarisierung enthält der Materialband zu dieser Publikation (www.sfs-dortmund.de).

3 Werkstattberichte, d. h. wissenschaftliche Zwischenpublikationen, die in sich abgeschlossene Arbeitspakete als „Meilensteine" dokumentieren, waren ein wesentliches Element des PräTrans-Arbeitsplans. Sie bilden eine ausgezeichnete Plattform für die verbundinterne wissenschaftliche Kommunikation und ermöglichen darüber hinaus einen interessierten Projektumwelt einen frühzeitigen Einblick in Zwischenergebnisse. Das PräTrans-Team der Sozialforschungsstelle produzierte im Projektverlauf insgesamt sieben solcher Werkstattberichte, die jeweils auf der Projekt-Website (www.gesundheit-unternehmen.de) publiziert wurden.

pothesen über kammerarttypische Potenziale für die Themenintegration verdichtet. Ähnlich einem *executive summary* werden für jede Kammerart typisierend die je spezifischen Stärken und Grenzen benannt, die bei einer Integration von Gesundheits- und Präventionsaspekten in Rechnung zu stellen sind. Diese Potenzial-Profile beschreiben also für die einzelnen Kammerarten spezifische Optionen für einen „eigenen Weg zum Thema" (vgl.. Kapitel 4) und bildeten eine wichtige Grundlage für die Konzipierung von Modellentwicklungen und Konzeptstudien.

Deren Ziel war die praktische Erprobung von Handlungsoptionen, denen die empirische Potenzialabschätzung eine gute Machbarkeits- und Diffusionsprognose attestiert hatte. Formal stellten die Modell- und Konzeptentwicklungen „Projekte im Projekt" dar, die operativ entweder im lokalen Rahmen (drei Berufskammern), bei zentralen Fachinstanzen (IHK-Bildungs-GmbH) oder auf Dachverbandsebene (DIHK, ZDH) angesiedelt waren. Während mit Berufskammern konkrete Praxismodelle entwickelt wurden, bewegten sich die auf Verbandsebene generierten Inventionen ausschließlich auf konzeptioneller Ebene („Blaupausen für lokale Modelle").

Die Bezeichnung *Entwicklungspartnerschaft* verweist auf einen zweckorientierten, temporären und horizontalen Kooperationszusammenhang. Feldakteure, Wissenschaftler/innen und Unterstützer aus Drittorganisationen arbeiten projektförmig an einer selbst definierten Forschungs- und Entwicklungsaufgabe. Die Grundlage bilden möglichst explizite Zielvereinbarungen, ein verbindliches Arbeitsprogramm (Lösungsweg) und die Bereitschaft zu einer angemessenen gemeinsamen Evaluation von Prozess und Ergebnis der Zusammenarbeit. Die Federführung („Projektleitung") liegt in den Reihen der Feldakteure, die auch einen Großteil der praktischen Entwicklungsleistungen erbringen. Der Beitrag wissenschaftlicher Expertise konzentriert sich auf die Konzeptberatung, die Prozessmoderation (einschließlich der Evaluation) und spezielle wissenschaftliche Dienstleistungen. Fachliche Beratung und Zuarbeit, in PräTrans überwiegend zum Thema Prävention und Gesundheitsförderung bei der Arbeit, ist die Kernaufgabe der externen Supporter (Berufsgenossenschaften, Krankenkassen etc.).

So verstandene Entwicklungspartnerschaft scheint uns der adäquate Operationsmodus eines modernen Typs systemischer, empirisch-experimenteller Innovationsforschung zu sein. Wissenschaft agiert darin nicht vom Standpunkt des besseren Wissens, sondern versucht, Praxisakteure zur Reflexion über Chancen und Risiken alternativer Möglichkeitsräume anzuregen und deren Nutzung im kontrollierten Experiment praktisch zu erproben.

## 1.3.3 Evaluation der Modell- und Konzeptentwicklungen

Das Ziel der Modell- und Konzeptentwicklungen des PräTrans-Vorhabens bestand darin, Strategien und Instrumente für eine nachhaltige Integration von Präventionsaspekten in die Kammerpraxis zu konzipieren und möglichst auch zu erproben. Wo modellhafte Inventionsprozesse möglich waren (wie in den Berufskammern) ging es vor allem darum, aus deren Gegebenheiten möglichst viel über die *prototypische Qualität* der Lösungsansätze und ihre Diffusionschancen zu erfahren. Damit ist zugleich der angestrebte Nutzen der Evaluation benannt: Interessierten „Strategen" des Praxisfeldes und potenziellen *change agents* der präventionspolitischen Arena soll eine eigene *kritische Reflexion* der Machbarkeit und Nützlichkeit der entworfenen Praxismuster ermöglicht werden. Aus wissenschaftlicher Perspektive dürfte die Evaluation der Modellaktivitäten interessante Erkenntnisse speziell zum „Innenleben" und Innovationsverhalten intermediärer Organisationen liefern, darüber hinaus vielleicht methodisch-praktische Anregungen für eine Interventionsforschung, die primär auf die Provokation von Lernprozessen in Netzwerken abzielt.

Aus dem entwicklungspartnerschaftlichen Operationsmodus unserer Modellprojekte folgt eine spezifische Funktionszuweisung an die beteiligte wissenschaftliche Expertise. Wissenschaft agiert in den Modellentwicklungen in der Doppelfunktion, im Feld selbst nicht verfügbaren praktisch-fachlichen Support bereit zu stellen (Moderation, Beratung, Konzeptentwürfe usw.) und in der Verantwortung für eine Evaluation, die anerkannten Qualitätsstandards genügt. Um diese empirisch möglich zu machen, haben die Wissenschaftler/innen in den Projektteams vor allem dafür zu sorgen, dass im Gestaltungsprozess „beiläufig", aber systematisch die erforderlichen Daten und Informationen für eine retrospektive Beobachtung zweiter Ordnung generiert werden. Forschungspraktisch erfordert dies eine sorgfältige, möglichst ungefilterte Beobachtung und gehaltvolle inhaltliche Protokollierung der Interaktionssituationen und -sequenzen in der praktischen Projektarbeit. Nur über die daraus resultierenden Texte ist die Modellentwicklung als Prozess einer wissenschaftlichen Reflexion zugänglich. Aufschlussreiche Interaktion findet dabei nicht nur in Strategie- und Kooperationsgesprächen, Projektgruppensitzungen, Workshops u. Ä. statt, sondern auch in der umfangreichen telefonischen und elektronischen Korrespondenz während einer Modellentwicklung. Zu allen Telefonaten wurden deshalb interne Gesprächsprotokolle angefertigt, alle eMails wurden für Evaluationszwecke sorgfältig archiviert.

Angesichts des umfangreichen Materials, das in der Regel einen mehrjährigen Prozess abbildet, bestand eine nützliche Vorarbeit darin, *chronologisch-deskriptive Prozessdokumentationen* anzufertigen. Dazu wurde das gesamte vorhandene Datenmaterial des Entwicklungsprozesses in eine lineare „Fallerzählung" übersetzt. Der so entstandene Text berichtet in empirischer Beobachtungssprache die gesamte Prozessgeschichte und nutzt dabei die oben genannten Primärprotokolle und -texte gleichsam als Quellen und Belege.

Die beiden im Sinne unseres Idealtypus „vollständigen" Modellentwicklungen im Bereich der Berufskammern wurden jeweils mit *Evaluationsworkshops* abgeschlossen, zu denen alle Aktiven eingeladen wurden. Im Zentrum stand dabei die diskursive Selbstbewertung des gesamten Prozesses und seiner Resultate, die von den beteiligten Wissenschaftlern anhand folgender Leitfragen moderiert wurde:

- Hat die angestrebte Themenintegration funktioniert?
- Welche Erfolgs- bzw. Misserfolgsfaktoren waren dafür verantwortlich?
- Welche Prognose für (lokale) Stabilität und Nachhaltigkeit der Implementation lässt die Bilanzierung zu?
- Unter welchen Voraussetzungen ist das Modell bzw. sind einzelne seiner Komponenten durch Schwesterorganisationen adoptierbar?
- Welche Maßnahmen des Breitentransfers können die intrasektorale Diffusion der Modelle befördern?

Nicht nur für die *wissenschaftliche* Meta-Reflexion (vgl. Kapitel 6), sondern auch für die Vorbereitung und Moderation der Selbstreflexion der Entwicklungspartner waren die deskriptiven Prozessdokumentationen eine wertvolle Hilfe. So wurden die beiden Evaluationsworkshops in Berufskammern mit einer foliengestützten Rekapitulation der „Geschichte" der Modellentwicklung eingeleitet. Alle wichtigen Einzelaktivitäten und Meilensteine wurden so noch einmal über ein mentales Abbild des gesamten Prozesses in Erinnerung gerufen. In einem zweiten Schritt wurden dann den einzelnen Episoden und Teilprozessen spezifische Hypothesen und empirische Fragen zur Evaluation zugeordnet („Evaluationsagenda"), die in der anschließenden Diskussion einzeln abgearbeitet wurden.

Wenn die so definierte Funktion von Wissenschaft im partnerschaftlichen Entwicklungsprozess methodisch strikt beachtet wird, ist die vom PräTrans-Projekt gewählte Form der *Selbstevaluation* prinzipiell unbedenklich. Auch sind mit diesem Evaluationskonzept wesentliche Voraussetzungen dafür geschaffen, die zentralen Qualitätskriterien der Deutschen Gesellschaft für Evaluation auf den Dimensionen Nützlichkeit, Durchführbarkeit, Fairness und Genauigkeit einzuhalten (DeGEval 2008: 14).

## 1.3.4 Kooperation und Kommunikation im PräTrans-Verbund

Zentrales Instrument der Selbststeuerung des Verbundvorhabens waren so genannte „Verbundklausuren", zu denen das gesamte wissenschaftliche Personal des Verbundes zwei bis drei Mal jährlich zusammentraf. Auf der Tagesordnung standen die Ergebnisbewertung, ein Abgleich der Arbeitspläne und die Vorbereitung gemeinsamer Aktivitäten (Workshops, Präsentationen etc.).

Um den Austausch der Forschungsprojekte und -verbünde des Förderschwerpunktes „Präventiver Arbeits- und Gesundheitsschutz" zu intensivieren und Ergebnissynergien frühzeitig zu nutzen, wurden vom zuständigen DLR-Projektträger *Fokusgruppen* eingerichtet, die sich jeweils einem der fünf Themenschwerpunkte des Förderprogramms widmeten. PräTrans bildete mit drei weiteren Verbünden eine Fokusgruppe „Überbetriebliche Allianzen", die das gemeinsame Interesse an innovativen „überbetrieblichen" Strategien und Kooperationsmustern sowie der Fokus auf die Prävention in Kleinunternehmen verband. Die Fokusgruppe traf sich jährlich zum Erfahrungsaustausch, zumeist am Rande größerer Fachtagungen.

Eine wichtige Funktion der Fokusgruppen bestand darin, die Arbeit des BMBF-Förderschwerpunktes „Präventiver Arbeits- und Gesundheitsschutz" auf seinen eigenen Jahrestagungen sowie auf besonders themenrelevanten Fachveranstaltungen gebündelt zu präsentieren.[1]

Um den intersektoralen Erfahrungsaustausch zwischen den einzelnen Modellentwicklungen der beiden Teilprojekte zu fördern, wurden im Projektverlauf zwei *Werkstattgespräche* und zum Projektende eine größere *Fachtagung* veranstaltet.

Das erste der beiden Werkstattgespräche wurde im Juni 2008 von der Sozialforschungsstelle in Dortmund ausgerichtet. Unter den ca. 20 Teilnehmenden waren sowohl Mitglieder der lokalen Entwicklungspartnerschaften als auch einzelne Interessenten aus nicht direkt involvierten Kammern, Verbänden und Facheinrichtungen. Dem Arbeitsstand entsprechend wurden vornehmlich Ergebnisse der Potenzialabschätzungen und erste Ideen für sinnvolle Entwicklungsthemen präsentiert und diskutiert. Ein Jahr später versammelte sich ein ähnlicher Personenkreis auf Einladung des RKW in Eschborn. Hier konnten bereits konkrete Aktivitäten und Erfahrungen aus den seinerzeit gestarteten Modellentwicklungen berichtet werden. Vor allem die Teilnehmenden aus Kammern und Ver-

---

1 Insgesamt wurden drei Jahrestagungen des Förderschwerpunktes ausgerichtet, deren Ergebnisse jeweils in einem Tagungsband publiziert wurden (vgl. Henning/ Richert/ Hees (Hrsg.) 2008; Henning/ Leisten/ Hees (Hrsg.) 2009; Henning/ Bach/ Hees (Hrsg.) 2010). Alle Bände enthalten auch aktuelle Publikationen aus dem PäTrans-Vorhaben. Daneben waren Projekte des Förderschwerpunktes auf den „Frühjahrs-Tagungen" des BMBF (Berlin) und auf dem Kongress „Arbeitsschutz und Arbeitsmedizin" (Düsseldorf) zahlreich vertreten.

bänden schätzten die Veranstaltungen als anregenden Blick über den eigenen Gartenzaun und wertvolle Impulsgeber ein. Vor allem aber sahen sie sich durch den Erfahrungsaustausch in ihrer Rolle als lokale Innovatoren bestätigt und ermuntert.

Die Schlussveranstaltung des Vorhabens fand am 18. Februar 2010 im Haus des Handwerks in Berlin statt. Hier standen vorläufige Ergebnisse der Entwicklungspartnerschaften und strategische Aspekte des PräTrans-Ergebnistransfers im Mittelpunkt. Eine Broschüre informierte den umfangreichen Einladungsverteiler im Vorfeld über Inhalt und Entwicklungsstand von insgesamt fünf PräTrans- Entwicklungspartnerschaften (Ammon et al. 2008).

An der Tagung beteiligten sich ca. 80 Unternehmer/innen, Vertreter/innen von Kammern und Verbänden, Krankenkassen, Berufsgenossenschaften, Präventionsdienstleistern, Wissenschaft sowie Politik und Verwaltung. Vom üblichen Muster einer Vortragsveranstaltung wurde zugunsten offener Kommunikationsangebote an die Teilnehmenden abgewichen. Im Zentrum standen dabei zwei Podiums-Plenums-Diskussionen mit Beteiligten aus den Kammer- und Verbändeorganisationen, in denen vor allem strategische Transferaspekte aufgerufen und diskutiert wurden. Dazwischen wurden die fünf PräTrans-Modellentwicklungen im Rahmen eines „Messerundgangs" von Mitgliedern der Entwicklungspartnerschaft erläutert. Den Vorstellungen folgten zahlreiche Nachfragen, insbesondere von Vertreter/innen aus jeweils anderen Kammern und Verbänden.

# 2 Kommunikations- und Dienstleistungspotenziale von Wirtschafts- und Berufskammern

Nachfolgend werden die Ergebnisse der drei Sektorfallstudien zum Kammerbereich in monografischer Darstellung präsentiert. Im Kapitel 2 konzentrieren wir uns zunächst auf die institutionenkundlichen und organisationssoziologischen Besonderheiten der drei Kammerarten, Kapitel 3 berichtet anschließend über vorhandene sektorale Ansätze der Themenintegration.

## 2.1 Berufskammern

### 2.1.1 Berufskammern als Selbstverwaltungseinrichtungen der Freien Berufe

Berufskammern sind ein zentrales Element der Selbstverwaltung der so genannten Freien Berufe. Schon Ende des 18. Jahrhunderts wurden in den Heil- und Rechtsberufen erste Kammern eingerichtet, fast einhundert Jahre später auch in den Ingenieurberufen. Kammergründungen wurden von den bereits länger bestehenden privaten berufsständischen Vereinigungen politisch eingefordert, um durch Selbstverwaltung direkter staatlicher Kontrolle zu entgehen (Rieger 2003). Im Gesetz über Partnerschaftsgesellschaften (§ 1 Abs. 1) werden Freie Berufe folgendermaßen allgemein definiert:

> "Die Freien Berufe haben im allgemeinen auf der Grundlage besonderer beruflicher Qualifikation oder schöpferischer Begabung die persönliche, eigenverantwortliche, und fachlich unabhängige Erbringung von Dienstleistungen höherer Art im Interesse der Auftraggeber und der Allgemeinheit zum Inhalt."

Diese Definition sieht die Berufsausübung primär als hoch qualifizierte, fachlich eigenverantwortliche und den gesellschaftlichen Bestand in besonderer Weise sichernde Dienstleistungsfunktion. Zwar ist auch für das klassische Leitbild des Freien Berufs das Erwerbsmotiv konstitutiv, es wird jedoch durch das normative Korrektiv eines „gemäßigten Gewinnstrebens" zugunsten berufsethischer, altruistischer und gemeinwohlorientierter Motive relativiert (Pitschas 2005). Als weitere, historisch gewachsene Leitideen der Freiberuflichkeit sieht Kluth (2006: 269ff.)

- den Primat *ideeller Leistungen* („Wissensdienstleistungen"),
- die im Wesentlichen *persönliche* Leistungserbringung durch die Berufsträger (mit deutlich eingeschränktem Direktionsrecht gegenüber anderen Berufsangehörigen),
- die *wirtschaftliche Selbstständigkeit*, wodurch die Freien Berufe zugleich zu einer wichtigen Säule des Mittelstands deklariert werden,
- eine *besondere Qualität der Dienstleistungsbeziehung*, die durch fachliche Integrität, einen besonderen Vertrauensvorschuss und (teilweise) das Berufsgeheimnis geprägt ist. Die Dienstleistungsempfänger erscheinen deshalb nicht allein als „Kunde", sondern als Patient/in, Klient/in oder Mandant/in.

Die Freien Berufe sind ein wirtschafts- und arbeitsmarktpolitisch bedeutsamer Sektor. 4,023 Mio. Erwerbstätige sind dort beschäftigt, jeder Vierte (26,2%) in selbstständiger Form. Auskunft über die Verteilung der 1,053 Mio. *selbstständigen* Freiberufler auf die wichtigsten Berufsfelder gibt Tabelle 1.[1]

| Ärztliche und nicht ärztliche Heilberufe | 334.596 | 30,0% |
|---|---|---|
| Rechts-, Wirtschafts- und Steuerberatung | 303.541 | 27,2% |
| Technische und naturwissenschaftliche Berufe | 199.145 | 17,8% |
| Kulturberufe | 277.000 | 24,9% |

Quelle: Institut für Freie Berufe

*Tabelle 1:* Selbstständige in Freien Berufen nach Berufsgruppen (2010)

Die Auflistung der Freien Berufe im Gesetz über Partnerschaftsgesellschaften umfasst ca. 30 akademische und nichtakademische Berufe, von denen jedoch nur zwölf zur Bildung von Berufskammern verpflichtet sind. Es sind die Berufe, denen die essentiellen Leitideen der Freiberuflichkeit in besonderem Maße zugeschrieben werden und deren Berufsbild, -tätigkeit, -zulassung und -ausübung deshalb einer spezifischen Regulierung unterliegt. In den Fokus von PräTrans fallen vor allem diese „verkammerten" Freiberufe.

---

1 Daten für 2010; http://www.ifb.uni-erlangen.de/fileadmin/ifb/pic/statistiken/ (15.03.2011)

Spezifische Begründung der Verkammerung von Freien Berufen ist das öffentliche Interesse an hochwertigen und vertrauensvollen Dienstleistungsbeziehungen in Bereichen, die für die Bestandssicherung von Staat und Gesellschaft als elementar angesehen werden, insbesondere in den Bereichen Rechts- und Gesundheitssystem, baulich-technische Infrastruktur und Umwelt. Die spezifische staatsentlastende Funktion der Selbstverwaltung der Freien Berufe besteht also darin, Qualität und Gemeinwohleffizienz von Dienstleistungen der Daseinsvorsorge zu sichern.

Tabelle 2 gibt einen Überblick über die verkammerten Freien Berufe, die sich in drei große fachliche Segmente ausdifferenzieren. 2006 waren gut die Hälfte aller freiberuflich Selbstständigen (492.200) den Kammerberufen zuzuordnen; dieser Wert dürfte sich bis heute nicht wesentlich verändert haben.

| Heilberufe | | Rechts-, steuer- und wirtschaftsberatende Berufe | | Technische Berufe | |
|---|---|---|---|---|---|
| Ärzte | 126,3 | Steuerberater | 52,1 | Architekten | 54,5 |
| Zahnärzte | 56,1 | Wirtschaftsprüfer | 10,4 | Ingenieure | 45,1 |
| Psychotherapeu- | 18,5 | Rechtanwälte/ | | Seelotsen | 0,8 |
| ten | 20,9 | Notare | 96,0 | | |
| Apotheker | 11,1 | Patentanwälte | 2,4 | | |
| Tierärzte | | | | | |
| Summe | 232,9 | | 160,9 | | 100,4 |

Angaben in 1.000; Quelle: IFB; Bundespsychotherapeutenkammer; eigene Berechnungen

*Tabelle 2:* Selbstständige in verkammerten Freien Berufen am 01.01.2006[1]

Für die meisten Freien Berufe ist die Berufsausübung *unabhängig vom Erwerbsstatus* mit der Pflichtmitgliedschaft in einer Berufskammer verbunden. Entscheidendes Kriterium ist die Nutzung der im jeweiligen Berufsgesetz geregelten Berufsbezeichnung, also z. B. die Approbation als Arzt, Zahnarzt, Psychotherapeut, die Tätigkeit als Architekt oder Beratender Ingenieur sowie die Zulassung als Rechtsanwalt. Die Mitgliedschaft der Berufskammern geht damit z. T. weit über die Gruppe der selbstständigen Freiberufler/innen hinaus. So sind von den 326.000 praktizierenden und damit kammerpflichtigen deutschen Ärztinnen und Ärzten 38,4% in einer ambulanten Praxis selbstständig[2], der Vergleichswert für

1  http:/www.ifb.uni-erlangen.de/statistik/selb-fb-d-struk06.jpg sowie
http://www.bptk.de/psychotherapie/zahlen_fakten/89068.html) (24.09.2007)
2  Letzte Zahlen für 2008/ 2009 nach
http://www.bundesärztekammer.de/downloads/stat09abb01.pdf (15.03.2011)

Apotheker ist fast identisch (38,2%).[1] Bei den Ingenieuren und Ingenieurinnen sind lediglich 15,6% selbstständig tätig.[2] Hohe Anteile unselbstständiger Pflichtmitglieder finden sich auch in den Kammern der Psychotherapeuten und Rechtsanwälte.

Bei den Ingenieuren sind nur diejenigen kammerpflichtig, die eine spezifische Berufszeichnung ("Beratender Ingenieur") führen oder besondere Dienstleistungen (Bauvorlagen, Sachverständigentätigkeit) anbieten wollen. Anderen Trägern der Berufsbezeichnung, z. B. im Angestellten- oder Beamtenverhältnis tätigen, steht die Kammer zumeist für eine freiwillige Mitgliedschaft offen. Numerisch sind die Pflichtmitglieder der deutschen Ingenieurkammern mit 34,2% (14.664) gegenüber freiwilligen Mitgliedern mit 57,8% (24.801) deutlich in der Minderheit.[3]

Durch die gleichzeitige Mitgliedschaft von abhängig und selbstständig Tätigen greift die von den Kammern überwachte Berufsordnung auch in deren Arbeitsbeziehungen ein. Sind Arbeitgeber und Arbeitnehmer Mitglieder der selben Berufskammer, dann bedarf die Weisung (bzw. ihre Nichtbefolgung) im Konfliktfall einer sorgfältigen berufsfachlichen Begründung. Gegenüber berufsfremden Vorgesetzten sind Kammermitglieder dagegen *fachlich* nicht weisungsgebunden (Schafhausen 2007: 147).

Berufskammern sind individuelle öffentlich-rechtliche Körperschaften, deren Aufgaben und Befugnisse in den Berufsgesetzen (zumeist der Länder) im Zusammenhang mit allgemeinen Bestimmungen über den Berufszugang, den Schutz der Berufsbezeichnung und die Berufsgerichtsbarkeit geregelt werden. Wie bei allen Kammerarten umfassen die gesetzlichen Standardaufgaben der Berufskammern drei große Bereiche (Tettinger 2002: 74f.):

Breiten Raum nimmt die *Berufsaufsicht* ein, deren Inhalte die Kammern per Selbstverwaltung in ihren Berufsordnungen konkretisieren. Hierzu zählen die Überwachung des Berufszugangs und der Berufsberechtigung (Titelschutz), das Führen der Berufsregister, die Überprüfung einer ausreichenden Berufshaftpflicht der Mitglieder, die Qualitätssicherung der Berufsausübung, die Mitwirkung an der Berufsgerichtsbarkeit und die Schlichtung von Konflikten unter Mitgliedern. Gegen Verwaltungsakte ihrer Kammer haben die Mitglieder Klagerecht vor den Verwaltungsgerichten.

---

1 Anteil Leitender an allen öffentlichen Apothekern; Zahlen für 2009 nach http://www.abda.de/fileadmin/assets/ZDF/ZDF_2099/2009_08.pdf (15.03.2011)
2 Letzte Zahlen für 2007 nach
http://www.bundesingenieurkammer.de/user-files/2009_Ing.Stat._2.3.pdf (15.03.2010)
3 Die restlichen 8,0% sind sog. Altmitglieder; Zahlen für 2008 nach
http://www.bundesingenieurkammer.de/user-files/Mitgliederbewegung_per_31.12.2008_Homepage.pdf (15.03.2011)

In vielen berufsrechtlichen Regelwerken finden sich explizite *Aufträge zur Förderung der Gemeinwohleffizienz* des jeweiligen Berufsfeldes. So hat z. B. die Architektenkammer NRW u. a. „die Baukultur und das Bauwesen, den Städtebau und die Landschaftspflege unter Beachtung des Schutzes der natürlichen Lebensgrundlagen zu fördern." (§ 14 (1) Satz 2 BauKaG NRW). Die Kammern der Heilberufe in NRW haben „den öffentlichen Gesundheitsdienst und öffentlichen Veterinärdienst bei der Erfüllung ihrer Aufgaben zu unterstützen" (§ 6 (1) Satz 1 HeilBerG NRW). Die meisten berufsständischen Regelwerke weisen den Kammern darüber hinaus Aufgaben bei der Organisation eines öffentlichen Gutachter- und Sachverständigenwesens zu.

Rechte und Pflichten im Bereich der *beruflichen Interessenvertretung* beschränken sich dezidiert auf das *Gesamtinteresse* der Berufsgruppe und exklusiv auf den Kontext der *Berufsausübung* (vgl. Kap. 1.2.2.2).

Die dritte Kernfunktion, die *berufliche Förderung der Mitglieder*, umfasst im Wesentlichen den Auftrag zur Aus-, Fort- und Weiterbildung sowie zur Beratung der Mitglieder in beruflichen Belangen. Berufliche Fortbildung gehört traditionell zu den am weitesten entwickelten Mitgliederdienstleistungen der Berufskammern, die zumeist über angliederte Einrichtungen („Akademien") erbracht werden. Bildungsleistungen der Berufskammern sind zusätzlich durch den beruflichen Qualitätssicherungsauftrag legitimiert und gefordert. Deshalb haben einige Berufskammern (z. B. Ärzte und Architekten) begonnen, die Fortbildungsverpflichtung in ihrer Satzung inhaltlich zu konkretisieren und stichprobenartig zu überwachen.

Das Berufskammerrecht ermächtigt außerdem zur Einrichtung von *Versorgungswerken* für die Alterssicherung der Mitglieder, von der fast alle Berufskammern Gebrauch machen. Die berufsständische Alterssicherung ist wegen ihrer relativ günstigen Konditionen eine attraktive Alternative zu anderen Formen der Altersvorsorge und privilegiert verkammerte Freiberufler deutlich gegenüber anderen Alleinselbstständigen und Kleingewerbetreibenden. Diese vorteilhafte Altersversorgung ist dabei nicht nur ein „Trostpflaster" für die Pflichtmitgliedschaft, sondern für viele auch ein Anreiz, sich freiwillig Berufskammern anzuschließen.

### 2.1.2 Finanzierung, Ressourcen, Organisation und Personal

Berufskammern finanzieren sich im Wesentlichen über Mitgliedsbeiträge. Zusätzlich werden für bestimmte Einzelleistungen wie Fortbildungsangebote, Prüfungen, Eintragungen usw. Gebühren und Entgelte erhoben. Beides wird in Beitrags- und Gebührenordnungen durch die Selbstverwaltung festgelegt. Mitgliedsbeiträge umfassen zumeist einen statusabhängigen Grundbeitrag und zusätzliche Beiträge, die sich z. B. nach der Zahl der Angestellten im Büro von Selbstständigen oder dem Umfang von Zulassungen für bestimmte öffentliche Sachverständigentätigkeiten richten.

Beitragslast und –struktur variieren zwischen den einzelnen Berufskammern, auch zwischen denen derselben Berufsgruppe. Eine (nicht repräsentative) Stichprobenrecherche zu sieben Ingenieurkammern ergab Jahresbeiträge für Pflichtmitglieder zwischen 355 und 600 Euro. Für freiwillige Mitglieder in selbstständiger oder leitender Position wurden zwischen 120 und 320 Euro erhoben, abhängig Beschäftigte können zu niedrigeren Beiträgen freiwillige Mitglieder werden (80 bis 120 Euro). Für Angestellte in den Büros von Mitgliedern werden in der Regel zusätzlich 10% des Grundbeitrages erhoben, es sei denn, sie sind selbst freiwilliges Mitglied der Kammer. Die Bemessungsgrenze liegt in der Regel bei 30 Mitarbeiter/innen.

Als öffentlich-rechtliche Körperschaften sind die Berufskammern verpflichtet, einen Haushaltsplan und eine Jahresrechnung aufzustellen, die Auskunft über ihre finanziellen Aktivitäten geben. Der Haushaltsplan muss den kameralistischen Grundsätzen des öffentlichen Haushaltsrechts genügen (Prinzipien der Sparsamkeit und Wirtschaftlichkeit, Deckung von Einnahmen und Ausgaben usw.), von der Vertreterversammlung beschlossen und von der staatlichen Aufsicht genehmigt werden. Die Durchführung des Haushalts wird vom Vorstand der Kammer überwacht.

Statistische Informationen über die Haushaltsstrukturen deutscher Berufskammern liegen nicht vor. Einzelfallrecherchen lassen erkennen, dass die Beiträge der Pflichtmitglieder in der Regel die bedeutendste Einnahmeposition ausmachen, während die die Kosten des Kammerapparats, allen voran die Personal- und Sachkosten für den Betrieb der Geschäftsstellen, bei den Ausgabetiteln dominieren. Die Aufwendungen für Mitgliederservice im engeren Sinne (Information, Beratung etc.) sind in Vergleich dazu eher bescheiden. Die gesetzlichen Regelaufgaben der Selbstverwaltung binden also im allgemeinen die meisten Ressourcen der Berufskammern.

Die personellen Ressourcen der einzelnen Berufskammern für die laufende Geschäftsführung (Mitgliederbetreuung, Administration, fachliche Zuarbeit für Gremien und Organe) sind sehr unterschiedlich. Insbesondere mitgliederschwache und dennoch föderal gegliederte Berufskammern verfügen in der Regel über sehr kleine Apparate. So stehen der Ingenieurkammer Sachen-Anhalt mit ca. 2.500 Mitgliedern neben dem Geschäftsführer nur 6 Mitarbeiter/innen zur Abwicklung der gesamten Routinearbeit zur Verfügung. Die Ärztekammer Nordrhein weist dagegen für das Jahr 2005 199 Mitarbeiter/innen aus, die sich auf die Hauptstelle Düsseldorf (165) und örtliche Geschäftsstellen verteilen. Bei einer Mitgliederzahl von 48.845 entspricht dies einer Quote von 1:236. In der Architektenkammer NRW werden ca. 29.000 Mitglieder von 45 Mitarbeiter/innen in der Geschäftsstelle betreut.

Berufskammern gibt es in drei verschiedenen räumlichen Organisationsformen: Die Selbstverwaltungen der drei kleinsten Berufsgruppen, der Wirtschaftsprüfer, Patentanwälte und Seelotsen, sind jeweils als zentrale Bundeseinrichtungen verfasst, die zumeist noch rechtlich unselbstständige Geschäftsstellen auf Landesebene unterhalten. Nur hier existieren also „echte" Bundeskammern mit zentralen öffentlich-rechtlichen Kompetenzen. Dagegen sind die Kammern der Heilberufe sowie die Architekten- und Ingenieurkammern föderal aufgebaut und landesrechtlich verankert. So gibt es je 16 rechtlich eigenständige Ingenieur- und Architektenkammern auf Landesebene. Ärzte und Apotheker verfügen in Nordrhein-Westfalen jeweils über zwei Kammern („Nordrhein" und „Westfalen-Lippe"), insgesamt also über 17. Die erst nach der Wiedervereinigung verkammerten Psychotherapeuten sind in den fünf neuen Bundesländern in einer Kammer zusammengefasst.

Die auf Bundesebene angesiedelten Einrichtungen dieser Berufsgruppen nennen sich zwar zumeist „Bundeskammern", sind jedoch freiwillige, vereinsrechtliche und dachverbandsähnliche Zusammenschlüsse der Einzelkammern. Sie haben keinen öffentlich-rechtlichen Status und keinerlei Weisungsbefugnisse gegenüber den Landeskammern. Ihre Hauptaufgabe ist die strategische Koordination der Berufspolitik auf Bundes- und Europaebene.

### 2.1.3 Gremienwesen und Mitglieder-Engagement

Die formalen Gremienstrukturen und Entscheidungsprozesse der Berufskammern entsprechen denen, die auch aus anderen Sphären funktionaler Selbstverwaltung, z. B. im Bereich der Sozialversicherung, bekannt sind. Die *Vertreterversammlung,* bei kleinen Kammern auch die Mitgliederversammlung, ist das oberste Beschlussorgan der Berufskammern. Die Legislaturperioden der Mitgliederversammlungen dauern zwischen drei und fünf Jahren. Der *Vorstand* wird von der Vertreterversammlung aus ihren Reihen für die Dauer einer Legislatur gewählt. Er führt die Geschäfte der Kammer und wird dabei von einer hauptamtlichen Geschäftsführung unterstützt. Der *Präsident* bzw. die *Präsidentin* wird von der Vertreterversammlung gewählt. Er oder sie repräsentiert und vertritt die Kammer nach außen und wird dabei in der Regel von mehren Vizepräsident/innen unterstützt. Vizepräsidentenämter sind dabei zumeist nach dem Proporzprinzip für bestimmte Teilgruppen der Mitgliedschaft reserviert. So muss bei der Architektenkammer Nordrhein-Westfalen bspw. je ein/e Vizepräsident/in der Gruppe der angestellten oder beamteten Kammermitglieder sowie der selbstständig tätigen Kammermitglieder angehören.

Die Vertreterversammlung bildet außerdem *Ausschüsse* und wählt deren Vorsitzende und Mitglieder. Ein großer Teil der Kammerausschüsse widmet sich den obligatorischen Verwaltungsaufgaben der Kammer, andere wiederum speziellen berufs- und fachpolitischen Aufgabenstellungen. Ausschüsse beraten ihre Spezialgegenstände und erarbeiten Konzepte und Vorlagen zur Beschlussfassung für den Vorstand. Zur Illustration ist in Tabelle 3 das Ausschussverzeichnis der Ingenieurkammer Sachsen-Anhalt wiedergegeben.

| |
|---|
| Bildungsausschuss |
| Haushaltsausschuss |
| Honorarausschuss |
| Ausschuss „Berufsrecht" |
| Rechnungsprüfungsausschuss |
| Sachverständigenausschuss |
| Schlichtungsausschuss |
| Wettbewerbsausschuss |
| Ausschuss Sicherheit und Gesundheitsschutz bei der Arbeit |
| Ausschuss „Umwelttechnik, Katastrophen- und Hochwasserschutz" |
| Eintragungsausschuss (Mitgliedschaft/ Bauvorlageberechtigung) |
| Eintragungsausschuss für die Liste der Nachweisberechtigten für Standsicherheit |
| Ausschuss zur Führung der Berufsbezeichnung „Ingenieur" |
| Ausschuss für Öffentlichkeitsarbeit |

*Tabelle 3:* Ausschüsse bei der Ingenieurkammer Sachsen-Anhalt (Stand 2008)

In den meisten Berufskammern sind neben den Ausschüssen weitere Fachgremien zur Unterstützung des Vorstands installiert. Während sich die Ausschüsse einer Kammer auf obligatorische gesetzliche Kernaufgaben der Selbstverwaltung konzentrieren, widmen sich *Fachgruppen* dauerhaft den Belangen einzelner Berufsgruppen und Fachrichtungen. *Arbeitskreise* schließlich greifen aktuelle berufspolitische oder Querschnittsthemen auf und arbeiten in der Regel nur temporär.

Obwohl Gremienarbeit die bedeutsamste Arena ehrenamtlichen Mitgliederengagements in den Berufskammern ist[1], gibt es über deren Praxis keine systematischen Informationen oder gar Routinedaten. Statistiken zur Beteiligung an der Wahl der Vertreterversammlungen oder Gremien werden von den Berufskammern nicht veröffentlicht. Alle uns vorliegenden Informationen deuten jedoch darauf hin, dass sich nur eine aktive Minderheit der Mitglieder in den Organen und Ausschüssen engagiert. Die Berufskammern sind also mit ähnlichen Problemen konfrontiert wie andere Einrichtungen der funktionalen Selbstverwaltung. Wenn von uns interviewte Selbstständige aktiv in ihrer Kammer mitarbeiteten, geschah dies zumeist aus einer Mischung berufspolitischer Motive („der eigenen Berufs- oder Fachgruppe gesellschaftliches Gewicht verleihen") und ganz pragmatischer Nutzenerwartungen, wie Erfahrungsaustausch oder die Knüpfung geschäftlich verwertbarer Kontakte.

Indirekten Aufschluss über das Partizipationspotenzial könnten die Beitritts- oder Bindungsmotive der Mitglieder gegenüber den Kammern geben. Hierzu ist uns lediglich eine empirische Studie bekannt, die von der Ingenieurkammer-Bau NRW in Zusammenarbeit mit der Ruhr-Universität Bochum im Jahre 2000 durchgeführt wurde (IK-BAU-NW 2000).

Nimmt man die Beteiligung an der schriftlichen Befragung als erstes Indiz für das Interesse an kammerpolitischen Fragen, dann dürfte dieses bei Pflichtmitgliedern größer als bei den freiwilligen Mitgliedern gewesen sein. Denn selbstständige Mitglieder waren über- und angestellte oder beamtete unterrepräsentiert. Gestützt wird diese Hypothese durch eine Reihe weiterer Befunde, die bei den freiwilligen Mitgliedern ein tendenziell stärkeres Interesse an den Dienstleistungsfunktionen (u. a. Zugang zum Versorgungswerk) und bei den Selbstständigen an den berufspolitischen Einflusspotenzialen der Kammer erkennen lassen. Im Gesamtbild zählen die Befragten sowohl Selbstverwaltungsfunktionen, wie die Mitgestaltung von Gesetzen (65%) oder berufspolitische Einflussnahme (54%), als auch Dienstleistungsaspekte (Fachveranstaltungen: 68%; Fachpublikationen: 49%; Rechtsberatung: 49%) zu den fünf wichtigsten Kam-

---

1 So arbeiten bspw. in der Ingenieurkammer Baden-Württemberg allein 15 Fachgruppen mit insgesamt 544 (5 bis max. 70) Mitgliedern, womit rechnerisch jedes fünfte Kammermitglied involviert ist. Hinzu kommen weitere 200 Mitgliedschaften in 21 Arbeitskreisen, die ein breites Spektrum von Themen abdecken („Büromanagement", „Nachhaltigkeit", „Verkehrsanlagen", „Ingenieurkammergesetz" usw.).

meraufgaben. Gut zwei Drittel der Befragten (68%) hatten persönlich oder über ihre Mitarbeiter/innen an Veranstaltungen der Kammer teilgenommen, Beratende Ingenieure wiederum besonders häufig (81%). Anlass dafür war laut Ergebnisbericht „vorrangig Weiterbildung", welche Bedeutung die Gremienarbeit bei diesen Kammerkontakten hat, wird nicht berichtet.

Eine von der Sozialforschungsstelle Dortmund durchgeführte Online-Kurzbefragung von Mitgliedern der Ingenieurkammer Sachsen-Anhalt[1] enthielt u. a. zwei Fragen, in denen das Verhältnis zur Kammer angesprochen wurde. Eine zielte darauf, welches Funktions- und Leistungsspektrum die Mitglieder ihrer Kammer ganz allgemein zuweisen.

Abbildung 3 lässt erkennen, dass dabei Aufgaben der Berufspolitik (gesellschaftspolitische Interessenvertretung, Lobby-Tätigkeit, Öffentlichkeitsarbeit und Berufsaufsicht) sowie die Informations- und Bildungstätigkeit der Kammer nahezu ausnahmslos als zumindest „wichtig" oder „hilfreich" betrachtet werden. Jeweils fünf bis sechs von zehn Befragten halten diese gesetzlichen Kernfunktionen der Kammer sogar für „sehr wichtig" oder gar „unverzichtbar", nur sehr wenige (deutlich unter 10%) sehen sie als entbehrlich an. Ein etwas anderes Bild zeigt sich bei einigen reinen Dienstleistungsfunktionen (Versorgungswerk, vergünstigte Dienstleistungsangebote, persönliche Beratung), auf die zwischen 33% und 41% offenbar verzichten könnten und nur 15 bis 20% besonderen Wert legen. Eher zurückhaltend wird der fachlich-kollegiale Austausch bewertet, den die meisten (63%) als Kammeraufgabe zwar für hilfreich, aber nur wenige (10%) für essentiell halten. Möglicherweise wird dieses Bedürfnis eher durch Berufsfachverbände befriedigt, in denen gerade engagierte Mitglieder in höherem Maße organisiert sein dürften.

Die zweite Frage dieses Komplexes widmete sich den Kommunikationsroutinen innerhalb der Kammer. Nach den in Abbildung 4 dokumentierten Ergebnissen erreicht die Kammer ihre Mitglieder am ehesten über schriftliche Medien (z. B. die Länderbeilage des Deutschen Ingenieurblatts), die von zwei Dritteln der befragten „häufig" genutzt werden. Auch der Online-Newsletter der Kammer wird von 56% häufig gelesen. Dieses Datum stammt allerdings von den Teilnehmenden an einer Online-Befragung und dürfte die tatsächliche Bedeutung des Mediums „Internet" überschätzen.

---

1 Teilergebnisse werden im Folgenden an verschiedenen Stellen berichtet. Eine kurz gefasste Dokumentation von Methodik und Ergebnissen enthält der Materialband.

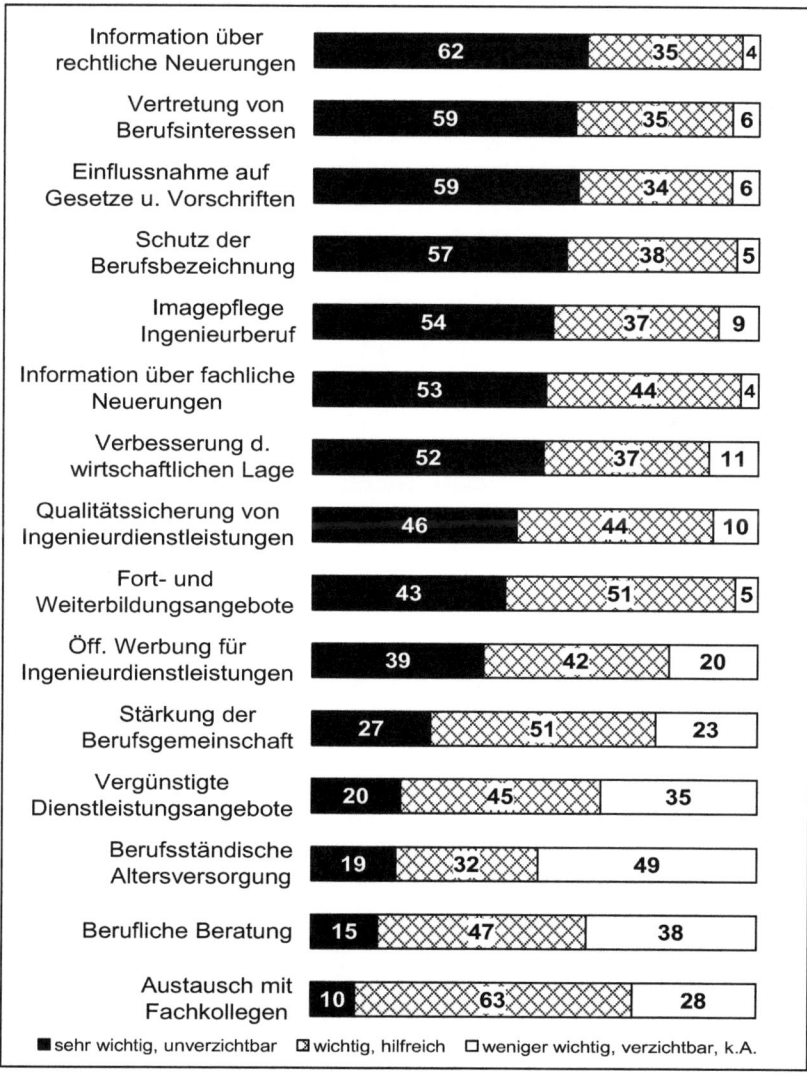

| | | |
|---|---|---|
| Information über rechtliche Neuerungen | 62 | 35 / 4 |
| Vertretung von Berufsinteressen | 59 | 35 / 6 |
| Einflussnahme auf Gesetze u. Vorschriften | 59 | 34 / 6 |
| Schutz der Berufsbezeichnung | 57 | 38 / 5 |
| Imagepflege Ingenieurberuf | 54 | 37 / 9 |
| Information über fachliche Neuerungen | 53 | 44 / 4 |
| Verbesserung d. wirtschaftlichen Lage | 52 | 37 / 11 |
| Qualitätssicherung von Ingenieurdienstleistungen | 46 | 44 / 10 |
| Fort- und Weiterbildungsangebote | 43 | 51 / 5 |
| Öff. Werbung für Ingenieurdienstleistungen | 39 | 42 / 20 |
| Stärkung der Berufsgemeinschaft | 27 | 51 / 23 |
| Vergünstigte Dienstleistungsangebote | 20 | 45 / 35 |
| Berufsständische Altersversorgung | 19 | 32 / 49 |
| Berufliche Beratung | 15 | 47 / 38 |
| Austausch mit Fachkollegen | 10 | 63 / 28 |

■ sehr wichtig, unverzichtbar  ▨ wichtig, hilfreich  ☐ weniger wichtig, verzichtbar, k.A.

(Angaben in %, Mehrfachnennungen, N = 140); Quelle: Online-Befragung von
Mitgliedern der Ingenieurkammer Sachsen-Anhalt, © sfs 2008

*Abbildung 3:*   Funktionen der Ingenieurkammer in der Bewertung durch
Mitglieder

Diese Einschränkung wird dann auch für „Besuche der Kammer-Homepage" gelten, von denen die meisten Befragungsteilnehmer (73%) ohnehin nur selten Gebrauch machen. Bedeutender sind die Bildungsangebote der Kammer, die ein Viertel rege in Anspruch nimmt. Die Kontaktdichte zwischen „einfachen" Mitgliedern und Kammerorganen (Ehrenamtlichen, Geschäftsführung) ist dagegen vergleichsweise gering: Zwei Drittel bis drei Viertel haben gewöhnlich keinen direkten Kontakt auf dieser Ebene. Bei den übrigen dürfte es sich zum erheblichen Teil um kammerpolitisch aktive Mitglieder handeln.

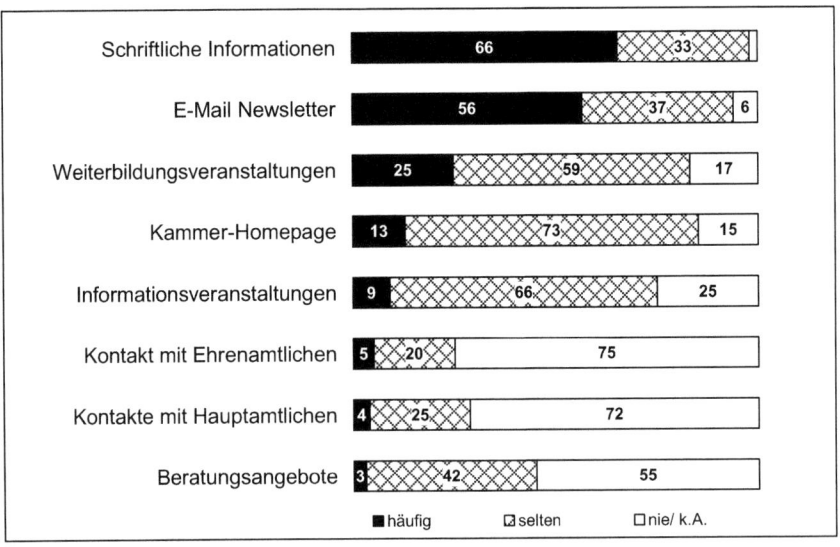

(Angaben in %, Mehrfachnennungen, N = 140); Quelle: Online-Befragung von Mitgliedern der Ingenieurkammer Sachsen-Anhalt, © sfs 2008

*Abbildung 4:* Kommunikationsformen der Mitglieder einer Ingenieurkammer

### 2.1.4 Leitbilder und Legitimation, Selbstdarstellung und Reformdiskurs

Auch Berufskammern müssen organisationspolitisch mit der für alle Kammern typischen Doppelgesichtigkeit von Selbstverwaltung umgehen, d. h. regulative, ordnende und sanktionierende Aufgaben staatsentlastender *Verwaltung* mit Funktionen ständischer *Selbstorganisation* austarieren. Die Selbstdarstellung der Berufskammern in Internetauftritten und programmatischen Publikationen stellt jedoch den unmittelbaren Mitgliedernutzen und die Servicefunktionen der Kammer in den Vordergrund. Offensichtlich soll das den Berufskammern anhängende „Behörden-Image" korrigiert werden und man ist bemüht, sie als moderne Dienstleister und effektives Sprachrohr beruflicher Interessen zu positionieren. So stützt z. B. die Architektenkammer NRW ihre Existenzberechtigung nicht allein auf gesetzliche Bestandsgarantien und ihre regulativen Funktionen für Staat und Gesellschaft, sondern vor allem auf vermehrte Dienstleistung für die Mitglieder:

> „Die Architektenkammer ist die Interessenvertretung ihrer Architekten und Stadtplaner. Für ihre Mitglieder stellt die Kammer außerdem ein umfassendes Angebot an Serviceleistungen bereit. Neben kontinuierlicher aktueller Information gehört dazu vor allem eine kompetente fachliche Beratung zu technischen und juristischen Fragen des Planens und Bauens sowie ein umfassendes Angebot zur Fort- und Weiterbildung."[1]

Ebenso interpretiert sie – durchaus typisch für eine Vielzahl weiterer Berufskammern insbesondere der technischen und der Heilberufe – ihre interne berufliche Qualitätssicherung und die Einflussnahme auf gesetzgeberische Akte als Maßnahmen eines „aktiven Verbraucherschutzes". Die Gemeinwohlverpflichtung wird damit über einen virulenten Gegenwartsbezug konkretisiert und legitimatorisch genutzt.

Wissenschaftliche Kenner der Szene betrachten die Zukunft der Freien Berufe und ihres Kammerwesens mit gedämpftem Optimismus. Die vorherrschende rechtwissenschaftliche Meinung sieht beides weder verfassungs- noch gemeinschaftsrechtlich grundlegend infrage gestellt. Über die laufende Rechtsprechung des Bundesverfassungsgerichts wurde das Recht der Freien Berufe zunehmend verfassungskonform ausgestaltet und gleichzeitig an die Anforderungen des EU-Binnenmarktes herangeführt (Kluth 2006: 275). Die EU-Rechtsprechung durch den Europäischen Gerichtshof akzeptiert das System der Freien Berufe grundsätzlich als richtlinienkonformes Instrument einer subsidiären einzelstaatlichen Berufspolitik. Gleichwohl leitet sich aus der Dynamik der Dienstleistungsmärkte und der europäischen Harmonisierungs- und Wettbewerbspolitik ein beträchtlicher Reformdruck her. Zum einen orientieren sich Politik und Rechtsprechung der Europäischen Gemeinschaft bei der Regulierung der Freien Berufe nicht am *Optimierungsprinzip*, d. h. an der Frage, welches Berufsrecht die besten Ergebnisse für alle Beteiligten impliziert. Sie interessiert vielmehr, welche bürokratischen *Minimalanforderungen* genügen, um die Regelungsziele zu erreichen (ebd.: 275f.). Für Eingriffe in gemeinschaftsrechtliche Grundfreiheiten fordert der EuGH darüber hinaus grundsätzlich:

---

1 http://www.aknw.de/wir_ueber_uns/aufgaben/index.htm (16.03.2011)

„Sie müssen in nicht diskriminierender Weise angewandt werden, sie müssen zwingenden Gründen des Allgemeininteresses entsprechen, sie müssen zur Erreichung des verfolgten Ziels geeignet sein, und sie dürfen nicht über das hinausgehen, was zur Erreichung dieses Zieles erforderlich ist." (Zit. nach Tettinger, 2003: 149).

Hieraus resultiert ein permanenter Druck auf sachlich schwer zu rechtfertigende Detailregelungen und faktische Besitzstandsklauseln im Recht der Freien Berufe.

Daneben sind vielfältige Prozesse der Binnendifferenzierung in einzelnen Berufsgruppen zu beobachten, die mit internen Interessenkonflikten und einer Erosion überkommener Leitbilder von Freiberuflichkeit einhergehen (ebd.: 277). So sind Wettbewerbsbeschränkungen durch Preisregulierung (Gebührenordnungen) und Werbeverbote in einigen Berufsgruppen nicht unumstritten. Etliche Freiberufler nutzen ihre berufliche Qualifikation noch auf einem rein gewerblichen Nebengleis (ohne gesetzliche Berufsregelungen) und müssen sich dort härteren Wettbewerbsbedingungen stellen. Kapitalgesellschaften und abhängige Beschäftigung von Angehörigen Freier Berufe nehmen auf Kosten von Partnerschaftsgesellschaften deutlich zu (z. B. bei den Wirtschafts- und Steuerberatern, aber auch bei Ärzten und Ingenieuren), ebenso ist vermehrt Teilzeitbeschäftigung (insbesondere bei Frauen) zu beobachten.

Kluth (ebd.: 278f.) plädiert dafür, diese Herausforderungen offensiv anzunehmen und sich mit einem klaren Kernprofil von Freiberuflichkeit aufzustellen. Denn die Vielschichtigkeit des überkommenen Leitbildes habe zur Folge,

„dass es vielen Kritikern als eine beliebige Zusammenfügung von Merkmalen erscheint, die ein Idealbild zeichnen, das weder den rechtlichen noch den tatsächlichen Befund des Freien Berufes zutreffend reflektiert und nur dazu dienen soll, sachlich nicht gerechtfertigte Privilegien zu verteidigen."

Zu diesen in einer offensiven Leitbilddebatte unbedingt verteidigungswürdigen Essentials zählt Kluth

- das hohe, in der Regel akademische Qualifikationsniveau mit kontinuierlichem Weiterbildungsbedarf,
- die persönliche Leistungserbringung in fachlicher Weisungsfreiheit, insbesondere der Verzicht auf rein dispositive oder unternehmerische Funktionen in der Berufsausübung,
- die Kontrolle von Dienstleistungsunternehmen auf der Grundlage Freier Berufe ausschließlich durch Berufsträger.

Darüber hinaus sollten seiner Meinung nach die kulturell-ethischen und sozial-ökonomischen Leistungen organisierter Freiberuflichkeit politisch stärker in die Waagschale geworfen werden: Sich selbst verwaltende Freie Berufe schaffen durch ihre Binneninteraktion ethische Standards und Selbstverpflichtungen, die den Abbau rechtlicher Regulative kompensieren und zugleich soziale Kohäsion in Zeiten der Globalisierung fördern können. Mittelständischer Zuschnitt und regionale Orientierung machen des Weiteren Angehörige der Freien Berufe zu wichtigen „regionalen Investoren und Sponsoren" und damit zu einem Aktivposten europäischer Regionalisierungspolitik im Sinne des Art. 16 EG-Vertrag (ebd. 281).

Hommerich (2008) betrachtet aus systemtheoretischer Sicht die Freien Berufe als „Expertensysteme" und sieht in der Aufgabe der *Vertrauensproduktion* eine zentrale Legitimationsgrundlage. Die Organisationen der Freien Berufe erzeugen das notwendige Systemvertrauen, auf das Kunden und Klienten in der individuellen Dienstleistungsbeziehung typisierend aufbauen können. Die Erwartung, als Klient mit Empathie behandelt zu werden und eine hochwertige Leistung zu fairen Preisen zu erhalten, muss sich prinzipiell bereits aus der Zugehörigkeit der Dienstleistenden zu einem solchen Expertensystem herleiten. Die institutionelle Reputationsbeschaffung geht also der individuellen voraus und muss sich ihr notfalls unterordnen.[1] Denn der misslungene Praxistest im Einzelfall kann gefährlich und teuer werden, und eine Vorabprüfung der individuellen Dienstleistungskompetenz des Freiberuflers wird einem Laien in der Regel nicht möglich sein. Damit rückt die Frage ins Zentrum, unter welchen Bedingungen das Expertensystem „Freie Berufe" vertrauenswürdig ist.

Die Generierung solchen Systemvertrauens erfolgt in den (verkammerten) Freien Berufen traditionell im Modus der Selbstverwaltung und nicht durch direkte staatliche Intervention. Dazu muss die Selbstverwaltung wiederum das professionelle Handeln der Akteure so effektiv auf das gesellschaftlich akzeptierte Berufsbild hin regulieren können, dass gravierende Abweichungen und daraus resultierende Enttäuschungen bei den Klienten zumindest eine seltene empirische Ausnahme bleiben. Und sie müssen diesen Erfolg nach innen und außen als eine *Systemleistung* kommunizieren, für die Selbstverwaltung mit ihrer Orientierung auf berufliches Qualitätsmanagement, Berufsethik und Gemeinwohlbezug (v. a. die Beschränkung des Profit- und Akkumulationsmotivs) eine unverzichtbare Voraussetzung darstellt. Hommerich fordert deshalb zu Recht von allen, die funktionale Äquivalente für freiberufliche Selbstverwaltung ins Spiel bringen, zu begründen, ob und wie diese Vertrauensproduktion dabei gewährleistet bleiben soll. Für schlichte Deregulierung, die sowohl von der Wettbewerbsdirektion der EU-Kommission als auch von der deutschen Monopolkommission propagiert wird, dürfte dies nicht einfach sein.

---

1 Hierin dürfte auch der tiefere soziale Sinn berufsrechtlicher Werbeverbote bestehen.

## 2.1.5 Berufskammern als Kommunikations- und Serviceplattform für ihre Mitglieder

Kommunikations- und Dienstleistungspotenziale für berufliches Gesundheitsmanagement sind insbesondere im Bereich der *beruflichen Förderung* zu erwarten. Vor allem auf diesem Feld schließt die Kammerkommunikation direkt und praktisch an den Berufs- und Erwerbsalltag der Mitglieder an, was die Angebote zur beruflichen Förderung als operative Ebene der Integration von Präventionsaspekten prädestiniert. Wir nehmen deshalb im Folgenden die allgemeinen Kommunikations- und Servicepotenziale der beruflichen Förderung unter dem Aspekt der Angebotsstruktur (thematisch, konzeptionell, medial, logistisch etc.), der Inanspruchnahme durch die Mitglieder (Teilgruppen, Intensität, Nutzenbewertung etc.) und der inhaltlichen Affinität zu gesundheitspräventiven Aspekten (thematische Nähe, „Aufmodulierbarkeit" präventiver Inhalte) in den Blick.

Die *Bereitstellung aktueller, beruflich relevanter Informationen* ist eine der wichtigsten Kammerdienstleistungen für die Mitglieder. Entsprechend breit ist das inhaltliche Spektrum der üblichen Informationsangebote, das sich auf drei große Themenbereiche erstreckt:

- Berufspolitischer Diskurs: Stellung des Berufs in der Gesellschaft, Europäisierung und Globalisierung, Strukturentwicklung, Berufsbild, Imagepflege, Berufsordnung, volkswirtschaftliche Rahmenbedingungen, politische Bedrohungsszenarien, Lobbyarbeit der Kammer usw.;
- Berufspraxis: Neuere fachliche Entwicklungen und Spezialdiskurse (Techniken, Methoden, wissenschaftliche Erkenntnisse), Good Practice, Fort- und Weiterbildung, Qualitätssicherung und Verbraucherschutz, konkrete rechtliche Rahmenbedingungen der Berufsausübung usw.;
- Ökonomie: Marktpotenziale und -dynamiken, Betriebswirtschaft, Unternehmensgründung und -führung, Honorarordnungen, Vertragsgestaltung, wirtschafts- und steuerrechtliche Aspekte, Hinweise auf Ausschreibungen und Wettbewerbe.

Durch das Internet konnte die Effizienz der Informationsarbeit der Berufskammern, vor allem hinsichtlich Aktualität und Verfügbarkeit, deutlich gesteigert werden. So betreiben alle Berufskammern Homepages, die den Mitgliedern strukturierten Zugriff auf das gesamte Informationsvolumen der Kammer und weiterer berufsrelevanter Anbieter gestatten. Die meisten Informationen wie Broschüren, Mitteilungsblätter, Reports, Stellungnahmen, Positionspapiere und Pressemitteilungen, Formulare usw. stehen dabei als Downloads zur Verfügung.

Da die Mitglieder das Medium Internet noch in unterschiedlichem Maße nutzen, behalten die klassischen Printmedien weiterhin ihre Bedeutung. Insbesondere die von allen Berufskammern herausgegebenen *Mitgliederzeitschriften* sorgen dafür, dass jedes Mitglied dieselbe Chance auf Teilhabe an den wichtigsten berufs- und kammerpolitischen Informationen hat. Die großen Ärztekammern geben z. B. überwiegend eigene Mitgliederzeitschriften heraus, Ingenieur- und Architektenkammern steuern häufiger eigene Landesbeilagen zu den jeweiligen Zentralorganen der Profession bei (Deutsches Ingenieurblatt, Deutsches Architektenblatt).

Der berufliche *Erfahrungsaustausch* und die *Face-to-Face-Kommunikation* der Mitglieder spielen sich weitgehend in Fachgremien und -veranstaltungen der Berufskammern ab. Ausschüsse und Arbeitskreise widmen sich aktuellen fachlichen und berufspolitischen Fragstellungen und arbeiten dabei den Entscheidungsprozessen der Kammervorstände zu. Daneben werden in unterschiedlicher Dichte Vortrags- und Diskussionsveranstaltungen, Aktionstage oder Ausstellungen angeboten. Mitgliederstarke und dezentralisierte Kammerorganisationen haben dabei den Vorteil, ihre Kommunikationsangebote relativ kleinräumig und ortsnah anbieten zu können. So tragen bspw. die großen Ärzte- und Bauingenieurkammern über Bezirksstellen die Mitgliederkommunikation in die Fläche. Die Grenzen zwischen Fachveranstaltungen der Kammern und Fortbildung in den Akademien sind dabei oft fließend. In Kammern, die die Mitgliederfortbildung nachprüfen, werden zumeist auch Fachveranstaltungen in der Kammer als Fortbildung anerkannt.

Websites größerer Berufskammern verfügen darüber hinaus über Online-Diskussions-Foren, die den Mitgliedern eine direkte öffentliche Kommunikation miteinander ermöglichen. Das „Forum" der Architektenkammer Nordrhein-Westfalen bietet dazu bspw. fünf Rubriken an von denen – gemessen an der Anzahl und Aktualität der Einträge – die unmittelbar praxisrelevanten offensichtlich den größten Mitgliederzuspruch finden (Berufsalltag, Kontakte, Zusammenarbeit, Beschaffung von Software und Büroeinrichtung usw.).[1]

Die Förderung der *beruflichen Fort- und Weiterbildung* gehört zu den traditionellen Kernaufgaben der Berufskammern. Funktional dienen diese Aktivitäten sowohl der individuellen beruflichen Förderung der Mitglieder wie der Qualitätssicherung der Kollektivleistung des Berufsstandes gegenüber Wirtschaft und Gesellschaft. Regelmäßige berufliche Fortbildung gehörte deshalb schon immer zu den satzungsmäßigen Mitgliederpflichten, wurde jedoch in der Vergangenheit kaum systematisch überwacht. Etliche Berufskammern sind inzwischen dazu übergegangen, den Qualitätssicherungsaspekt stärker zu betonen und verlangen

---

1 http://www.aknw.de/forum/index.phtml (15.03.2011)

von ihren Mitgliedern den Nachweis der Teilnahme an von der Kammer anerkannten Fortbildungsveranstaltungen. Das Spektrum der anerkennungsfähigen Themen ist dabei in der Regel weit gefasst und reicht von berufsfachlichen Inhalten über betriebswirtschaftliche Qualifikationen bis hin zur Förderung von Bewältigungskompetenzen für berufstypische Anforderungen. Die Fortbildungsordnungen der Berufskammern listen die legitimen Themen zumeist explizit auf und taxieren von ihnen anerkannte Einzelveranstaltungen mit einem bestimmten Punktwert; jedes Mitglied muss pro Jahr eine bestimmte Mindestpunktzahl erreichen und durch Zertifikate nachweisen können. Die Überprüfung erfolgt zumeist stichprobenartig nach einem satzungsmäßig vereinbarten Verfahren.

Zur Unterstützung der berufspezifischen Fort- und Weiterbildung unterhalten alle größeren Berufskammern eigene *Akademien*, kleinere Berufskammern schließen sich gelegentlich bestehenden Akademien an. Diese sind selbst keine öffentlich-rechtlichen Einrichtungen, sondern in privater Rechtsform verfasst (z. B. als gGmbH oder als e. V.). Sie unterliegen jedoch der Kontrolle durch die jeweilige Berufskammer, die insbesondere über Personal, Angebotspolitik und Preisbildung entscheidet. Die Angebote sind in der Regel auch für Mitglieder kostenpflichtig, aber relativ preisgünstig, weil nach dem Selbstkostenerstattungsprinzip kalkuliert. Die Akademien haben gegenüber den Mitgliedern der betreibenden Berufskammer allerdings keine Monopolstellung, Berufskammern müssen auch geeignete Veranstaltungen anderer Anbieter wie Berufsfachverbände und privater Bildungsträger anerkennen.

Zu den staatlich anerkannten Subsidiärfunktionen der Berufskammern zählt auch die soziale Sicherung der Kammermitglieder, insbesondere die Altersvorsorge. Gestützt auf entsprechende Ermächtigungsklauseln im Berufsrecht der Länder haben alle Berufskammern *Versorgungswerke* eingerichtet oder sich bereits bestehenden berufsständischen Versorgungswerken angeschlossen. Die Versorgungswerke bieten in erster Linie Rentenzahlungen, Hinterbliebenenrenten und Berufsunfähigkeits- bzw. Invaliditätsrenten. Rehabilitationsleistungen zählen nicht zum gesetzlichen Pflichtkatalog der Versorgungswerke, können aber per Satzungsbeschluss übernommen werden. Die berufsständischen Versorgungswerke sind Sondersysteme der Rentenversicherung, die selbstständig neben den anderen Systemen der gesetzlichen Grund- und Zusatzversorgung im Alter bestehen ausschließlich Kammermitglieder versichern.

Sofern Mitgliedschaftspflicht in einer Berufskammer besteht, ist zumeist auch die Versicherung im zugehörigen Versorgungswerk vorgeschrieben. Freiwillige Mitglieder, z. B. Angestellte in einem freien Beruf, können sich nach § 1 SGB VI zu Gunsten einer Mitgliedschaft im berufsständischen Versorgungswerk von der gesetzlichen Rentenversicherung befreien lassen. Aufgrund der überwiegend günstigen Risikostruktur und der Finanzierung über den Kapitalmarkt konnten die Versorgungswerke bislang relativ günstige Konditionen anbieten, was die Attraktivität einer Kammermitgliedschaft durchaus erhöhen kann. Turbulenzen am Kapitalmarkt und die Bankenkrise haben in den letzten Jahren allerdings einige Versorgungswerke vor erhebliche Probleme gestellt.

Die berufsständischen Versorgungseinrichtungen sind eine durchaus bedeutsame Säule des deutschen Rentenversicherungssystems. In der „Arbeitsgemeinschaft Berufsständischer Versorgungseinrichtungen e. V." (ABV) sind 89 Versorgungswerke Freier Berufe organisiert (2011). Im Jahr 2007 hatten diese insgesamt ca. 750.000 anwartschaftsberechtigte Mitglieder, deren Beiträge sich auf 6,4 Mrd. Euro summierten. Das Vermögen aller Versorgungswerke belief sich auf gut 113 Mrd. Euro.[1]

Während im Leistungskatalog der gesetzlichen Rentenversicherung das Rehabilitationsprinzip seit langem fest verankert ist und in den letzten Jahren zögerlich auch präventive Aspekte Eingang gefunden haben, spielt beides in der Praxis der Versorgungswerke bislang keine nennenswerte Rolle. Da ein großer Teil der Freiberufler/innen als Mitglieder (Selbstständige) oder Versicherte (Angestellte) der gesetzlichen Unfallversicherung angehören dürften, bleiben die Versorgungswerke von Reha- und Rentenleistungen *im Zusammenhang mit anerkannten beruflichen Ursachen* (Unfälle, Berufskrankheiten) verschont. An der Prävention sonstiger „arbeitsbedingter" Risiken, die zu beruflichen Einschränkungen oder Frühverrentung führen können, müssten die Versorgungswerke allerdings ein vitales Interesse haben. Daten über die Gründe für vorzeitige Rentenzugänge werden von den Versorgungswerken mit Verweis auf den Datenschutz nicht veröffentlicht. Angesichts der weiter unten noch dokumentierten Belastungs- und Gesundheitsdaten aus unseren Umfragen wäre es allerdings überraschend, wenn sich der allgemeine Trend einer stetigen Zunahme von psychisch bedingten Frühverrentungen nicht auch bei den Versorgungswerken der Berufskammern bemerkbar machen würde.

## 2.2 Industrie- und Handelskammern

### 2.2.1 *Industrie- und Handelskammern als regionale Selbstverwaltungsträger der gewerblichen Wirtschaft*

Die Domäne der Industrie- und Handelskammern (IHK) ist die *gewerbliche Wirtschaft*, wo sie Unternehmen und selbstständig tätige Personen aller Bran-

---

1 Aktuellste Zahlen für 2007; vgl. http://www.abv.de/documents/Mengengeruest06-07.pdf (16.03.2011)

chen, Betriebsgrößen und Rechtsformen organisieren. In den IHKs sind also alle Unternehmen des verarbeitenden Gewerbes, Baugewerbes, Handels und der sonstigen privatwirtschaftlichen Dienstleistungsbranchen zusammengefasst. Kammermitglied können ausschließlich Personen in aktiver unternehmerischer Entscheidungsfunktion sein. Mithin sind auch die Gremienfunktionen in einer IHK an eine aktive unternehmerische Praxis gebunden.

In der Bundesrepublik gibt es insgesamt 80 IHKs. Ihr regionaler Zuständigkeitsbereich, für den sie ein Gebietsmonopol haben, deckt sich jeweils mit den Grenzen politischer Gebietskörperschaften und umfasst in der Regel mehrere Landkreise oder kreisfreie Städte eines Bundeslandes. In Berlin, Hamburg und im Saarland gibt es jeweils nur eine IHK.

Die Mitgliederzahl aller IHKs zusammen liegt bei 3,6 Mio. (DIHK 2007b), die IHK München und Oberbayern ist mit 209.000 Mitgliedern die größte, die IHK Berlin mit 203.000 Mitgliedern die zweitgrößte deutsche IHK. Im Mittel der 80 IHKs liegt die Mitgliederzahl bei 45.000.

Die Mitgliederstruktur der einzelnen IHKs ist äußerst heterogen: Neben einer Vielzahl unterschiedlicher Branchen sind in ihnen sowohl Ein-Personen-Unternehmen als auch Hauptbetriebsstandorte von Großkonzernunternehmen vertreten. Insgesamt ist die Struktur der IHK-Mitgliedschaft im Wesentlichen deckungsgleich mit der Betriebsgrößen- und Branchenverteilung der gewerblichen Wirtschaft. Dies bedeutet unter anderem, dass ca. 90% der Mitglieder Unternehmen mit weniger als zehn Beschäftigten repräsentieren.

Wie alle Kammern sind IHKs Körperschaften des öffentlichen Rechts. Zentrale Rechtsgrundlage ist das „Gesetz zur vorläufigen Regelung des Rechts der Industrie- und Handelskammern" (IHKG) von 1956 und ergänzende Landesgesetze. In § 1 des IHKG wird als Auftrag formuliert,

- das Gesamtinteresse aller Gewerbetreibenden (soweit sie nicht der Handwerksordnung unterliegen) im jeweiligen Kammerbezirk zu vertreten,
- die gewerbliche Wirtschaft zu fördern und dabei die wirtschaftlichen Interessen einzelner Gewerbezweige oder Betriebe abwägend und ausgleichend zu berücksichtigen,
- die Behörden durch Vorschläge, Gutachten und Berichte zu unterstützen und zu beraten,
- Maßnahmen zur Umsetzung und Förderung der Berufsbildung zu treffen und
- „für die Wahrung von Anstand und Sitte des ehrbaren Kaufmanns zu wirken" (vgl. DIHK 2004: 11, 18).

Dagegen ist den IHKs „die Wahrnehmung sozialpolitischer und arbeitsrechtlicher Interessen" ihrer Mitgliedschaft ausdrücklich untersagt (§ 1 Abs. 5 IHKG).

Die IHKs in der heutigen Form als öffentlich-rechtliche Körperschaften beruhen auf dem preußischen Kammerrecht. Sie wurden 1848 im preußischen Staatsgebiet ein-gerichtet und nach der Reichsgründung 1871 auch in den übrigen Gebieten sukzessive übernommen. Im Zuge der Industrialisierung haben sie den neuen, stark wachsenden Bereich der Industrieunternehmen organisiert und sind zum mitgliederstärksten Kammersektor in Deutschland aufgestiegen.

Mit dem preußischen Kammerrecht wurden verschiedene, konkurrierende Formen von Unternehmervereinigungen vereinheitlicht: Die Kaufmannsorganisationen der freien Reichsstädte und in Teilen von Preußen als freiwillige Zusammenschlüsse von Kaufleuten zur gemeinsamen Interessenvertretung, die Beratungsgremien der absolutistischen Fürsten im Zeitalter des Merkantilismus und die napoleonischen Kammergründungen in den französisch besetzten Gebieten, wobei die Kaufmannschaften in starkem Maße Vorbild für das preußische Kammerrecht waren (Schmidt-Trenz 2006: 159f.; Ullmann 1988; Hendler 2002; Kluth et al. 2004: 4). Nach Aussagen von Interviewpartnern wirken die verschiedenen Ursprünge der Kammern nach und prägen noch heute unterschiedliche „Kammerkulturen", so z. B. eine „rheinische" und eine „hanseatische".

Seit den IHKs 1919 das Recht zur Beitragserhebung eingeräumt wurde, ist die Mitgliedschaft grundsätzlich mit der Entrichtung von Beiträgen verbunden. Eine generelle Beitragspflicht gibt es allerdings erst seit der Novelle des IHK-Gesetzes im Jahre 1994. Bis dahin war ein großer Teil der kleinen Mitgliedsunternehmen – insgesamt etwa die Hälfte aller IHK-Mitglieder – beitragsfrei (vgl. Schmidt-Trenz 2006: 161). Mit dieser abrupten Inpflichtnahme aller Gewerbetreibenden verschärfte sich die Kritik am IHK-System und mündete schließlich in einer Verfassungsklage. Noch bevor das BVerfG 2001 die Pflichtmitgliedschaft mit Beitragszwang ausdrücklich bestätigte, wurde 1998 das IHKG erneut geändert (IHKÄndG) und das Gros der Kleinstgewerbetreibenden wieder beitragsfrei gestellt.

*Wie* das „Gesamtinteresse aller Gewerbetreibenden" wahrzunehmen ist, entscheiden die Selbstverwaltungsgremien jeder einzelnen IHK. Den Interessenausgleich unter allen Mitgliedern herzustellen, ist für IHKs aufgrund ihrer heterogenen Mitgliederstruktur kein leichtes Unterfangen. Themen mit hohem Konsenspotenzial sind bspw. die Abwehr zusätzlicher gesetzlicher Anforderungen und der „Bürokratieabbau", daneben die Ausweitung von Gewerbeflächen und der Ausbau der Verkehrsinfrastruktur. Es überrascht deshalb kaum, dass IHKs immer wieder in Gegenschaft zu Bürgerinitiativen und Umweltorganisationen stehen (vgl. Sebaldt/ Straßner 2004: 222). Im Zuge der interregionalen und internationalen Konkurrenz um die lokale Entwicklung attraktiver Unternehmensstandorte und die Ansiedlung neuer Unternehmen ziehen die IHKs in der Regel gemeinsam mit den kommunalen Wirtschaftsförderungen an einem Strang, teilweise sind sie sogar in regionale Wirtschaftsförderungsgesellschaften eingebunden (wie z. B. bei der Wirtschaftsförderung Region Stuttgart).

Ein wichtiges Instrument einer IHK bei der Vertretung regionaler Wirtschaftsinteressen sind förmliche *Stellungnahmen* gegenüber den korrespondierenden Politik- und Verwaltungsebenen. Dabei müssen die IHKs ihren sehr spezifischen Vertretungsauftrag, d. h. die Beachtung des *kollektiven* Interesses der gewerblichen Wirtschaft, des Regionalbezugs und der Gemeinwohlbindung beachten. Eine Einmischung in arbeitsrechtliche, tarifpolitische oder sozialpolitische Diskurse und Streitfragen ist der IHK ausdrücklich nicht gestattet und den einschlägigen Wirtschaftsverbänden vorbehalten. Wo die Grenzen der politischen Kompetenz der IHKs liegen, ist durchaus umstritten und mitunter auch Gegenstand gerichtlicher Auseinandersetzungen.

> So hat jüngst der Verwaltungsgerichtshof von Hessen die Auffassung der beklagten IHK Kassel zurück gewiesen, dass sie legitimiert sei „an der politischen Willensbildung mitzuwirken". Stein des Anstoßes für die Klage eines kammerkritischen Mitgliedes war die Beteiligung der IHK Kassel an der „Limburger Erklärung" der hessischen Kammern zum „Gewerbe- und Industriestandort Hessen" (2004), in der zu sechs Politikfeldern von Bildungs- bis Verkehrspolitik konkrete Forderungen formuliert wurden. Mit ihrer Unterstützung von Studiengebühren, Kernenergienutzung und der Ganztagsbetreuung in Schulen sah das Gericht die Grenze zulässiger Interessenvertretung als eindeutig überschritten an (Frankfurter Rundschau, 06.02.09).

Im Aufgabenbereich „*Förderung der gewerblichen Wirtschaft*" haben in den letzten Jahren Aufgaben wie Gründungsberatung und Sicherung der Unternehmensnachfolge an Bedeutung gewonnen. Selbst in einem relativ gründungsschwachen Jahr wie 2008 haben die IHKs insgesamt über 260.000 Einstiegsgespräche und fast 60.000 ausführliche Beratungsgespräche mit Gründungsinteressierten geführt. Zu über 23.000 Anträgen zur Förderung der Existenzgründung haben sie fachliche Stellungnahmen abgegeben, fast 32.000 Personen haben an Gründerseminaren der IHK teilgenommen (DIHK 2009a). Im selben Jahr wurden mit übergabebereiten Unternehmer/innen und Übernahmeinteressierten 23.800 Gespräche zur Unternehmensnachfolge geführt. Die Einrichtung von Unternehmensnachfolge- und Existenzgründungsbörsen sind ein weiteres Instrument der IHK-Gewerbeförderung.

Die IHKs stellen darüber hinaus eine Vielzahl von Markt-, Branchen- und Länderdaten zur Verfügung. Hierzu werden regelmäßig eigene Befragungen bei den Mitgliedsunternehmen, bspw. zur konjunkturellen Entwicklung und zu aktuellen politischen Themen (z. B. Steuerpolitik, Kreditkonditionen) durchgeführt

(DIHK 2008a/b/c, 2009b/c). Außerdem werden Informationen über Ausschreibungen und Fördermöglichkeiten aller Politikebenen bekannt gemacht.

Praktische Dienstleistungen können IHKs ihren Mitgliedern nur bedingt anbieten. Mit allen marktfähigen und -gängigen Leistungen treten sie in potenzielle Konkurrenz zu den bei ihnen zwangsweise organisierten privat-gewerblichen Anbietern. IHKs bieten deshalb z. B. keine Einzelfallberatung für Mitgliedsunternehmen, sondern nur Allgemeininformationen und Erstberatungen an und vermitteln ggf. an privatwirtschaftliche Beratungsunternehmen weiter. Auch im Bereich der Fort- und Weiterbildung sind den IHKs Grenzen gesetzt, wenn im Kammerbezirk ein ausreichendes privates Angebot vorhanden ist. Rechtlich zulässig sind solche Dienstleistungen nur dann, wenn dadurch regionale Disparitäten in der Versorgung vorübergehend durch die Kammer ausgeglichen werden. Zur Erfüllung ihrer rechtlichen und satzungsmäßigen Aufgaben sind die IHKs berechtigt, Einrichtungen zur Förderung der gewerblichen Wirtschaft zu gründen und zu unterhalten.

Ein sehr bedeutsames Handlungsfeld der IHK-Organisation ist die *berufliche Bildung in der gewerblichen Wirtschaft*. So wirken die IHKs im gewerblichen und kaufmännischen Bereich an der Erstellung neuer Berufsbilder mit, nehmen Prüfungen ab, Registrieren die Ausbildungsverhältnisse und Stellen die Ausbildereignung fest. Auch in der *Fort- und Weiterbildung* in den gewerblichen Berufen sind die IHKs mit erheblichen Ressourcen und Erfahrungen präsent, jede IHK hält für ihre Mitgliedsunternehmen (Beschäftigte, Führungskräfte und Inhaber) ein breit gefächertes Angebot bereit. Während einige IHKs dabei in erster Linie als „Vertriebsorganisation" von zentralen Bildungsangeboten mithilfe externer Referent/innen agieren, arbeiten andere mit ausgegründeten Bildungsträgern und engagieren sich zugleich stark in der Entwicklung neuer Curricula und Angebote. Koordination und Qualitätssicherung des IHK-Bildungssystems werden durch eine spezielle Einrichtung des Dachverbandes (DIHK-Bildungs-GmbH) unterstützt.

Wie jede Kammer nehmen auch die IHKs umfangreiche *administrative Aufgaben* bei der Regelung des Geschäftsverkehrs wahr. Sie stellen z. B. Ursprungszeugnisse aus, nehmen Sach- und Fachkundeprüfungen ab und schlichten bei Wettbewerbsstreitigkeiten (neuerdings sogar im Rahmen einer „Online-Schlichtung"). Gutachterliche Tätigkeit, z. B. in Insolvenzverfahren oder bei der Vergabe von öffentlichen Krediten und Zuschüssen, stellen ein weiteres Betätigungsfeld dar. In ca. 50 Einzelvorschriften verschiedener Gesetze werden die IHKs vom Staat mit solchen klassischen Selbstverwaltungsaufgaben beliehen (vgl. DIHK 2002).

### 2.2.2 Finanzierung, Ressourcen, Organisation und Personal

Wie bei allen Kammerarten setzen sich auch die Einnahmen einer IHK aus den Pflichtbeiträgen der Mitglieder, aus Gebühren und Entgelten für die Inanspruchnahme von Dienstleistungen und der Kostenerstattung für staatlich beliehene Verwaltungsaufgaben durch das jeweilige Bundesland zusammen (vgl. Kluth/ Rieger 2004: 39). Mitgliedsbeiträge machen die größte Einnahmeposition aus (vgl. DIHK 2004, 12). Jede IHK ist bei der Haushaltsplanung an die „Grundsätze eines sparsamen und wirtschaftlichen Finanzgebarens unter pfleglicher Behandlung der Leistungsfähigkeit der Kammerzugehörigen" gebunden und unterliegt der Finanzaufsicht der jeweiligen Landesregierung (Kluth/ Rieger 2004: 41).

Die Beitragszahlungen gliedern sich auf in einen Grundbeitrag und eine Umlage. Ihre Höhe und Staffelung sowie Freistellungsgrenzen werden von der Kammer-Vollversammlung jeweils autonom in der Beitragsordnung und der Haushaltsatzung im Rahmen des gesetzlichen Gestaltungsspielraums festgelegt. Die individuelle Beitragshöhe korreliert dabei mit der Wirtschaftskraft des Mitglieds: Die Bemessung des Grundbeitrages richtet sich nach Größe und Art der Unternehmung, die Umlage nach Gewinn und Ertrag (Gewerbesteuermessbetrag). Solo-Selbstständige oder Unternehmen, die nicht im Handelsregister geführt sind und einen geringeren Jahresertrag als 5.200 Euro (Kleinstgewerbetreibende) aufweisen, sind seit 1999 wieder beitragsfrei.

Die Spreizung der Grundbeiträge lag nach der Neuregelung zwischen 25 Euro und 3.579 Euro pro Jahr (vgl. Bundesregierung 2002: 5). In vielen IHKs gibt es außerdem Großbetriebsstaffeln („Jumbo-Beitrag"), über die speziell Großunternehmen zur Finanzierung der Kammer herangezogen werden können (zwischen 3.000 und 5.000 Euro; ebd.). Im Zeitraum bis 2001 haben fast alle IHKs die Umlagesätze deutlich gesenkt und 35 IHKs außerdem den Grundbeitrag reduziert. Der durchschnittliche Anteil der beitragsfreien Mitglieder ist danach leicht auf 36,4% gestiegen.

Etwa zwei Drittel der IHKs folgen in ihrer *Aufbauorganisation* den Empfehlungen des DIHK und weisen folgende Hauptgeschäftsbereiche aus (vgl. DIHK, o. J.):

- Standortpolitik: Einflussnahme auf regionale Planungsprozesse (Bebauungs- und Flächennutzungspläne, großflächige Einzelhandelsentwicklungen, Gewerberaumentwicklung, Verkehrskonzepte usw.) und Entscheidungen der kommunalen Gebietskörperschaften (Verordnungen, Abgabenlast der Unternehmen usw.);
- Starthilfe und Unternehmensförderung: Unterstützung ortsansässiger Unternehmen (Informationen über Fördermittel, Nachfolgevermittlung, Konjunk-

turberichte usw.) sowie von Neugründungen (Gründungberatung, Ansiedlungshilfen usw.);

- Aus- und Weiterbildung: Administrative Aufgaben im dualen System, Qualitätssicherung, Beratung von Ausbildenden und Auszubildenden, Entwicklung von Aus- und Weiterbildungsgängen usw.;
- Innovation/ Umwelt: Neue Technologien, Umwelttechnologien, betrieblicher Umweltschutz, Technologiebörsen, Innovationsberatung, Fördermittelberatung, Umweltberatung und -Informationssysteme. Beratungskompetenz zum Thema Arbeitsschutz ist in der Regel auch diesem Geschäftsbereich zugeordnet.
- Internationalisierung: Erleichterung des Zugangs zu ausländischen Märkten durch Kooperation mit den Außenhandelskammern, Ausstellung von Ursprungszeugnissen, Außenwirtschaftsberatung, Vermittlung von Geschäftskontakten, Trainings, Delegationsreisen, Messeservice usw.;
- Recht und Fairplay: Unterbindung von Wettbewerbsverzerrungen (Bereitstellen von Sachverständigen, Verfolgung von Wettbewerbsverstößen, Konfliktmanagement) Rechtsauskünfte, Gewerberechtsberatung, Führen einer Schuldnerliste.

Ein Drittel der IHKs orientiert sich weiterhin an klassischen Geschäftsfeldern mit sektoralen Zuständigkeiten für Industrie, Handel und Dienstleistungen und/ oder funktionalen Zuordnungen wie Wirtschaftspolitik, berufliche Bildung, Recht und Steuern, Außenwirtschaft und zentrale Dienste, ergänzt um die seit den 1970er Jahren hinzugekommenen Themenbereiche Innovation, Technologie und Umwelt (z. B. die IHKs München-Oberbayern, Dortmund, Fulda, Bochum).

Die Presse- und Öffentlichkeitsarbeit ist bei den meisten Kammern als Stabsstelle bei der Hauptgeschäftsführung angesiedelt. Bei den Mitglieder bezogenen Dienstleistungen werden die in den letzten Jahren propagierten „Service-aus-einer-Hand-Konzepte" („Service-Center") bisher nur von einem Teil der Kammern realisiert (z. B. IHK Dortmund, IHK Berlin, IHK Hochrhein-Bodensee, IHK München-Oberbayern). In NRW sind aufgrund der Vorgaben der Landeswirtschaftspolitik in den letzten zwei Jahren für den Bereich der Gründungsförderung in allen Kammern so genannte Starter-Center eingerichtet worden, die – teilweise in Kooperation mit regionalen Wirtschaftsförderungen – alle für eine Unternehmensgründung erforderlichen Beratungen, Anmeldungen, Genehmigungen, Antragstellungen etc. bündeln.

Mitgliederstarke oder großflächig zuständige IHKs – in der Summe gut 50% – betreiben neben dem Hauptsitz zumeist mindestens eine weitere Geschäfts-, Zweig-, oder Nebenstelle (z. B. IHK Mittelfranken, IHK München-Oberbayern, IHK Schwaben/ Augsburg, IHK Koblenz, IHK Berlin).

Der *Deutsche Industrie- und Handelskammertag* (DIHK) mit Sitz in Berlin fungiert als bundesweiter Dachverband der IHK-Organisation. Wie alle überregionalen Zusammenschlüsse im deutschen Kammerwesen ist der DIHK weder öffentlich-rechtliche Körperschaft noch Selbstverwaltungseinrichtung, sondern ein Dachverband auf vereinsrechtlicher Grundlage. Es gibt also keine unmittelbare Repräsentation der Mitgliedsunternehmen in seiner Vollversammlung, Beschlüsse können nur durch IHKs getroffen und angefochten werden. Hauptaufgabe des DIHK ist die politische Koordination und Vertretung des IHK-Systems auf Bundes- und EU-Ebene, die Entwicklung und Pflege der „Marke IHK" sowie die konzeptionelle Unterstützung der IHKs bei den oben beschriebenen Regelaufgaben.

In der Vollversammlung des Deutschen Industrie- und Handelskammertags sind alle IHKs durch ihren Präsidenten und den Hauptgeschäftsführer vertreten. Der DIHK hat mit der Mitgliederversammlung, dem Vorstand, dem geschäftsführenden Vorstand und dem Präsidenten vier zentrale Organe. Den geschäftsführenden Vorstand bilden der Präsident und die vier Vizepräsidenten, aus deren Mitte der Hauptgeschäftsführer berufen wird. Die Wahl des Präsidenten und des geschäftsführenden Vorstandes wird durch die Vollversammlung vorgenommen (§ 5/ § 6 DIHK-Satzung).

Der Vorstand des DIHK besteht (derzeit) aus 27 Mitgliedern, die von den Zusammenschlüssen der IHKs auf Landesebene berufen werden. Der Vorstand berät den Präsidenten, bereitet die Beschlüsse der Mitgliederversammlung vor und verantwortet die wirtschaftspolitischen Richtlinien des DIHK. Die Geschäfte werden vom Präsidium geführt, dem der Präsident, die vier Vizepräsidenten und der Hauptgeschäftsführer angehören (§ 9/ § 12 DIHK-Satzung). Der DIHK finanziert sich ausschließlich über die Mitgliedsbeiträge der einzelnen Kammern, die wiederum an der Wirtschaftleistung ihrer Zuständigkeitsbezirke bemessen werden (§ 16 DIHK-Satzung).

Zu den Leistungen des DIHK für seine Mitglieder zählen u. a. sehr praktische Zuarbeiten und Hilfestellungen wie ein Artikeldienst für IHK-Zeitschriften (bspw. zu einem jeweils aktuellen „Thema der Woche"), Rundschreiben und Newsletter für einzelne Geschäftsbereiche oder ein zentrales Daten- und Informationsmanagement, das im Wesentlichen durch den Aufbau und die Pflege von Datenbanken besteht. Vom DIHK-Fachpersonal werden Erfahrungsaustausch-Arbeitskreise mit örtlichen Fachreferent/innen organisiert.

Die *DIHK-Bildungs-GmbH* ist eine einhundertprozentige (gemeinnützige) Tochter des DIHK, die die umfangreichen Bildungsaktivitäten im IHK-System koordiniert und konzeptionell unterstützt. Da sie ein wichtiger operativer Kooperationspartner unserer Modellentwicklungen im IHK-Bereich war, soll sie nachfolgend etwas ausführlicher beschrieben werden.

Gründungsanlass war die curriculare Vielfalt, die durch die selbstständigen Aktivitäten der örtlichen Kammern über die Jahre entstanden war. Sie erschwerte die Vergleichbarkeit der Angebote und Abschlüsse und begünstigte zugleich vermeidbare Doppelarbeit. Kernaufgabe der Bildungs-GmbH ist deshalb, typische Qualifizierungsbedarfe aus der Wirtschaft aufzunehmen und in Zusammenarbeit mit interessierten Unternehmen und örtlichen Kammern Modell-Curricula zu entwickeln. Zentral erarbeitete Lehr- und Lernmittel sowie Prüfungsroutinen und -regeln sollen die qualitätsgesicherte Umsetzung der Konzepte bundesweit unterstützen.[1] Die GmbH hat etwa 40 Mitarbeiter/innen und finanziert sich fast ausschließlich durch den Verkauf ihrer Produkte an die IHKs. Die DIHK-Bildungs-GmbH gliedert sich in vier Geschäftsbereiche:

- Bereich Seminare: Hier werden interne Informations- und Fortbildungsveranstaltungen für Fachreferenten/innen der IHKs angeboten, in denen über aktuelle Themen und zugehörige Bildungsangebote informiert wird.[2] Die Referenten kommen aus Unternehmen, DIHK und örtlichen Kammern.
- Bereich Prüfungsentwicklung: Dort werden zentral Prüfungsordnungen und –verfahren für die so genannte Aufstiegsweiterbildung (vom Bilanzbuchhalter über Industriemeister bis zu den neuen IT-Berufen) entwickelt.
- Bereich Lektorat: Erstellung von Lehrgangsprodukten für Lehrende und Teilnehmende sowie Broschüren über Weiterbildungsangebote.
- Bereich „Konzepte und Mediamixed Learning": Hier werden neue Angebote und Qualifizierungsprofile entwickelt und IT-basierte Lehr- und Lernmethoden eingeführt und erprobt (z. B. Web-Based-Trainings). Eine wichtige Ebene ist dabei die IHK-Online-Akademie, eine Plattform mit E-Learning Angeboten über ein breites Themenspektrum. Zum Erhebungszeitpunkt gab es ca. 100 Konzepte für zertifizierte Bildungsmaßnahmen im Angebot der Bildungs-GmbH.

Einen Gesamtüberblick gibt das „Weiterbildungs-Informations-System" (WIS), das von der DIHK Service GmbH betrieben wird. Dabei handelt es sich um eine Online-Suchmaschine, die bundesweiten Zugriff auf über 21.000 Weiterbildungsangebote von 302 Anbietern (IHKs, IHK-Bildungszentren und externe Kooperationspartner) ermöglicht.

---

1 So wurde z. B. einheitlich festgelegt, dass Lehrgänge mit IHK-Zertifikat – einer der bedeutsamsten Angebotstypen – 40 bis 50 Lehrstunden mit Anwesenheitspflicht umfassen müssen.
2 Ein aktuelles Thema zum Zeitpunkt unseres Experteninterviews (Frühjahr 2007) war bspw. der Zertifikatslehrgang „Versicherungsvermittler", mit dem die IHKs zur Umsetzung einer neuen EU-Richtlinie für Versicherungsdienstleistungen beitragen wollten.

Das Personal der gesamten IHK-Organisation belief sich zum Jahresende 2002 auf ca. 6.900 Personen in Vollzeit und ca. 1.500 in Teilzeitbeschäftigung (Bundesregierung 2004: 8). Darüber hinaus sind keine Angaben über die Personalausstattung nach Kammern und/ oder Bundesländern verfügbar. Nach stichprobenartigen Recherchen bewegt sich die Personalstärke der IHKs zwischen 50 und maximal 400 Mitarbeiter/innen. Beim DIHK waren 2007 542 Mitarbeiterinnen und Mitarbeiter beschäftigt, davon 184 an den Standorten Berlin und Brüssel und 301 in Delegationen, Repräsentanzen und Außenhandelskammern (vgl. DIHK 2007: 49).

Auch hinsichtlich der Personalstruktur der IHKs sind keine Daten verfügbar. Es kann aber davon ausgegangen werden, dass die Führungspositionen in den Kammern heute durchgängig mit Hochschulabsolvent/innen besetzt sind, die in einem einjährigen Trainee-Programm auf ihre Tätigkeit vorbereitet werden. Daneben gibt es ein umfangreiches internes Fortbildungsprogramm für Fach- und Führungskräfte, das weitgehend in den Händen der Bildungs-GmbH liegt. Für die Ausbildung der eigenen Nachwuchskräfte haben sich die IHKs außerdem zum „Ausbildungsring der Deutschen Industrie- und Handelskammern" zusammengeschlossen.

Die politische Weiterbildung für IHK-Führungskräfte erfolgt durch das „Institut für sozial- und wirtschaftspolitische Ausbildung" (ISWA), das durch die Spitzenverbände der Wirtschaft (DIHK, BDA und BDI) gemeinsam getragen wird. Das ISWA bietet jährlich sechs bis neun mehrtägige Seminare zu einem breiten Spektrum von aktuellen, praxisnahen und strategischen Themen an. Vortragende kommen aus Bundesministerien und Bundestag, EU-Kommission und Europaparlament, Wissenschaft, Medien und Verbänden.

### 2.2.3 Gremienwesen und Mitglieder-Engagement

Das zentrale Gremium einer IHK ist die *Vollversammlung*, in der gewählte Vertreter der Mitglieder zusammenkommen. Die Vollversammlung beschließt über alle wichtigen Angelegenheiten der IHK: Sie wählt den Präsidenten, bestellt den Hauptgeschäftsführer, legt den Haushaltsplan fest, setzt Ausschüsse ein und beschließt die Satzung. In der Satzung können auch Angelegenheiten an andere IHK-Gremien delegiert werden, nicht jedoch so elementare Gegenstände wie die Wahlordnung, die Beitrags- und Gebührenordnung, der Haushaltsplan, die Erteilung der Entlastung und die Übertragung von Aufgaben an Dritte oder die Bildung von öffentlich-rechtlichen Zusammenschlüssen.

Für die Vollversammlung wählbar sind Kammermitglieder oder deren legitimierte Vertreter (wie z. B. Prokurist/innen und Bevollmächtigte). Für die Wahl der Vollversammlung werden die Kammermitglieder nach Wahlgruppen und Wahlbezirken unterteilt, um einen gewissen Proporz nach Branchen und Regionen zu ermöglichen. Pro Wahlgruppe und Wahlbezirk wird eine nach einem bestimmten Schlüssel festgelegte Anzahl von Personen in die Vollversammlung gewählt. Dieser Schlüssel berücksichtigt auch den Anteil der Branchen an der regionalen Wirtschaftsleistung. Plenarwahlen finden alle drei Jahre statt.

Die IHK-Vollversammlungen tagen inzwischen öffentlich, einer entsprechenden Empfehlung des DIHK von 1998 folgten sukzessive alle Mitglieder. Auch ist die Mehrzahl der Kammern dazu übergegangen, den Haushaltsplan vor oder nach der Haushaltsdebatte in der Vollversammlung auszulegen oder eine Kurzfassung davon zu veröffentlichen (ebd.).

Aus ihrer Mitte wählt die Vollversammlung den Präsidenten und den Hauptgeschäftsführer. Diese beiden Personen vertreten die IHK rechtsgeschäftlich und gerichtlich (§ 7 IHKG) sowie im DIHK.

Die IHK-Spitzengremien sind noch weitgehend eine Männerbastion. Nur in wenigen IHKs sind Frauen maßgeblich an den Präsidentschaften und Hauptgeschäftsführungen beteiligt.[1] So konnte beispielsweise durch die Mobilisierung für eine „Frauenliste" bei der IHK Mülheim-Essen-Oberhausen bei der letzten Vollversammlungswahl der Anteil von Unternehmerinnen in den IHK-Gremien merklich erhöht werden.

Alle Wahlfunktionen einer IHK sind ehrenamtlich, die Mitarbeit in Gremien und Ausschüssen ist die bedeutendste Möglichkeit direkt an der wirtschaftlichen Selbstverwaltung zu partizipieren. Nach Angaben der Bundesregierung sind mehr als 200.000 Unternehmer und Unternehmerinnen ehrenamtlich in IHK-Gremien tätig (Bundesregierung 2004: 9).

Durch die Einsetzung und Besetzung von Ausschüssen nimmt die Vollversammlung einer IHK maßgeblichen Einfluss die fachlich-thematische und die politische Struktur ihrer Selbstverwaltung. So ist auch die Zahl und Schneidung der Ausschüsse recht unterschiedlich, lediglich ein Berufsbildungsausschuss ist gesetzlich vorgeschrieben (nach Berufsbildungsgesetz). Häufig korrespondiert das Ausschusswesen mit der Geschäftsverteilung der IHK, so dass Ausschüsse zu Themen wie Außenwirtschaft, Dienstleistungen, Finanzen und Steuern, Handel, Verkehr etc. weit verbreitet sind.

*Arbeitskreise* sind dagegen temporäre Zusammenschlüsse thematisch interessierter Mitglieder, die vorzugsweise aktuelle Probleme und Querschnittsfragen bearbeiten. Sie können damit auch gezielt eingesetzt werden,

---

1 Hauptgeschäftsführerinnen gibt es in Offenbach/ Main, Neubrandenburg und Hellweg-Sauerland, Stellvertreterinnen in Mittelfranken/ Nürnberg, Gießen-Friedberg, Leipzig und Essen. In NRW sitzen lediglich in sechs von 16 Kammern eine Frau, in zwei weiteren Kammern zwei Frauen im Präsidium (Landtags-Drucksache 14/9451, 22.06.2009).

um einen größeren Kreis von Mitgliedern in die Kammerarbeit einzubeziehen. Weit verbreitet sind z. B. Erfahrungsaustausch-Kreise („Erfa-Kreise") zu verschiedenen Themen, die IHK Mittelfranken hat so genannte „Anwenderklubs" eingerichtet.

Für Mitglieder bis zum Lebensalter von 40 Jahren gibt es darüber hinaus die Möglichkeit, sich bei den „Wirtschaftsjunioren" zu engagieren. Es handelt sich dabei um freiwillige, netzwerkartige Zusammenschlüsse mit eigenen, auch überregionalen Gremien, die von den IHKs betreut werden. Die Wirtschaftsjunioren arbeiten überwiegend projektförmig, z. B. zu Themen wie „schulische Vorbereitung auf die Arbeitswelt", „Vereinbarkeit von Beruf und Familie" oder „Gründungsberatung".

Auch für den IHK-Sektor gibt es kaum öffentlich zugängliche Informationen über die Wahlbeteiligung der Mitglieder innerhalb der Selbstverwaltung. Eine der wenigen Ausnahmen bildet die Handelskammer Hamburg, die für die Plenarwahlen 2010 eine Wahlbeteiligung über alles von 13% und damit eine um 3% höhere Wahlbeteiligung als 2008 berichtet. Sie liegt bei den Handelsregister-Betrieben mit 18% etwas höher und schwankt nach Branchen zwischen 10% und 28% (HK Hamburg 2011). Auch die Selbstverwaltung der gewerblichen Wirtschaft durch die IHK-Organisation ist also offenbar eine Veranstaltung einer aktiven Minderheit. Das darin angelegte latente Legitimationsproblem erhält durch den Auftritt einer durchaus stimmgewaltigen Gruppe von Kammerkritikern zusätzliche Brisanz.


### 2.2.4  Leitbilder und Legitimation, Selbstdarstellung und Reformdiskurs

Als 1998 vom Deutschen Bundestag die Beitragsfreiheit für Kleinunternehmen wieder eingeführt wurde, war dies mit einer vorläufigen politischen Bestandszusage, aber auch einem klaren Reformauftrag an die IHKs verknüpft: Die IHK als öffentlich-rechtliche Körperschaft mit Pflichtmitgliedschaft wurde ausdrücklich als sachgerecht und erforderlich bestätigt, zugleich wurde vom IHK-System „mehr Effizienz und Transparenz sowie eine stärkere Orientierung auf Selbstverwaltung, Interessenvertretung und Dienstleistung für die Mitgliedsunternehmen", „ein Beitrag zur finanziellen Entlastung der Wirtschaft" sowie eine „noch bessere Abstimmung von Beiträgen und Leistungen" verlangt (Bundesregierung 2002). Im Zuge dieses Reformauftrages wurden seit Ende der 1990er Jahre nicht nur interne Modernisierungsprozesse eingeleitet und Angebote erweitert, sondern auch das politische Profil der IHK-Organisation geschärft und ihre Außendarstellung professionalisiert.

In den letzten Jahren haben eine Reihe von IHKs ihr Verständnis von wirtschaftlicher Selbstverwaltung unter den Vorzeichen säkularer Veränderungsprozesse (Globalisierung, Europäisierung, Tertiarisierung usw.) in Leitbildern ausformuliert. Der DIHK als Dachorganisation hat daraus ein übergreifendes „Markenleitbild IHK" entwickelt (vgl. DIHK o. J.), das der gesamten IHK-Organisation einen Rahmen für die wirtschafts- und ordnungspolitische Positionierung bieten soll. Natürlich richtet sich diese ideologische Selbstvergewisserung auch gegen die massiven Angriffe von Kammerkritikern und radikalen Deregulierungsbefürwortern. Dem wirtschaftspolitischen Gesamtziel verpflichtet, Deutschland zu einem der drei besten Wirtschaftsstandorte der Welt zu machen, wird die IHK-Organisation als wichtige gestaltende Kraft in der Standortentwicklung angesehen. Man versteht sich dabei als „kritischer Partner der Politik" und als „unabhängiger Anwalt des Marktes". Die Bedingungen für unternehmerisches Handeln sollen verbessert werden durch die Beeinflussung von Planungsprozessen zugunsten einer leistungsfähigen Infrastruktur, durch Zurückdrängen staatlicher Regelungen und Verringerung einer zu hohen Abgabenlast der Wirtschaft.

Gegenüber den Mitgliedsunternehmen profiliert sich eine moderne IHK als „kundenorientierter Dienstleister der Wirtschaft" nach dem Credo: „Wir machen uns stark für Ihren Erfolg". Die Dachorganisation der IHKs übernimmt damit wie viele andere nichtkommerzielle Organisationen die Kunden-Metapher in ihr Selbstverständnis. Damit rücken Dienstleistungsfunktionen und -angebote in den Vordergrund und die parastaatlichen, regulativen Aufgaben der Kammern in den Hintergrund. Leistungen der IHKs sollen darüber als „Markenprodukte" wahrgenommen werden, hinter denen eine „dezentrale, aber vernetzte Organisation" als effiziente Produktionsstruktur steht. IHKs sollen sich dynamisch auf Veränderungen einstellen können, „permanent dazu lernen, um auf Basis hoher Kompetenz und der Kenntnis der Kundenbedürfnisse als gestaltende und Nutzen stiftende Kraft ein starker Partner der Unternehmen zu sein" (ebd.).

Gleichwohl zeichnen sich die 80 IHKs in Deutschland durch ein mehr oder weniger ausgeprägtes Lokalkolorit aus, das bis in die regional unterschiedlichen historischen Wurzeln der Gründung zurück reicht und nicht allein durch Unterschiede in der Branchenstruktur und sozialräumliche Besonderheiten geprägt ist. Das Fortbestehen solch differenter „Kammerkulturen" wird durch die rechtliche Autonomie der einzelnen IHKs unterstützt. Der durch das zentrale Markenleitbild gesetzte allgemeine (strategische) Rahmen muss deshalb immer noch genügend Platz lassen für die Individualität jeder IHK.

## 2.2.5 IHKs als Kommunikations- und Serviceplattform für ihre Mitglieder

Bei den Kommunikations- und Serviceformaten der IHK-Organisation spielt die *Information der Mitgliedschaft über aktuelle Wirtschaftsdaten und -probleme* eine herausragende Rolle. So sind inzwischen vor allem die Internetangebote der IHKs und des DIHK eine Fundgrube für allgemeine Wirtschafts- und Branchen-informationen sowie Informationen zu allen Standard-Geschäftsfeldern. Viele örtliche Kammern haben ihren Internetauftritt einheitlich nach dem IHK24-Strukturaufbau des DIHK gestaltet. Darüber hinaus werden für jedes Geschäfts-feld und jeden Fachbereich Newsletter, Informationsbroschüren, Fakten- und Argumentationsblätter, Leitfäden, Checklisten und Links zu externen Quellen und Akteuren bereitgestellt. Viele Broschüren und Berichte werden nach wie vor als Printprodukte zur Verfügung gestellt. Den besonderen Wert vieler IHK-Informationen (z. B. Konjunktur- und Branchenberichte) macht aus, dass sie auf originären Unternehmensstatistiken und Mitgliederbefragungen beruhen. Wei-terhin stellen die IHKs Unternehmensdatenbanken, Einsicht in das Handelsregis-ter und diverse Börsen online bereit.

Standardthemen in der Kommunikation der IHKs auf der regionalen Ebene sind Standortprobleme vor allem im Hinblick auf Gewerbeflächen und Verkehrs-infrastruktur, die regionale Konjunktur- und Arbeitsmarktlage, Fragen des Au-ßenhandels und der Erschließung ausländischer Märkte sowie Informationen aus allen Rechtsgebieten und der Steuergesetzgebung. Hinzu kommen die in den letzten Jahren zunehmend wichtiger werdenden Themen wie Existenzgründungs-förderung, Unternehmensförderung, Clusterpolitik und Standortprofile, Unter-nehmensführung und Finanzierungsfragen, Krisenmanagement und Unterneh-mensnachfolge, Ausbildungsstellensituation, Technologieförderung und –bera-tung, Umwelt- und Energiefragen.

Über die Propagierung und Aufbereitung eines so genannten „Jahresthe-mas" soll der Mitgliederdialog über die unterschiedlichen regionalen Themen-agenden hinaus bundesweit gebündelt werden. Solche Jahresthemen waren z. B. „Chance Unternehmen - gründen, wachsen, sichern" (2007), „Wirtschaft bildet - unsere Zukunft" (2008) und „Mobilität ist Zukunft" (2009). Unter einem einheit-lichen Logo wird das jeweilige Thema in Veranstaltungen und Seminaren auf allen IHK-Ebenen behandelt, weiterhin finden mehrere bundesweit koordinierte Veranstaltungstage zu Teilaspekten des Leitthemas statt. Das Jahresthema wird begleitet durch ein zentrales Argumentations- bzw. Positionspapier (in 2007: „Agenda für mehr Unternehmertum"), Fachreferent/innen des DIHK stellen kurze Fakten- und Argumentationspapiere zu aktuellen „Themen der Woche" sowie Newsletters zur Verfügung.

Die direkte Kommunikation zwischen den Mitgliedern findet auch in der IHK-Organisation vor allem in Ausschüssen, Arbeitskreisen und thematischen Sonderveranstaltungen statt. Auch der Dialog zwischen Mitgliedern und „Apparat" lebt vor allem von solcher themenbezogenen Face-to-Face-Kommunikation. Solche mit eher geringem Aufwand verbundenen Anlässe können durchaus auch für kleinere Unternehmen praktische Anreize bieten, sich am „Kammerleben" zu beteiligen und vom Austausch mit anderen Unternehmen und regionalen Akteuren (Wissenschaft, Politik, Verwaltung) zu profitieren. So werden bspw. im Bereich der IHK Mittelfranken/ Nürnberg Arbeitskreise zum Wissensaustausch und der Netzwerkbildung reichlich genutzt. In thematischen „Anwenderklubs" mit verschiedenen Arbeitskreisen und Foren wird ein breites Spektrum von Technologie- und Managementthemen (Energie, Automation, neue Materialien, Umwelt, Innovations- und Qualitätsmanagement, Datenschutz, *electronic business* etc.) behandelt.

In der *Gründungsberatung* kommen die neuen (potenziellen) Mitglieder zum ersten Mal in direkten Kontakt mit „ihrer" zukünftigen Kammer. Die IHKs können hier ein wichtiger Wegweiser zu professioneller Beratung, Coaching und Qualifizierung, Finanzierungsmöglichkeiten und Förderquellen sein. Erstberatungen und Gutachten der IHKs (Businesspläne) haben in der Praxis der Gründungsberatung erhebliche Bedeutung. Aspiranten auf eine soloselbstständige oder kleingewerbliche Gründung nehmen häufig öffentliche Fördermittel in Anspruch, die mit einer Pflichtberatung verknüpft sind. Oft ist die IHK dabei die erste Anlaufstation und damit für die Kammer der erste Kontakt mit Klein- und Ein-Personen-Unternehmen.

Die größte Chance als abhängig oder selbstständig Erwerbstätige/r in der gewerblichen Wirtschaft mit dem IHK-System in Berührung zu kommen bietet dessen Bildungsangebot. Es umfasst bundesweit jährlich über 20.000 Veranstaltungen. 400 davon bedienen explizit Unternehmer und Führungskräfte. Diese Bildungsmaßnahmen werden in der Regel berufsbegleitend direkt von IHK-Einrichtungen oder über das IHK-Weiterbildungssystem vermittelt angeboten. Das Spektrum reicht von eintägigen Veranstaltungen zu speziellen Themen (wie Arbeitsrecht, Betriebsverfassungsrecht, Haftungsrisiken) über mehrtägige Führungskräftetrainings mit IHK-Zertifikat bis hin zu einem berufsbegleitenden Bachelor-Studium für Führungskräfte in mittelständischen Unternehmen (Universität Oldenburg), das auf den IHK-Weiterbildungen aufbaut. Auch die „Wirtschaftsjunioren" bieten in ihrer „Unternehmer Akademie" Weiterbildung auf professioneller Basis an.[1]

---

1 Getragen von den Landesverbänden Baden-Württemberg und Bayern der Wirtschaftsjunioren (www.unternehmer-akademie.org)

## 2.3 Handwerkskammern

### 2.3.1 Handwerkskammern als öffentlich-rechtliches Standbein der deutschen Handwerksorganisation

Zusammenschlüsse von Handwerkern haben eine lange Tradition. Schon in den Städten des Mittelalters ordneten und reglementierten Zünfte die Lebens- und Arbeitsweise der Handwerker eines bestimmten Gewerkes. Mit der Gewerbefreiheit zu Beginn des 19. Jahrhunderts verloren die Zünfte ihr Monopol und die Selbstregulierung der Gewerke erfolgte durch die deutlich machtärmeren Innungen. Gleichzeitig bildeten sich mit den „Gewerbevereinen" erste Gewerke übergreifende Interessenvertretungen. Die handwerkliche Selbstverwaltung in ihrer heutigen Verfassung ist jedoch nicht unmittelbar aus diesen Frühformen der Selbstorganisation hervorgegangen, sondern bedient sich ihrer nur. Die Aufladung der Innungen mit öffentlich-rechtlichen Aufgaben ist vielmehr das Ergebnis der Ablösung direkter hoheitlicher Kontrolle der Handwerkswirtschaft durch den Modus der Selbstverwaltung in der Folge der Steinschen Reformen des 19. Jahrhunderts. Handwerkskammern als Gewerke übergreifende regionale Selbstverwaltungseinrichtungen wurden erst nach dem zweiten Weltkrieg mit der Handwerksordnung von 1953 eingeführt (vgl. Ullmann 1988).

Handwerkskammern und ihre vereinsrechtlichen Zusammenschlüsse auf Landes- und Bundesebene bilden den öffentlich-rechtlichen Strang der Handwerksorganisation, deren zweite Hauptsäule die *Innungen* mit eigenen horizontalen und vertikalen Zusammenschlüssen darstellen. Die Innungen repräsentieren die fachlich gegliederte Unternehmerschaft des Handwerks, haben also überwiegend verbandliche Funktionen, einschließlich der einer Tarifpartei. Im Zentralverband des Deutschen Handwerks (ZDH) laufen schließlich beide Linien in einer gemeinsamen Dachorganisation und unter einer einheitlichen Führung zusammen.

Die rechtlichen Grundlagen der Handwerkskammer (HWK) als Körperschaft des öffentlichen Rechts werden durch das „Gesetz zur Ordnung des Handwerks", die so genannte Handwerksordnung festgelegt. Sie bestimmt in § 90, Abs. 5, dass Handwerkskammern durch die oberste Landesbehörde errichtet werden. Die Grenzen der Kammerbezirke stimmen in der Regel mit denen der Mittelinstanz der Landesverwaltungen (Regierungsbezirke) überein. Die 54 deutschen HWK hatten 2007 insgesamt ca. 850.000 Mitglieder.[1]

---

[1] http://www.zdh.de/handwerksorganisationen/handwerkskammern.html (28.02.2007);
Zurzeit beträgt die Mitgliederzahl 960.000 (ebd.).

*Handwerkskammern* sind die einzige Handwerksorganisation mit Pflicht-mitgliedschaft. Mitglieder sind Inhaber/innen eines Handwerkbetriebes oder eines handwerksähnlichen Gewerkes sowie die bei ihnen beschäftigten Gesellen und Lehrlinge (§ 90 Abs. 1 HwO). Die obligatorische Mitgliedschaft von Un-selbstständigen betont – ähnlich wie die Öffnungsklauseln bei einzelnen Berufs-kammern – das Berufsgruppenprinzip als „ständisches" Kriterium stärker als den Erwerbstatus. Dies stellt einen markanten Unterschied zu den Industrie- und Handelskammern dar, in denen nur die selbstständig Gewerbetreibenden vertre-ten sind. Beitragspflichtig sind allerdings nur die *Inhaber* der Handwerksunter-nehmen (§ 113 Abs. 1 HwO).

Wie bei allen Kammerarten sind Berufsaufsicht, gesamtständische Interes-senvertretung und berufliche Förderung der Mitglieder (Tettinger 2002: 74f.) genuine gesetzliche Aufträge der HWK, die durch die Handwerksordnung um-fassend definiert werden (§ 91 HwO):

- Interessen des Handwerks fördern und einen Ausgleich zwischen den Inte-ressen einzelner Handwerke und ihrer Organisationen schaffen,
- Behörden bei der Förderung des Handwerks unterstützen (Anregungen, Gutachten, Berichte etc.),
- Führen der Handwerksrolle,
- Regelung der Berufsausbildung (u. a. Führen der Lehrlingsrolle, Vorschrif-ten für Fortbildungen und Umschulungen),
- Organisation der Gesellenprüfung und der Meisterprüfung,
- Unterhalten einer Gewerbeförderungsstelle, Aufrechterhaltung der Leis-tungsfähigkeit des Handwerks durch Organisation von Fort- und Weiterbil-dung für Meister und Gesellen,
- Bestellen und Vereidigen von Sachverständigen,
- Wirtschaftliche Interessen des Handwerks fördern (z. B. Förderung des Genossenschaftswesens),
- Förderung der Formgestaltung im Handwerk,
- Einrichtung von Vermittlungsstellen für Streitfälle zwischen Betrieben und Auftraggebern,
- Ausstellen von dem Wirtschaftsverkehr dienenden Bescheinigungen,
- Unterstützung Not leidender Handwerker, Gesellen und Arbeitnehmer mit abgeschlossener Berufsausbildung und
- Stellungnahmen zu allen das Handwerk betreffenden Angelegenheiten.

Wie die IHKs haben auch die Handwerkskammern eine verbandliche Interessen-vertretung auf Landesebene eingerichtet, die keine eigenen öffentlich-rechtlichen Befugnisse hat. Kernaufgabe dieser „Handwerkskammertage" ist die Koordinierung gemeinschaftlicher Aufgaben und Interessen der Einzelkammern, insbesondere gegenüber der Landesregierung und den obersten Landesbehörden. Auch die Kontaktpflege mit anderen Landesorganisationen des Handwerks, der Wirtschaft und der Wissenschaft fällt in ihre Zuständigkeit (vgl. Westdeutscher Handwerkskammertag 2010).

Auf Bundesebene fungiert der „Deutsche Handwerkskammertag" (DHKT) als Repräsentant der „gemeinsamen Angelegenheiten" aller deutschen Handwerkskammern. Er nimmt seine Aufgaben in enger Verzahnung mit dem ZDH wahr: Seine Führung wird durch die Vollversammlung des ZDH gewählt, der Präsident des DHKT ist in Personalunion der Präsident des ZDH (vgl. ZDH 2010b) und gemeinsam gibt man die ZDH-Jahresberichte heraus. Als bundespolitisches Sprachrohr des Handwerks fungiert in erster Linie der auch die Innungslinie repräsentierende ZDH; nur er verfügt auch über eine Website.

Auch die *Innungen* des Handwerks sind Körperschaften des öffentlichen Rechts, deren Struktur und Auftrag durch die Handwerksordnung (§ 52 ff.) geregelt werden. Im Unterschied zu den Handwerkskammern sind sie jedoch

- beruflich homogen (nur ein Gewerk umfassend),
- kleinräumig gegliedert (Landkreise, kreisfreie Städte),
- nur Arbeitgebern des Handwerks
- in freiwilliger Mitgliedschaft zugänglich.

Innungen sind damit gleichsam öffentlich-rechtlich sanktionierte Unternehmervereinigungen des Handwerks nach dem Berufsgruppenprinzip. Ihr öffentlich-rechtlicher Auftrag rankt sich vor allem um die Ausbildung des Handwerksnachwuchses und unterliegt insofern der Rechtsaufsicht der zuständigen Handwerkskammer. In ihrer Teilfunktion als Unternehmervereinigungen des Handwerks haben Innungen bzw. ihre Zusammenschlüsse (Innungsfachverband) auch das Recht, sozialpolitische Interessen der Handwerksunternehmer zu vertreten und Tarifverträge abzuschließen, was wiederum nicht unter die Aufsichtsfunktion der HWK fällt.

Auf Landesebene schließen sich die Innungen eines Gewerkes (z. T. auch die eng verwandter Gewerke) zu Landesfachverbänden zusammen, die wiederum auf Bundesebene zu einem Zentralfachverband zusammengefasst werden. Die Gesamtheit aller Zentralfachverbände bildet den Unternehmerverband Deutsches Handwerk (UDH), der als Spitzenverband die wirtschafts- und sozialpolitischen Belange aller Innungsverbände auf Bundes- und EU-Ebene vertritt.

Mit den *Kreishandwerkerschaften* gibt es in der Handwerksorganisation daneben noch eine *regionale und überfachliche* Organisationsebene im Innungssystem, die ebenfalls öffentlich-rechtlich verfasst ist (§§ 86 ff. HwO) und der

Rechtsaufsicht der zuständigen Handwerkskammer unterliegt. In ihnen sind alle Innungsmitglieder auf Kreisebene zusammengeschlossen, um auf dieser Ebene gesamtständische Interessen zu vertreten und die Innungen genossenschaftlich durch zentrale Dienstleistungen, z. B. Geschäftsführungsaufgaben, Inkassodienste oder den Abschluss von Gruppenverträgen zu unterstützen. Einige Kreishandwerkerschaften organisieren für ihre Mitglieder unter anderem eine präventionsfachliche Betreuung nach dem Pool-Modell.

Auch das Handwerk verfügt neben seiner komplexen „Linienorganisation" über eine Reihe von *zentralen wirtschaftlichen und wissenschaftlichen Einrichtungen* mit „Stabsfunktion". Bei den wirtschaftlichen Einrichtungen des Handwerks handelt es sich um Dienstleister, die Bildungs-, Organisations- und Verlagsdienstleistungen sowie Versicherungs- und Vorsorgeprodukte für das Handwerk anbieten. Die Zentralstelle für Weiterbildung im Handwerk (ZWH) beispielsweise erarbeitet Lehrgangskonzepte und Unterlagen, bietet Seminare für Dozenten an und vergibt bundeseinheitliche Zertifikate. Die Gesellschaft für Handwerksmessen (GHM) bietet ihren Kunden die Planung und Organisation von Messeauftritten an, die Verlagsanstalt Handwerk hat sich auf Erstellung und Vertrieb verschiedener Handwerksmedien (Zeitschriften, Bücher, elektronische Medien) spezialisiert. Die restlichen wirtschaftlichen Einrichtungen des Handwerks bieten Versicherungs- und Vorsorgeleistungen an.

Die wissenschaftlichen Einrichtungen des Handwerks sollen wissenschaftliche Erkenntnisse durch Forschung und Transfer für das gesamte Handwerk nutzbar machen. Insgesamt sechs Institute nehmen diese Aufgabe arbeitsteilig und mit jeweils unterschiedlichen Themenschwerpunkten wahr: Im Bereich „Technik – Organisation – Qualifizierung" sind das Heinz-Priest-Institut für Handwerkstechnik (HPI) in Hannover, das Institut für Technik der Betriebsführung (itb) in Karlsruhe und das Institut für Kunststoffverarbeitung (IKV) in Aachen angesiedelt. Der Bereich „Beruf, Bildung und Arbeit" besteht aus dem Forschungsinstitut für Berufsbildung im Handwerk (FBH) in Köln, das Themenfeld „Handwerkswirtschaft und Recht" repräsentiert das Ludwig-Fröhler-Institut für Handwerkswissenschaften (LFI) in München und das Volkswirtschaftliche Institut für Mittelstand und Handwerk (ifh) in Göttingen. Das Deutsche Handwerksinstitut (DHI) mit Sitz in Berlin fungiert als Dachorganisation.

Der Zentralverband des Deutschen Handwerks (ZDH) mit Sitz in Berlin fungiert als handwerkspolitischer Spitzenverband und Sprachrohr des Handwerks auf Bundes- und europäischer Ebene. Seine Vollversammlung setzt sich aus Vertretern der Handwerkskammern und aus Vertretern der Zentralfachverbände der Innungen zusammen. Im geschäftsführenden Präsidium ist die Parität zwischen Kammer- und Verbandsseite gewahrt. Die einzelnen Geschäftsbereiche des ZDH bearbeiten die „großen Linien" der Handwerkspolitik und kommunizieren sie in Form von Stellungnahmen, Informationen und Publikationen mit politischen Entscheidungsträgern, Mitgliedsorganisationen und der allgemeinen Handwerksöffentlichkeit.

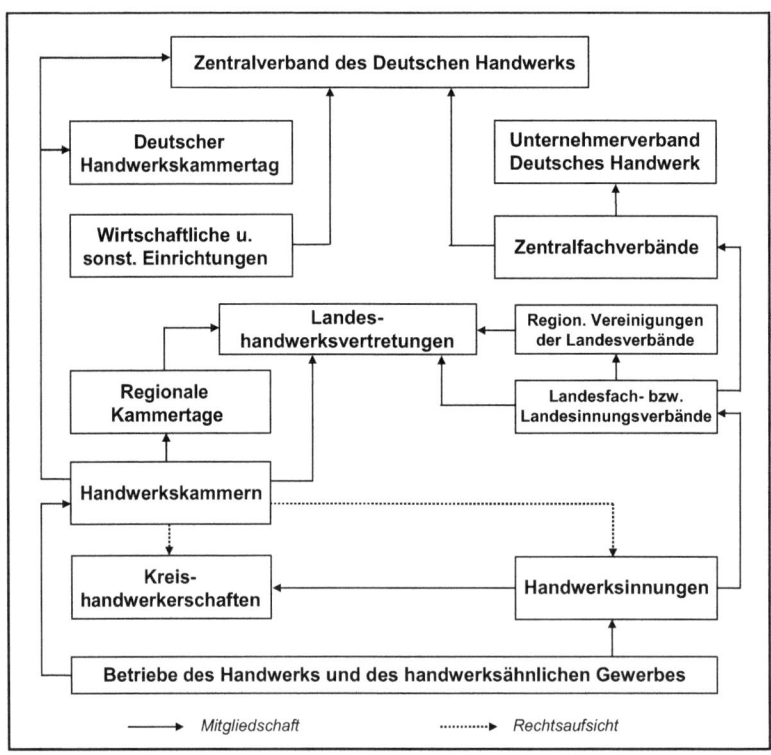

Quelle: ZDH

*Abbildung 5:*    Die Organisation des Deutschen Handwerks

Daneben koordiniert und dokumentiert der ZDH Serviceangebote der Mitliedsorganisationen. So sind beispielsweise sämtliche Betriebsberater des Handwerks bei der Abteilung Gewerbeförderung des ZDH gelistet, ihre Beratungsaktivität wird dort dokumentiert und durch das Beratungs- und Informationssystem im Handwerk (BIS) unterstützt.

*Innungskrankenkassen* (IKK) gehören zwar formal nicht der Handwerksorganisation an, sind jedoch historisch eng mit dem Handwerk verbunden und aus

Präventionsperspektive von einiger Bedeutung. Ursprünglich aus unabhängigen Gesellenorganisationen entstanden, die eine auf Selbsthilfe basierende Risikovorsorge für ihre Mitglieder organisierten, wurden sie im Rahmen der Bismarckschen Sozialversicherungsgesetze mit Aufgaben einer gesetzlichen Krankenkasse betraut. Obwohl spätestens seit 1996 auch Handwerksbeschäftigte ihren Krankenversicherer frei wählen können, zählen sie nach wie vor zur Kernzielgruppe der IKKen („Die Krankenkasse, die ihr Handwerk versteht"). Sie waren es auch, die ab 1986 mit der Einbindung der Krankenkassen in die betriebliche Prävention (§ 20 SGB V) eine Vielzahl von Initiativen und Modellprojekten zur betrieblichen Gesundheitsförderung im Handwerk starteten, auf die in Kapitel 3.1 noch ausführlicher eingegangen wird.

Seit Beginn der 1990er Jahre wurde die dezentrale Strategie- und Transferkompetenz des Handwerks durch so genannte „Umweltzentren" bei einzelnen Handwerkskammern ausgebaut. Wie die Bezeichnung deutlich macht, sollten diese Einrichtungen das Handwerk zunächst bei einem proaktiven Umgang mit den Anforderungen und Chancen des Umweltschutzes unterstützen. Die Deutsche Bundesstiftung Umwelt (DBU) engagierte sich stark in der institutionellen Anschubförderung der Zentren, so dass derzeit bundesweit zehn solcher Zentren existieren. Diese sind zwar organisatorisch in eine Handwerkskammer eingebunden, ihr Tätigkeitsschwerpunkt liegt jedoch im Bereich der Konzept- und Projektarbeit und weniger in der Unterstützung von Linien- und Routinearbeit. In der Zwischenzeit haben sich die Zentren über den Themenschwerpunkt Umweltschutz hinaus zu Kompetenzzentren profiliert, wobei Arbeitsschutz mit zu den ersten Erweiterungsthemen zählte.[1] Das „Zentrum für Umwelt und Arbeitssicherheit" der HWK Koblenz führt die betriebliche Prävention sogar explizit im Namen. Auf die Aktivitäten der Zentren zum Thema Arbeitsschutz ist in Kapitel 3.1 ebenfalls noch ausführlicher einzugehen.

### 2.3.2 Finanzierung, Ressourcen, Organisation und Personal

Die Haushalte der Handwerkskammern werden zu etwa 50% durch Mitgliedsbeiträge und Gebühren gedeckt, die andere Hälfte machen pauschalierte oder zweckgebundene Zuwendungen unterschiedlicher Art aus, die die Handwerkskammern von der EU, dem Bund oder den Ländern erhalten.[2]

---

1 So z. B. beim Zentrum für Umwelt und Energie der HWK Düsseldorf in Oberhausen.
2 Da zur Haushaltsstruktur der HWK keine zentrale Statistik verfügbar ist, stützt sich diese Schätzung auf eine stichprobenartige Sichtung der Haushalte von sechs Handwerkskammern für 2008 bzw. 2009.

Die Handwerksordnung ermächtigt die Kammern, von ihren Mitgliedern Beiträge und Gebühren zu erheben und gibt den Rahmen für die Beitrags- und Gebührenordnungen vor (§ 113 HwO), die ihrerseits in die Satzungshoheit der Vollversammlung fallen (§ 106 HwO). Der Kammerbeitrag wird zumeist in einer Kombination aus Grund- und Zusatzbeitrag erhoben und ist in der Regel an die wirtschaftliche Leistung der Unternehmen gekoppelt. Natürliche Personen, deren Gewerbeertrag 5.200 Euro oder weniger beträgt, sind vom Beitrag befreit. Existenzgründer starten beitragsfrei und werden dann über einen Zeitraum von drei Jahren sukzessive an den regulären Beitrag herangeführt (§ 113 HwO).

Der weit überwiegende Teil der Kammerbudgets wird für Personal und Verwaltungsaufgaben ausgegeben wobei die Personalaufwendungen wiederum größtenteils in die Aus-, Fort- und Weiterbildungsangebote der Kammern fließen.

Der Personalbestand der Handwerkskammern variiert beträchtlich. Er liegt bei der HWK Magdeburg z. B. bei ca. 100, während die Kammer München und Oberbayern ca. 300 Angestellte zählt. Die Relation von Personal zu Mitgliedsunternehmen schwankt zwischen 1:54 und 1:200. Kleine Kammern (7.000. – 11.000 Betriebe) weisen zwar eine nominell günstigere Betreuungsquote auf, haben dafür aber geringere Möglichkeiten der organisatorischen Rationalisierung, z. B. durch thematische oder funktionelle Spezialisierung des Personals.

Die Geschäftsverteilungspläne der Handwerkskammern umfassen in der Regel die drei Mitglieder bezogenen Kernbereiche Recht, Berufsbildung und Wirtschaftsförderung sowie eine interne Verwaltungslinie (inkl. Personal und Controlling) und Stabstellen für Öffentlichkeitsarbeit und Qualitätsmanagement. Hoheitliche Aufgaben wie das Führen der Handwerksrolle sind z. B. in den Rechts-Abteilungen angesiedelt, die Betriebsberatung in der Abteilung „Wirtschaftsförderung". Ähnlich wie bei den Berufskammern und den IHKs ist die Schneidung der Geschäftsbereiche also an den obligatorischen Kernaufgaben der wirtschaftlichen Selbstverwaltung orientiert.


## 2.3.3 Gremienwesen und Mitglieder-Engagement

Wie bei allen Kammerarten umfasst das zentrale Gremiengerüst einer HWK die Vollversammlung, den Vorstand und die Ausschüsse (§ 92 HwO).

Die Handwerksangehörigen eines Kammerbezirks wählen alle fünf Jahre ihre Vertreter in die Vollversammlung der Kammer (§ 96 ff. HwO). Dabei müssen laut HwO alle im Kammerbezirk ausgeübten Gewerke in der Vollversammlung vertreten sein und ein Drittel der Sitze muss für die Arbeitnehmerseite reserviert bleiben. Die Vollversammlung trifft alle wichtigen Entscheidungen, insbesondere die Wahl des Vorstands und die Bestellung der Geschäftsführung, die Besetzung der satzungsmäßigen Ausschüsse sowie den Erlass von Vorschriften zur beruflichen Bildung (z. B. Ausbildungs- und Prüfungsordnungen).

Der Vorstand der HWK besteht aus einem Präsidenten bzw. einer Präsidentin, zwei Stellvertreter/innen und weiteren Mitgliedern. Eine Stellvertretung wird stets von der Arbeitnehmerseite besetzt (der so genannte „Arbeitnehmer-Vize"). Der Vorstand ist für die Verwaltung der Handwerkskammer zuständig und vertritt sie durch den/die Präsident/in bei Rechtsgeschäften mit Dritten.

Ausschüsse sind auch in den Handwerkskammern wichtige operative Organe der Selbstverwaltung. Neben dem gesetzlich vorgeschriebenen Berufsbildungsausschuss (§§ 43 ff. HwO) sind dies vor allem der Rechnungsprüfungsausschuss und der Gewerbeförderungsausschuss.

Bundesweit repräsentative Statistiken zur Beteiligung an den Vollversammlungswahlen der Handwerkskammern werden nicht veröffentlicht. Lediglich einzelne Kammern publizieren gelegentlich Zahlen zur Wahlbeteiligung. So berichtet die HWK Konstanz für 2009 eine Wahlbeteiligung von 16,7%, was gegenüber den 9,3% von 2004 bereits einen deutlichen Aufschwung markiert. Expertenschätzungen sehen die durchschnittlichen Wahlbeteiligungen bei unter 20 % (Wikipedia 2010b).

### 2.3.4 Leitbilder und Legitimation, Selbstdarstellung und Reformdiskurs

Die durchschnittliche Größe der deutschen Handwerksunternehmen liegt bei sieben Beschäftigten und so ist das Selbstverständnis ihrer Kammern noch stärker als das der IHKs durch kleinbetriebliche Bedürfnisse und Interessen geprägt. Deutlich betonen die Handwerkskammern deshalb ein kompensatorisches Aufgabenverständnis: Sie sehen sich speziell den Interessen und dem Unterstützungsbedarf der kleinen Unternehmen verpflichtet, die als einzelne kaum über Ressourcen für wirtschaftspolitische Interessenvertretung oder strategische Unternehmensführung verfügen. Die HWK stellt nach diesem Verständnis eine Art „regionale Stabsstelle" der Handwerker dar, die die fehlenden Ressourcen als Kollektivgüter bereit stellt. Hier ist neben der Interessenvertretung gegenüber staatlichen Stellen und der Organisation der beruflichen Aus-, Fort- und Weiterbildung auch die Betriebsberatung zu nennen. Diese solidargemeinschaftliche Dienstleistungsorientierung wird von der HWK Münster besonders pointiert formuliert:

„Wir sind Ihre ‚Stabsstelle', über die jeder größere Industriebetrieb verfügt, die sich aber kein Handwerksbetrieb allein leisten kann. Wir konzentrieren uns auf die Bereiche, in denen es einen handwerksspezifischen Bedarf an solchen Dienstleistungen gibt."[1]

Die HWK für München und Oberbayern hebt zusätzlich das handwerkliche Solidaritätsprinzip hervor:

„Die Handwerkskammer sorgt für eine gemeinsame und solidarische Vertretung der Anliegen aller Handwerker in Politik und Öffentlichkeit. Nach dem Motto praxisnah und fachkundig bietet die Handwerkskammer maßgeschneiderte Beratung für ihre Mitglieder. Das Leistungsspektrum umfasst sämtliche Bereiche des betrieblichen Alltags. Von A wie Arbeitsrecht bis U wie Umwelt."[2]

Der Grundgedanke genossenschaftlicher Gütererstellung wird durch die Abteilung Gewerbeförderung im ZDH explizit am Beispiel der Betriebsberatung verdeutlicht:

„Aufgrund der Struktur der Handwerksbetriebe - in der Regel handelt es sich um kleine Betriebe mit einer durchschnittlichen Beschäftigtenzahl von sieben Mitarbeitern - können im Gegensatz zu größeren Unternehmen Fragen aus der Betriebswirtschaft und Technik nicht von mit hoch qualifizierten Mitarbeitern besetzten Stabsstellen behandelt werden. Viele handwerkliche Unternehmen sind zudem anders als durchschnittliche KMU unterschiedlichsten Anforderungen aus Gesetzen, Verordnungen, Normen und Richtlinien ausgesetzt, die sie aufgrund der geringen Größe und der fehlenden Ausbildung eines entsprechend differenzierten dispositiven Faktors nicht aus dem eigenen Unternehmen heraus beantworten können, (…) so dass berufsständische Informationsstellen in Kammern und Verbänden eine unentgeltliche Alternative anbieten müssen. Die größenbedingten Nachteile, die zu einer Markt- und Wettbewerbsverzerrung führen, sollen also durch die Arbeit der Informations- und Beratungsstellen effizient und volkswirtschaftlich kostengünstig ausgeglichen werden."(ZDH 2008)

Ferner verstehen sich die Handwerkskammern mit ihren Serviceleistungen auch als Scharnier zwischen Handwerksunternehmen und Forschung. Während es einzelnen Handwerksunternehmen schwer fällt, mit Forschungseinrichtungen zu kooperieren, sind ihre Kammern in der Lage, Bündelungs- und Vermittlungsfunktionen gegenüber beiden Seiten wahrzunehmen und dadurch den Technologie- und Wissenstransfer in das Handwerk zu befördern.

Wie Berufskammern und IHKs haben auch Handwerkskammern ihre Fundamentalkritiker. So wendet der „Bundesverband für freie Kammern e. V." (früher: IHK-Verweigerer e. V.) auf die Handwerkskammern ähnliche Argumente wie auf die IHKs an. Die „Dissidentenbewegung" informiert über ihre Homepage[3] über mutmaßlich Skandalöses aus der Kammerlandschaft, stellt Argumen-

---

1 http://www.hwk-muenster.de/index.php?id=543 (17.03.2011)
2 http://www.hwk-muenchen.de/74,185,12.html (04.08.2008)
3 www.kammerwatch.de

te gegen Kammern und Pflichtmitgliedschaft zusammen und bietet der Kritikergemeinde die Möglichkeit zum Austausch. Zudem versucht der Verband gezielt Vertreter in die Vollversammlungen der Kammern zu bekommen. Neben einzelnen Handwerkskammern hat der Verein den ZDH verstärkt ins Visier genommen. In einer Rubrik „Inside ZDH" wird nach der Wiki-Leaks-Methode kompromittierend aus dem Dachverband informiert.

Die Hauptkritikpunkte sind über das gesetzliche Mandat hinausgehendes politisches Engagement, die bevorzugte Vertretung der Interessen großer Handwerksunternehmen und eine unsachgemäße Verwendung der als unangemessen hoch eingeschätzten Beitragsmittel. Die allgemein niedrige Beteiligung an den Wahlen zur Vollversammlung wird als Beleg für eine politische Legitimationskrise herangezogen.

Zusätzlichen Rückenwind erhielten die Kammerkritiker durch die Debatte um den so genannten „Meisterzwang", die Notwendigkeit des „großen Befähigungsnachweises" (Meisterbrief) für die Ausübung eines Vollhandwerks. Vom organisierten Handwerk wird der Meisterbrief als unverzichtbares „Qualitätssiegel" handwerklicher Produktion und Dienstleistung reklamiert, von seinen neoliberalen Kritikern als Blockierung der Gewerbefreiheit und Arbeitsmarktbremse. Im Zuge der Deregulierungen, die die Arbeitsmarktreformen des so genannten Hartz-Programms begleiteten, wurde 2004 der „Meisterzwang" für über 50 Handwerke aufgehoben, was den Kritikern des Meisterbriefes aber längst nicht weit genug ging (vgl. Brenke 2008: 57f.).

Spätestens seit den 1990er Jahren wird auch innerhalb des Handwerks ein konstruktiv-kritischer Modernisierungsdiskurs geführt. Dabei wird versucht, die natürlichen Stärken des Handwerks zur Grundlage einer auf Nachhaltigkeit und Innovation abzielenden Strategie zu machen. Wesentliche Startimpulse kamen dabei nicht zufällig aus dem Umfeld des ersten handwerklichen Kompetenzzentrums, der Zukunftswerkstatt in Hamburg (vgl. Brüggemann/ Riehle 1995; Ax 1997). Brüggemann und Riehle (1995) sehen im Handwerk sowohl hinsichtlich seines Produkt- und Dienstleistungsspektrums[1] als auch wegen seiner eher Ressourcen schonenden Produktionsweise ein hohes Potenzial im Rahmen einer nachhaltigen Wirtschaftsweise. Die für seine Erschließung notwendige Innovationsstrategie müsse allerdings an den spezifischen Stärken kleinbetrieblicher Produktion ansetzen (z. B. qualifikationsbasierte Flexibilität, direkte Kommunikation usw.) und zugleich die Handwerksorganisation als zentrale institutionelle Ressource nutzen. Sie hat im Innovationsprozess die Rolle einer Vermittlerin und Vernetzerin zwischen einzelnen Betrieben und Gewerken, aber auch zu

---

1 In der Studie konzentrieren sich Brüggemann und Riehle auf das Sanitär-, Heizungs- und Klimahandwerk.

Institutionen außerhalb des Handwerks wie z. B. der Wissenschaft. Ihre Dienstleistungsangebote sollten darauf ausgerichtet sein, Innovationsfähigkeit als „betriebliche Alltagsaufgabe" (ebd.: 158) zu integrieren. Dazu sei es unter anderem notwendig, die strikt nach Themen getrennte Einzelberatung in eine integrierte „Innovationsberatung" (ebd.: 159) zu transformieren und Beratungsleistungen enger mit Schulungsangeboten zu verzahnen. Diese Funktion wahrzunehmen erfordere natürlich auf Seiten der Handwerksorganisation die Überwindung von „Trägheit" und „Innovationsresistenz".

Christine Ax (1997) differenziert diese Grundidee in ihren Überlegungen zum „Handwerk der Zukunft" zu einem Leitbild aus. Sie begründet empirisch-systematisch, dass das Handwerk aufgrund seiner spezifischen Produktionsweise den Anforderungen eines nachhaltigen Wirtschaftens in besonderer Weise gerecht werden kann. Viele Strukturfaktoren des Handwerks, die aus der Perspektive einer auf Massenproduktion und quantitatives Wachstum orientierten Ökonomie Schwächen darstellen (Personalintensität, Lokalität, Subsistenzwirtschaft usw.), erweisen sich unter der Nachhaltigkeitsprämisse als strategische Zukunftspotenziale. Ax macht dies an plakativen Leitbildfacetten fest wie „Wochenmarkt statt Weltmarkt", „Maßproduktion statt Massenproduktion", „Reparieren statt wegwerfen" und „Weniger ist mehr" (Ax 1997: 47ff.).

Nach der Jahrtausendwende setzte sich dieser strategische Modernisierungsdiskurs im Kontext verschiedener Projekte und Programme in unterschiedliche Richtungen fort. Im Zuge des Projektes „Handwerks-Preis 2005" präsentierten die Bertelsmann-Stiftung und der ZDH „Strategien für ein zukunftsfähiges Handwerk" (Bertelsmann-Stiftung/ ZDH 2005), die vor allem Optionen für die Markterschließung und -sicherung fokussierten (Filialisierung, behutsame Internationalisierung, Unternehmenskooperationen, Fertigungsverbünde). Der hohe Fachkräftebedarf des Handwerks hat u. a. das Thema familienfreundlicher Arbeits- und Beschäftigungsbedingungen auf der programmatischen Agenda etabliert (BMFSFJ 2006), wobei auch Aspekte der Work-Live-Balance einbezogen wurden.

Seit 2009 plant der ZDH eine auf mehrere Jahre und verschiedene Kommunikationskanäle ausgelegte Imagekampagne „Das Handwerk. Die Wirtschaftsmacht von nebenan". Die inhaltlich-konzeptionellen Eckpunkte dieser Kampagne[1] machen deutlich, dass viele Topoi der jüngeren Modernisierungsdiskussion inzwischen Eingang in die offizielle strategische Positionierung des deutschen Handwerks gefunden haben. Dabei werden vor allem seine Leistungen für ökologische Nachhaltigkeit (Ressourcenschonung, Dienstleistungen im Ressour-

---

[1] Vgl. dazu das Konzeptpapier „Handwerk ist mehr" (ZDH 2009) des ZDH-Beirates „Unternehmensführung im Handwerk".

cenmanagement) und Sozialintegration (Beschäftigungs- und Ausbildungsvolumen, Arbeitsqualität) als „Markeneigenschaften" hervorgehoben.

Vor diesem Hintergrund überrascht es kaum, dass sich das Handwerk recht selbstbewusst an der laufenden Debatte über Corporate Social Responsibility beteiligt. Ablesen lässt sich dies an einem CSR- Praxisleitfaden (ZDH et al. o. J.) für kleine Betriebe, den die Handwerkskammern Düsseldorf, Münster, Hamburg und Trier gemeinsam mit dem ZDH verantworten. Hier wird vor allem die Qualität der Arbeit mit Blick auf Mitarbeiterkommunikation, die Schaffung gemeinsamer Werte und nicht zuletzt auf sichere und gesunde Arbeitsbedingungen thematisiert. Das dabei vorgeschlagene betriebliche Handlungsmodell zeigt weitgehende Übereinstimmungen mit dem Konzept, das die Handwerkskammer Düsseldorf mit Unterstützung der Sozialforschungsstelle Dortmund in den Projekten „ArGU!ment" und „Gesundes Handwerk" erarbeitet hat (vgl. Kap. 3.1).

Über den auf Humanressourcen und Arbeitsqualität zentrierten Modernisierungsdiskurs im Handwerk scheint sich also (zumindest auf programmatischer Ebene) ein zunehmend konstruktives und sektorspezifisches Verhältnis zu „Arbeit und Gesundheit" zu entwickeln.

### 2.3.5 Handwerkskammern als Kommunikations- und Serviceplattform für ihre Mitglieder

Neben der Erfüllung der hoheitlichen Aufgaben halten die Handwerkskammern ein vielseitiges Serviceangebot für ihre Mitglieder vor. In den folgenden Abschnitten wird ein Überblick über Online- und Printmedien der Handwerkskammern, Informations- und Erfahrungsaustauschsangebote, die Betriebsberatung und Fort- und Weiterbildungsaktivitäten gegeben.

Eine wichtige Servicefunktion der Handwerkskammern ist die Mitgliederinformation über aktuelle handwerksrelevante Entwicklungen und Entscheidungen. Auch die Handwerkskammern bedienen sich dabei u. a. eigener *Periodika*, die zumeist als Regionalbeilage einer in mehreren Kammerbezirken erscheinenden Zeitschrift vertrieben werden. Häufig haben die Regionalbeilagen den Status des offiziellen Mitteilungsorgans der Kammer und der Bezug der Zeitschrift ist im Mitgliedsbeitrag enthalten. Die Zeitschriften informieren aus der Perspektive des Handwerks über tagespolitische Themen, Aktivitäten der Handwerksorganisation und geben praktische Tipps für Handwerker. Hinter den meisten Zeitschriften steht ein umfassenderer Internetauftritt, der zusätzliche Themen aufgreift und Beiträge aus der Druckausgabe vertieft. Teilweise werden hier auch Themen außerhalb der dominierenden Bereiche Politik, Recht, Betriebsführung und Technik angeschnitten.

Auch für die Informationsangebote der Handwerkskammern hat das *Internet* inzwischen einen hohen Stellenwert. Alle betreiben eigene Homepages, die Informationen zu den Aufgabenbereichen der Kammer zur Verfügung stellen. Hier finden sich rechtliche Neuerungen, Daten zur Handwerkswirtschaft, Bildungsangebote und Ausbildungsordnungen, Aktuelles aus Selbstverwaltung und Handwerksorganisation, Veranstaltungshinweise, Praxistipps usw. usf. Ferner finden sich Links zu weiteren Handwerkseinrichtungen wie Innungen, dem regionalen Handwerkskammertag und den ZDH. Breiten Raum nimmt die Darstellung von Serviceleistungen ein: Hier wird u. a. über die Betriebsberatung informiert, Beratungsthemen und zuständige Berater/innen werden genannt. Etliche Kammern bieten Online-Börsen an (Lehrstellenbörsen, Gerätebörsen, Kooperationsbörsen etc.) und stellen umfassende Downloadbereiche mit Informationsblättern und Formularvordrucken (z. B. Ausbildungsverträge zu Verfügung). Viele Handwerkskammern geben eigene Newsletter heraus.

Neben der umfangreichen Information gehört auch die Förderung des Austauschs der Mitglieder zu den Serviceleistungen der Handwerkskammern. Diesem Zweck dienen zum einen Kooperations- und Kontaktbörsen zu den unterschiedlichsten Themen, Arbeitskreise und themenbezogene kammeröffentliche Veranstaltungen. Häufig werden Themenabende angeboten, auf denen Fachinformationen vermittelt werden und im Anschluss die Möglichkeit der Diskussion besteht; der Übergang zwischen Information und Erfahrungsaustausch ist also fließend. Häufig behandelte Themen sind Marketing, Innovationen, Auslandsmärkte, demografischer Wandel, Vorstellung der Kammerarbeit, Existenzgründung, Rente- und Vorsorge. Einige Veranstaltungen wie z. B. Existenzgründertreffen richten sich auch an bestimmte Zielgruppen.

Zu den herausragenden hoheitlichen Aufgaben der Handwerkskammern zählen Regelung und Aufsicht im Bereich der Aus-, Fort-, und Weiterbildung im Handwerk. Neben Ausbildungsgängen und Prüfungsvorbereitungen zur Erlangung anerkannter Berufstitel werden Fort- und Weiterbildungsangebote zu einer breiten Themenpalette vorgehalten. Etliche Handwerkskammern sind im Laufe der Zeit dazu übergegangen, ihre immer umfangreicheren und differenzierteren Bildungsangebote in eigene Bildungszentren auszulagern.

Bei der konzeptionellen Planung und curricularen Vorbereitung von Weiterbildungsangeboten sowie bei der Erstellung von Lehr- und Lernmaterialien übernimmt die „Zentralstelle für Weiterbildung im Handwerk e. V." (ZWH) eine wichtige Stabsfunktion für die Handwerkskammern. Die ZWH wurde 1998 von Handwerkseinrichtungen als Verein gegründet, dem u. a. 50 Handwerkskammern angehören. Zum Leistungsspektrum gehören Lehrgangskonzepte und -materialien z. B. für die überbetriebliche Lehrlingsausbildung, die Vorbereitung zur Meisterprüfung oder die Nutzung neuer Techniken und Verfahren. Weiterhin werden Ausbilder, Dozenten und Prüfer geschult und Bildungseinrichtungen des Handwerks methodisch-didaktisch beraten, z. B. bei der Einführung neuer Vermittlungstechniken wie *e-learning*, *blended learning* oder von Konferenzsystemen. Daneben pflegt die ZWH eine Dozentendatenbank, in dem die Kammern themenspezifisch qualifiziertes Personal suchen können.

### 2.3.6 Betriebsberatung im Handwerk

Was das Dienstleistungspotenzial der Handwerkskammern markant von dem anderer Kammerarten unterscheidet, ist eine gut ausgebaute Infrastruktur für die Betriebsberatung. Diesem „Alleinstellungsmerkmal" wurde im PräTrans-Projekt deshalb besondere empirische Aufmerksamkeit geschenkt, was die nachfolgende vertiefte Darstellung begründet.

Das Netzwerk der Betriebsberatung im Handwerk umfasste zum Zeitpunkt unserer Untersuchung 875 Beraterinnen und Berater, von denen 583 organisatorisch der Kammer-Linie und 292 der Innungs-Linie zugeordnet waren. Die Kammer-Berater/innen sind entweder direkt in die Linienorganisation der Kammern integriert oder bei den Landesgewerbeförderstellen angesiedelt, die Innungs-Berater/innen arbeiten überwiegend bei den Innungsfachverbänden, zum geringeren Teil auch bei größeren Einzelinnungen. Bundesweit wird die Betriebsberatung im Handwerk durch den ZDH, Abteilung Gewerbeförderung, betreut und koordiniert. Hier wird unter anderem die Tätigkeit aller Handwerksberater dokumentiert und bilanziert (Anzahl und Thema der Beratungen, Zufriedenheit der Klienten etc.), außerdem wird deren Weiterbildung koordiniert. Das ebenfalls vom ZDH betreute Beratungs- und Informationssystem (BIS) ermöglicht Handwerksunternehmer/innen die Suche nach regional und thematisch zuständigen Beratern. Als internetbasierter First-Level-Support enthält das BIS aber auch von den Betrieben direkt nutzbare Informationen, Analyseinstrumente und Handlungshilfen.

Intern werden Beratende und Beratungen grob danach klassifiziert, ob sie technischer oder betriebswirtschaftlicher Provenienz sind. Nach Angaben des ZDH (vgl. ZDH 2005) ist das Verhältnis zwischen technisch und betriebswirtschaftlich Beratenden bundesweit in etwa ausgeglichen. Generell haben betriebswirtschaftliche Themen (wie etwa Marketing) im Laufe der Zeit gegenüber technischen Themen an Bedeutung gewonnen. Nachfolgende Tabelle gibt einen Überblick über die thematische Gliederung der Beratungsschwerpunkte.

Tabelle 4 weist unter anderem das Thema „Arbeitsschutz" als regulären Beratungsinhalt aus. Tatsächlich verfügen größere Beratungsstäbe von Handwerksorganisationen nicht selten speziell fortgebildetes Personal, z. B. Ingenieure mit der Fortbildung zur Fachkraft für Arbeitssicherheit nach dem Arbeitssicherheitsgesetz. In der Regel sind diese Experten nicht nur für die Mitgliederberatung zuständig, sondern zugleich innerhalb der jeweiligen Handwerksorganisation als Fachkraft für Arbeitssicherheit bestellt, beraten also auch die eigene Geschäftsführung in ihrer gesetzlichen Verantwortung für den Arbeits- und Gesundheitsschutz ihrer Angestellten.

| Schwerpunkt „Technik" | Schwerpunkt „Betriebswirtschaft" |
|---|---|
| Arbeitsschutz | Außenwirtschaft |
| Bau- und Planungsrecht | Ausbildung |
| EDV | Betriebswirtschaft |
| Internet/ E-Commerce | Existenzgründung/ Starter-Shop |
| Formgebung/ Denkmalpflege | Marketing |
| Innovationen | Recht |
| Messewesen | Runder Tisch |
| Qualitätsmanagement | |
| Technik | |
| Technologietransfer | |
| Umweltschutz | |
| **Querschnittsthemen**: | |
| Frauenförderung, Fachkräftevermittlung, Zulieferwesen, EU-Beratung | |

Quelle: ZDH, Abteilung Gewerbeförderung

*Tabelle 4:* Themen der Betriebsberatung im Handwerk

Die Betriebsberatung im Handwerk ist allerdings nicht mit der prozesshaften Einzelfallberatung zu vergleichen, wie sie von kommerziellen Beratungsunternehmen angeboten wird. Es handelt sich eher um eine Initialberatung im Sinne einer „qualifizierten Informationsvermittlung" (ZDH 2005) oder „Hilfe zur Selbsthilfe" für Unternehmen, die eine rasche, praktische Hilfestellung für ein gut eingrenzbares Problem brauchen. Ein solches Beratungsprodukt wäre für gewerbliche Berater wirtschaftlich nur dann interessant, wenn daraus lukrative Folgeberatungen entstünden, die sich jedoch nur wenige Handwerksunternehmer leisten können. Die Betriebsberatung im Handwerk sieht sich deshalb auf einem Segment tätig, das für das Handwerk überlebenswichtig ist, zu marktüblichen Konditionen aber nicht versorgt werden kann. Diese mittelstandspolitische Kompensationsfunktion ist die zentrale Legitimationsgrundlage der Handwerksberatung, in die neben Eigenmitteln der Handwerksorganisation auch öffentliche Fördermittel in beträchtlichem Umfang fließen.

Aktuelle Daten zur Praxis der Betriebsberatung des Handwerks wurden im Rahmen des PräTrans-Projektes durch eine Online-Befragung gewonnen, die die Sozialforschungsstelle Dortmund im Sommer 2007 in Kooperation mit dem ZDH durchgeführt hat. An der Umfrage nahmen insgesamt 98 Beratende teil.[1]

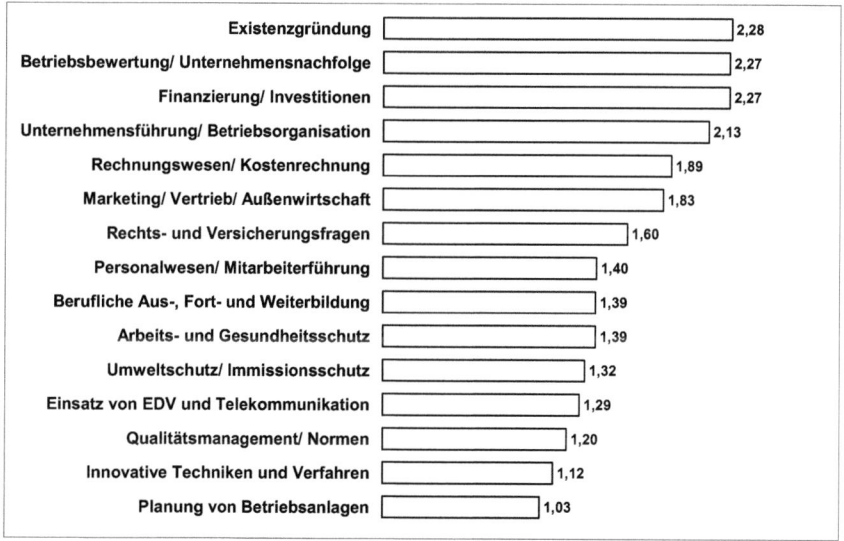

Der Zahlenwert ist das Mittel der fünf vorgegebenen Ausprägungen 4: „hat herausragendes Gewicht" bis 0: „mache ich gar nicht"; theoretisches Maximum = 4 (Mehrfachnennungen; N = 98)
Quelle: Befragung von Betriebsberatern im Handwerk, © sfs 2008

*Abbildung 6:*    Relatives Gewicht von Themen im Zeitbudget der Beratenden

Zur thematischen Struktur der Beratungsleistung lässt Abbildung 6 erkennen, dass betriebswirtschaftliche Probleme durchweg den höchsten Anteil der Beratungszeit unseres Samples auf sich ziehen. Technische Themen werden dagegen entweder seltener nachgefragt oder die Beratung nimmt weniger Zeit in Anspruch; auf jeden Fall sind sie im Zeitbudget generell niedriger gerankt. Der ZDH kommt in einer Auswertung seiner Beratungsstatistiken zu einer ähnlichen Verteilung der Beratungsthemen und zieht daraus den plausiblen Schluss, „dass

---

1 Zur Methodik sowie weiteren Detailbefunden vgl. die Ergebnisdokumentation im Materialband sowie Kapitel 5.3.2.

die Defizite in der Betriebsführung im Handwerk insbesondere in den kaufmännischen Bereichen liegen" (ZDH 2005: 4).

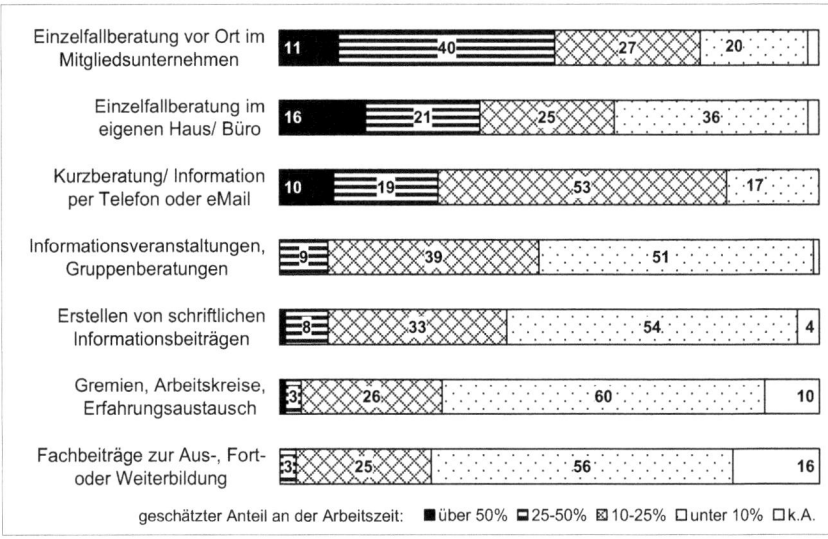

(Angaben in %; Mehrfachnennungen; N = 98);
Quelle: Befragung von Betriebsberatern im Handwerk ©, sfs 2008

*Abbildung 7:*   Methoden der Handwerksberatung nach zeitlichem Gewicht

Näheren Aufschluss über die vorherrschenden *Formen* der Beratung des handwerklichen Klientels gibt Abbildung 7. Deutlich dominieren dabei Einzelfallberatungen vor eher kollektiven Formen wie Gruppenberatungen, Bildungs- und Informationsveranstaltungen. Bei den Einzelfallberatungen wiederum bildet die Face-to-Face-Kommunikation im Mitgliedsunternehmen und (seltener) im Beraterbüro den zeitlich bedeutsamsten Posten, vor der Beratung per Telefon oder eMail.

Unseren Interviews mit Betriebsberatern lässt sich entnehmen, dass Einzelfallberatung im Mitgliedsunternehmen oder im Büro der Beratenden bei komplexeren Problemstellungen, etwa bei der Einführung von Qualitätsmanagementsystemen, zum Tragen kommt. Kurzberatung per Telefon oder E-Mail richtet sich zumeist auf Probleme, die sofort oder nach kurzer Recherche der Beratenden gelöst werden können.

114

Unter einer vertiefenden Clusteranalyse teilte sich die Berater-Stichprobe in zwei etwa gleich große Gruppen mit unterschiedlichem „Beratungsstil": Eine Gruppe ist zum überwiegenden Teil mit Einzelfallberatung beschäftigt, sowohl im Mitgliedsunternehmen wie im eigenen Haus. Auch Kurzberatung per Telefon oder eMail spielt eine wichtige Rolle. Die Beratenden dieses Clusters haben fast ausschließlich Handwerkskammern als organisatorischen Background und zu zwei Dritteln ein betriebswirtschaftliches Kompetenzprofil. Der Frauenanteil ist mit 36% wesentlich höher als im zweiten Cluster (19%).

Die im Cluster B versammelten Berater haben eine weniger starke Fokussierung auf die Einzelfallberatung und einen Bias bei der Kommunikation per Telefon oder eMail. Weitaus bedeutsamer sind hier auch „systemische" Beratungsformen via Multiplikatoren und Medien. Das Cluster besteht zu fast zwei Dritteln aus technischen Beratern, der Frauenanteil ist um fast die Hälfte niedriger und die meisten sind in der Innungslinie tätig.

# 3 Kammeraktivitäten im Themenfeld „Arbeit und Gesundheit"

Im vorangegangen Kapitel wurden die drei Kammerarten auf *strukturelle Ressourcen* für eine thematische Perspektiverweiterungen in Richtung Prävention untersucht. Als Zwischenergebnis kann festgehalten werden, dass sowohl auf institutioneller Ebene (formale Regelsysteme, Aufträge, Kompetenzen) sowie hinsichtlich der organisationalen Ressourcen (Infrastrukturen für Dialog und Dienstleistung) und der thematischen Anschlüsse (Kommunikationspotenzial) Optionen bestehen, sich dem Thema Erwerbsarbeit und Gesundheit stärker zuzuwenden. Kapitel 3 wechselt nun die analytische Perspektive und fragt, welche Erkenntnisse über Potenziale der Themenintegration sich aus dem bisherigen praktischen Umgang mit der Thematik „Arbeit und Gesundheit" gewinnen lassen.

## 3.1 Handwerksorganisation: Arbeitsschutz als „Randthema" fest etabliert

Im deutschen Handwerk hat die praktische Beschäftigung mit den Themen „Arbeitsschutz" und „betriebliche Gesundheitsförderung" durchaus je eigene Traditionslinien.

So sind Probleme des *normierten Arbeitsschutzes* (Unfallverhütung, Arbeitssicherheit, sozialer Arbeitsschutz etc.) seit längerem Bestandteil der Beratungstätigkeit der Handwerksorganisationen. Zwar gehört die Thematik „Arbeit und Gesundheit" gewiss nicht zu den bedeutendsten, schon gar nicht zu den populärsten Themen des Handwerks. Stets haben jedoch vor allem kleine Handwerksunternehmen erheblichen Unterstützungsbedarf bei der Interpretation und Umsetzung neuer Vorschriften und bei den damit häufiger einhergehenden Konflikten mit Aufsichtsinstitutionen des Arbeitsschutzes angemeldet. Vor allem aus diesem Grund ist sowohl in der Kammer- wie in der Innungslinie (Fachverbände) Arbeitsschutz-Fachkompetenz zur Beratung der Mitglieder installiert. Es lässt sich also durchaus behaupten, dass der klassische Arbeitsschutz als Thema zwar nicht prominent, aber durchaus dauerhaft (und projektunabhängig) in der

Handwerksorganisation verankert ist. Da das präventive Potenzial der *Handwerksberatung* Gegenstand einer eigenen PräTrans-Modellentwicklung war, gehen wir darauf in Kapitel 5 noch ausführlich ein.

Darüber hinaus gab und gibt es in der Handwerksorganisation immer wieder Modellvorhaben zur Begründung einer handwerksspezifischen Arbeitsschutz-Konzeption. Ein relativ frühes Beispiel dafür ist das Projekt „Integrierte Weiterbildungs- und Betriebsberatung zum Arbeits- und Gesundheitsschutz im Handwerk" (ArGU!ment) der Handwerkskammer Düsseldorf, das an deren „Zentrum für Umwelt und Energie" in Oberhausen angelagert war.[1]

Ziel war, den Arbeitsschutz behutsam und pragmatisch, aber systematischer als bislang, in den handwerklichen Betriebsalltag zu integrieren (Pröll 1998). Ein wesentliches Ergebnis der Projektlinie war ein einfaches internetbasiertes Informationssystem zum Arbeits- und Gesundheitsschutz im Handwerk. Dieser „Info-Manager" verknüpft die Funktion einer kommunikativen Beurteilung des betrieblichen Präventionsstatus (im Sinne der gesetzlich vorgeschriebenen „Gefährdungsbeurteilung" nach § 5 ArbSchG) mit der Unterstützung des laufenden Informationsmanagements im kleinbetrieblichen Arbeitsschutz (Fromm/ Pröll 2000: 179). Die Plattform umfasst zwei Hauptebenen: Die erste Ebene dient der Gefährdungsbeurteilung und Maßnahmenwahl, auf der zweiten Ebene werden Informations- und Beratungseinrichtungen vorgestellt und einfache Hilfsmittel für die eine kleinbetriebliche Arbeitsschutzadministration (Formblätter, Formulare, Standardbriefe) zum Download vorgehalten.[2] Die Entwicklung des Info-Managers orientierte sich bereits am Handlungsmodell eines pragmatischen kleinbetrieblichen Gesundheitsmanagements (vgl. Kap. 1.2.1). Um das zugrunde liegende Leitbild transparent und diskursfähig zu machen, gab die HWK Düsseldorf eigens eine programmatische Broschüre mit dem Titel „Gesundes Handwerk" heraus.

An der Gestaltung einzelner (gewerkespezifischer) Module des Info-Managers wirkten die Handwerkskammer und Innungen bzw. Fachverbände im Rahmen von Facharbeitskreisen mit. Speziell für den vertieften Dialog mit Institutionen und Professionen des Arbeitsschutzes wurde das Konzept einer zweitägigen Weiterbildungsveranstaltung *„LernWerkstatt Prävention im Handwerk"* für Aufsichtsbeamte, Sicherheitsfachkräfte und Betriebsärzte entwickelt und 1999 erfolgreich pilotiert.

---

1 Das Projekt (ab 1996) wurde von der Sozialforschungsstelle Dortmund wissenschaftlich begleitet und von der Europäischen Kommission sowie dem Arbeitsministerium des Landes Nordrhein-Westfalen gefördert. Zusammen mit zwei kleineren Nachfolgeprojekten war es der Auftakt zu einer bis 2001 laufenden Projektlinie zu handwerksspezifischen Präventionskonzepten (vgl. Pröll 1998).
2 Der „Info-Manager" ist im Internet zu finden unter
http://www.hwk-duesseldorf.de/ablage/projekte/176/index.htm (17.03.2011).

Das Projekt führte zu einem temporären und regionalen Thematisierungs-schub und brachte einige prototypische Instrumentenansätze (Leitbildbroschüre, Online-Handlungshilfe) hervor. Nach Auslaufen der Drittmittelförderung, die immer auch mit personellen Ein- und Umbrüchen verbunden ist, wurden die notwendigen und geplanten Bemühungen um die Optimierung und Integration der Ergebnisse in die Routine der Handwerksorganisationen nicht mehr mit der erforderlichen Energie weiter betrieben. Die mit der Projektlinie „Gesundes Handwerk" begründete Plattform wurde vor allem nicht systematisch für intensi-vere Kooperationen mit den lokalen Beratungseinrichtungen bei Handwerks-kammern, Landesgewerbeförderung und Innungsverbänden genutzt und dadurch gefestigt.

Im 2005 gestarteten Modellvorhaben „Gesund und sicher im Kleinstbetrieb" (GUSIK)[1] wurde eine kleinbetriebstaugliche Regelbetreuung von Handwerksun-ternehmen (gemäß Arbeitssicherheitsgesetz) nach dem so genannten „Pool-Modell" erprobt. Dabei übernimmt es eine Handwerksorganisation, branchen-homogene Cluster von Kleinbetrieben aus ihrer Mitgliedschaft zu akquirieren und diesem Pool ein festes Betreuungstandem aus Betriebsarzt bzw. -ärztin und Fachkraft für Arbeitssicherheit zuzuweisen. Die Präventionsexperten sind dabei gehalten, ihre Leistungen gegenüber den Pool-Unternehmen zu koordinieren und kleinbetriebsgerecht auszugestalten. So genannte „Pool-Veranstaltungen" sollen die Kommunikation zwischen allen Beteiligten vertiefen und damit den Stellen-wert des Präventionsthemas stärken. Solche Unternehmerpools wurden für die Metallbranche in Rheinland-Pfalz sowie für Steinmetzbetriebe in Thüringen unter Federführung der Handwerkskammer Koblenz bzw. der Handwerkskam-mer Südthüringen erprobt. Im Rahmen der Modellversuche wurden eine Vielzahl von Praxisinstrumenten für das Pool-Management entwickelt, die in einem „Ma-nual" (Franke et al., 2008) und einer umfangreichen Tool-Box dokumentiert sind.[2] Formative oder summative Evaluationsbefunde wurden allerdings nicht publiziert, ebenso wenig werden die Diffusionschancen des Modells systema-tisch diskutiert, so dass die Erfolgsaussichten des ausdrücklich angestrebten Breitentransfers innerhalb des Handwerks kaum zu beurteilen sind.

Während das organisatorische Gerüst des Betreuungsmodells mit seinen subsidiären und gruppenkommunikativen Elementen gegenüber klassischen Betreuungsformen durchaus als innovativ bezeichnet werden kann, erschöpft sich die inhaltliche Ausrichtung des Modells – soweit dies an seiner Instrumen-tierung ablesbar ist – weitgehend in klassischen Themen und Praktiken des Ar-

---

1 Das Projekt *GUSIK* (2005-2008) wurde durch das Bundesarbeitsministerium im Programm „Mo-dellvorhaben zur Bekämpfung arbeitsbedingter Erkrankungen" gefördert und von der Bundesanstalt für Arbeitsschutz und Arbeitsmedizin betreut.
2 Vgl. http://www.gusik.info/

beitsschutzes (Gefährdungsbeurteilung, Gefahrstoffmanagement, Unterweisungen usw.). Diese thematischen Restriktionen sollten im Nachfolgeprojekt NOAH offensichtlich überwunden werden, das sich einem „nutzenorientierten und kostenreduzierten Arbeitsschutz mit integrierter Gesundheitsförderung" verpflichtet sieht.[1] In NOAH setzt ein Forschungsverbund unter Leitung des Instituts für Technik der Betriebsführung im Handwerk (itb) zusammen mit einer Reihe von regionalen Handwerksorganisationen die Suche nach speziell auf das Handwerk zugeschnittenen Präventionskonzepten fort.

Der präventionsstrategische Ansatz des NOAH-Projektes (vgl. Ritter/ Schulte 2010: 43ff.) greift zentrale Leitgedanken eines handwerksspezifischen Präventionskonzeptes auf, das die Sozialforschungsstelle Dortmund bereits Ende der 1990er Jahre als Ergebnis mehrjähriger F&E-Projekte der Fachöffentlichkeit präsentiert hatte (Pröll 1998 und 2000; Fromm/ Pröll 2000). Trotz der Selbstverpflichtung auf „Gesundheitsförderung" und Salutogenese-Konzept zielen die Modellinterventionen des Projektes überwiegend auf ein kleinbetriebstaugliches Management von *Arbeitsschutz*. Dessen theoretisch-konzeptionelle Vorbilder wie Business-Excellence-Modell der EFQM, St. Gallener Managementmodell, nachhaltige Unternehmensführung oder Arbeitsschutz-Managementsysteme (vgl. Schulte/ Ritter 2010: 24) wurden allerdings nicht gerade aus der Kleinbetriebsperspektive entwickelt.

Gesundheitsförderung wird im NOAH-Instrumentenkoffer vor allem durch ein so genanntes „Arbeitsbewältigungs-Coaching®" repräsentiert, das auf dem Konzept des „Arbeitsbewältigungs-Index" (ABI) von Ilmarinen und Tempel basiert (Frevel 2010; zum Ursprungskonzept vgl. Tempel/ Geißler/ Ilmarinen 2010). Durch eine systematische Erfassung von Arbeitsbewältigungsproblemen über Beschäftigteninterviews wird signifikanter verhältnis- und verhaltenspräventiver Handlungsbedarf gleichsam direkt an der Quelle ermittelt.[2]

Der Kern des in drei regionalen „Anwendernetzwerken" erprobten Modells besteht darin, zehn bis zwölf Handwerksbetriebe einen vollständigen Arbeitsschutzmanagement-Zyklus von der Selbstbeurteilung über die Maßnahmenplanung bis zur Umsetzung und Evaluation absolvieren zu lassen, um sie damit für einen „Arbeitsschutz mit System und integrierter Gesundheitsförderung" zu initialisieren. Anschließend werden sie in die Obhut einer bedarfsorientierten Regelbetreuung (wie zuvor im GUSIK-Projekt erprobt) oder des Unternehmer-

---

1 Das NOAH-Vorhaben (Laufzeit 2006 – 2010, http://www.noah-projekt.de) wurde wie PräTrans im BMBF-Förderschwerpunkt „Präventiver Arbeits- und Gesundheitsschutz" gefördert.
2 So sehr diese Subjektorientierung unter Evidenzgesichtspunkten auch überzeugt, so wenig dürfte sich das Verfahren als Routineinstrument eines kleinbetrieblichen Gesundheitsmanagements eignen. Es ist relativ ressourcenintensiv und bereitet in Kleinstbetrieben einige Probleme des Datenschutzes (Thönnessen 2010).

Modells gegeben. Einfache Instrumente (Kurzcheck, Muster-Gefährdungsbeurteilungen, Handbücher usw.), präventionsfachliche Unterstützung durch eine Sicherheitsfachkraft und ein reger zwischenbetrieblicher Erfahrungsaustausch haben sich dabei nach den Erfahrungen der Projektakteure als unverzichtbare externe Unterstützungsleistungen erwiesen.

Neben einigen Vorreiterorganisationen mit einschlägigen Erfahrungen und organisationalen Ressourcen – wie z. B. die HWK Koblenz mit ihrem Zentrum für Umwelt und Arbeitssicherheit und diversen Projektbeteiligungen im Arbeits- und Gesundheitsschutz – konnten zwei weitere Handwerkskammern sowie zwei Kreishandwerkerschaften eingebunden werden, die mit NOAH im Wesentlichen thematisches Neuland betraten. Laut Projektbericht wollen alle Beteiligten das NOAH-Programm mittelfristig in ihr Dienstleistungsportfolio übernehmen. Dabei sehen die Handwerksorganisationen zwei Optionen: Die NOAH-Dienstleistungen werden in *direkter Anbieterfunktion* erbracht, wofür vor allem die organisationseigenen Beratungsressourcen genutzt werden sollen. Die Alternative ist reine *Leistungsvermittlung*, wie etwa beim Pool-Management nach dem GUSIK-Modell, wo die operativen Leistungen über externes Fachpersonal auf Rechnung der nutzenden Betriebe hinzugekauft werden.

Ob die erstgenannte Variante unter rechtlichen und organisationspolitischen Gesichtspunkten überhaupt tragfähig ist, kann an dieser Stelle nicht weiter diskutiert werden. Eine präventionspraktische bzw. -taktische Frage wird uns in diesem Zusammenhang aber noch beschäftigen: Wie lassen sich die vorhandenen Beratungsressourcen des Handwerks optimal für die Implementation eines pragmatischen Gesundheitsmanagements in den Mitgliedsunternehmen nutzen? Sollen mehr ausgewiesene Präventionsexperten für die Organisation und Betreuung solcher Netzwerke nach dem NOAH-Modell eingesetzt werden? Oder lässt sich ein größerer systemischer Effekt erreichen, wenn die Präventionskompetenz des Beratungspersonals *in der Breite* so gefördert und unterstützt wird, dass Präventionsaspekte beliebiger Beratungsprobleme besser erkannt und thematisiert werden können? Lassen sich beide Ansätze in Bezug auf das handwerkliche Beratungssystem möglicherweise kombinieren?

Schon in den frühen 1990er Jahren wurden verstärkt Praxisansätze der *betrieblichen Gesundheitsförderung* im Handwerk entwickelt und erprobt.[1] Ein zentraler Promotor waren die Innungskrankenkassen, denen seit 1986 der § 20 SGB V ermöglichte, sich auch im Bereich der betrieblichen Prävention zu engagieren. Typisch für die IKK-Gesundheitsförderungsmodelle war die verbindliche Einbeziehung der lokalen und sektoralen Handwerksorganisationen, insbesondere der Innungen. Die Innungen als kleinräumige und branchenhomogene Stan-

---

1 Eine synoptische Zwischenbilanz derartiger Projekte findet sich bei Fromm/ Pröll 2000: 127ff.

desorganisationen fungierten in den Projekten als Zugangstor zu den Unternehmen und unterstützten die Projektaktivitäten mit branchenspezifischem Wissen (vgl. z. B. Nitsche 1993). So wurden beispielsweise Innungsversammlungen genutzt, um auf aktuelle Präventionsthemen und -Angebote hinzuweisen. Die Innung bildete zugleich den sozialen Rahmen für eine gemeinsame Problemdefinition und die Erarbeitung von Lösungsschritten der beteiligten Unternehmen. Ein wesentliches Interventionselement stellten Gesprächskreise auf unterschiedlichen Ebenen dar („Werkstattzirkel", „Innungszirkel"), die die Arbeitsweise großbetrieblich erprobter „Gesundheitszirkel" sinngemäß adaptierten. Über dieses partizipative und kommunikative Handlungskonzept sollten Passgenauigkeit und Akzeptanz der Interventionen gesichert werden. Den Unternehmen wurde also kein Standardpaket an Gesundheitsförderungsmaßnahmen angeboten, sondern ein kommunikatives Verfahren zur Generierung eines innungs- und problemspezifischen „Menus" (Fromm/ Pröll 2000: 129).

Als prototypisch für das BGF-Konzept der Innungskrankenkassen kann das Projekt „Zukunftswerkstatt" gelten, das im Jahr 1993 von der IKK Stuttgart im Metallhandwerk durchgeführt wurde (vgl. Heberle 1995). Das Modell der Zukunftswerkstatt basiert auf der direkten Einbeziehung von Innungen bzw. (größeren) Betrieben bei der Identifikation von Handlungsbedarf und bei der Entwicklung konkreter Maßnahmen zur Gesundheitsförderung. Branchentypische Gesundheitsrisiken und alltagsnahe Ansatzpunkte für ihre Bewältigung wurden durch Gesundheitsberichte, Mitarbeiterbefragungen und diverse Zirkelverfahren ermittelt. Über einen so genannten „Fachzirkel" wurde überbetriebliche Beratungskompetenz der Arbeitsschutzinstitutionen, des Landesgesundheitsamtes, der Arbeitswissenschaft, der IKK und der Innungsfachverbände in das Projekt eingebunden. Zusätzlich waren Landesinnungsobermeister und Innungsobermeister beratend tätig.

Dieser relativ offene Zugang zu den gesundheitlichen Implikationen der Handwerksarbeit stellte zunehmend das verbreitete Stereotyp infrage, Handwerksarbeit sei vorzugsweise durch körperliche Härte und physische Gefährdungen geprägt. In der Zirkelkommunikation zeigte sich vielmehr, dass auch Handwerksarbeit erhebliche psychische Belastungen und Stress infolge von defizienter Führung und Kommunikationsproblemen hervorrufen kann. Zur Angebotspalette der BGF-Projekte im Handwerk zählten deshalb nicht nur Beratung zur gesundheitsgerechten Arbeitsplatzgestaltung, sondern auch Kurse und Seminare zu betriebspsychologischen Problemen.

Viele der frühen Konzeptelemente sind in das aktuelle Angebotsportfolio der Innungskrankenkassen zur betrieblichen Gesundheitsförderung eingeflossen. Das Angebotspaket firmiert unter dem Markennamen „IKK*Impuls-Werkstatt*" und wurde nach der Wiedereinsetzung des § 20 SGB V im Jahre 2000 in das

Leistungsspektrum der IKKen aufgenommen[1] (IKK Pro Gesundheit 2008). Eine IKK*Impuls-Werkstatt* kann sowohl von einer Gruppe von sechs bis zwölf Unternehmen einer Innung wie von einzelnen Unternehmen in Anspruch genommen werden (vgl. IKK*Impuls* 2008; IKK Schwarzwald-Baar 2009). Einer Analyse der Belastungsschwerpunkte in den Betrieben anhand von Arbeitsunfähigkeitsdaten, Mitarbeiterbefragungen, Betriebsbegehungen usw. folgen in der Regel mehrere „Impulszirkel", in denen Mitarbeiter, Inhaber und gegebenenfalls Vertreter der Innung über Belastungen am Arbeitsplatz sprechen und Lösungsvorschläge für die identifizierten Probleme entwickeln. Im „IKK*Impuls-Report"* wird der Gesundheitsstatus der teilnehmenden Unternehmen relativ zueinander und zum Branchenprofil bewertet, Vorschläge für Präventionsmaßnahmen schließen sich an. Diese Vorschläge werden von IKK-Experten in problemorientierte Trainingsmaßnahmen übersetzt, die dann den Unternehmen angeboten werden. Neben klassischen Ergonomie-Themen wie Arbeitsplatzgestaltung, Heben und Tragen usw. ist Stressmanagement ein Standardthema, das auch für Unternehmensleitungen angeboten wird (vgl. IKK Schwarzwald-Baar 2009).

Handwerksorganisationen waren auch am Modellprojekt „gesund und sicher starten" (guss) beteiligt, das Unternehmensgründer/innen unterschiedlicher Branchen und Berufsgruppen für Arbeitsschutz und Gesundheitsförderung sensibilisieren wollte.[2] Zentrales Produkt sind modular aufbereitete Informationen („Faktenblätter", Broschüren) zu betrieblichen und persönlichen Präventionsthemen für unterschiedliche Gründergruppen. Neben den „klassischen" Themen des betrieblichen Gesundheitsmanagements (Arbeits- und Gesundheitsschutz) werden auch Themen wie Stressbewältigung, Ressourcenmanagement, Selbstregulation, Zeitmanagement etc. behandelt.

Im Teilprojekt „Handwerk" kooperierten die Handwerkskammer Wiesbaden und das Institut für Technik der Betriebsführung (itb). Dessen Ergebnisse bestehen im Wesentlichen aus Informationsmaterial für Unternehmensgründer/innen im Handwerk sowie aus einem die Module integrierenden Kompendium für Beratende in der Handwerksorganisation. Auch hier gibt es über den Diffusionsgrad der Projektergebnisse in der Fläche keine verlässlichen Informationen.

Die Handwerkskammern Düsseldorf, Münster, Hamburg und Trier haben sich – koordiniert durch den ZDH – kürzlich auch an der Kampagne „Verantwortliche Unternehmensführung im Mittelstand" beteiligt, die im Rahmen der

---

1 Anfangs kümmerte sich noch der IKK-Bundesverband zentral um das Marketing der Impulswerkstatt, nach Auflösung der Spitzenverbände der gesetzlichen Krankenversicherung als Körperschaften öffentlichen Rechts im Jahre 2009 liegt es nun in Händen der (zunehmend fusionierten) einzelnen Innungskrankenkassen.
2 Das Projekt (2001-2004) wurde vom Bundesarbeitsministerium gefördert und vom RKW koordiniert (www.guss-net.de).

deutschen Bemühungen um Förderung der *Corporate Social Responsibility* (CSR) gestartet worden war. Der Beitrag der genannten Handwerksorganisationen besteht in einem Praxisleitfaden speziell für kleine Handwerksbetriebe (ZDH et al. o. J.). Bemerkenswert ist daran, dass neben den belegschaftsorientierten Kernthemen des CSR, respektvolle Behandlung der Beschäftigten und Schaffung einer gemeinsamen Wertebasis des Unternehmens, das Ziel sicherer und gesunder Arbeitsplätze prominent angesprochen wird. Die dabei benutzten Argumentationen und Handlungsempfehlungen weisen viele konzeptionelle Gemeinsamkeiten mit der weiter oben beschriebenen Projektlinie der Handwerkskammer Düsseldorf auf. Es spricht einiges dafür, dass dabei auf deren eigene Projektergebnisse aus den 1990er Jahren (ArGU!ment, Gesundes Handwerk) zurück gegriffen wurde.

### 3.2 IHK-Organisation: Gesundheitswirtschaft als Inkubatorthema für betriebliches Gesundheitsmanagement

Das Thema *Arbeitsschutz* – im klassischen, technik- und vorschriftenzentrierten Zuschnitt – ist auch in der IHK-Organisation mehr als nur punktuell präsent. Dies ist das Ergebnis einer Recherche auf den Homepages von etwa der Hälfte aller deutschen IHKs (Stand Juni 2007):

- Jede sechste IHK der Stichprobe weist explizit eine/n Ansprechpartner/in für Arbeitssicherheit bzw. Arbeitsschutz aus, organisatorisch in der Regel dem Geschäftsbereich Innovation und Umwelt zugeordnet. In etwa der Hälfte der Fälle ist diese hauptamtliche Funktion mit der Geschäftsführung bzw. Moderation eines thematischen Arbeitskreises der Kammer verknüpft, in dem sich vor allem betriebliche Arbeitsschutz-Experten austauschen. Der Anschluss der Kammer an aktuelle Praxisprobleme und die Fachdiskussion dürfte dadurch erheblich befördert werden. In einer großen IHK wird die Arbeit der Referent/innen und Branchenbetreuer/innen durch eine E-Learning-Plattform zum Arbeitsschutz unterstützt.
- IHK-Homepages werden häufig auch als Informationsplattform zum Thema Arbeitsschutz genutzt. Im Vordergrund stehen Informationen über neue Vorschriften und Richtlinien, die Bereitstellung von Merkblättern und Leitfäden sowie Hinweise auf Veranstaltungen, Schulungsangebote und Homepages von Behörden und Fachinstitutionen im Arbeitsschutz.
- Etwa jede sechste IHK der Stichprobe führte auch kammeröffentliche Veranstaltungen oder Sprechtage zu aktuellen Themen des Arbeitsschutzes durch (in letzter Zeit z. B. häufig zum neuen EU-Chemikalienrecht nach der

REACH-Verordnung[1]). Einzelne (größere) IHKs haben darüber hinaus eine fachöffentliche Moderatorenfunktion zum Thema übernommen.[2]

- Generell ist das Thema Arbeitsschutz in der Informationstätigkeit der IHKs hauptsächlich durch Aspekte der technischen Arbeitssicherheit, der Produktsicherheit und -haftung, des Chemikalienrechts und des Gefahrstoffmanagements, der Gefährdungsbeurteilung, der Handhabung und des Transports von Gefahrgut sowie der betrieblichen Hygiene konfiguriert. Betriebliche Gesundheitsförderung oder betriebliches Gesundheitsmanagement im weiteren Sinne werden in diesen eher reaktiven bis defensiven Arbeitsschutz-Kontext kaum einbezogen, stattdessen aber durchaus häufiger in einem innovationsorientierten Modus im Kontext von Kammerthemen wie Gesundheitswirtschaft, Humanressourcenmanagement und CSR zur Sprache gebracht (s. unten).

Welchen Stellenwert die IHK im Themenbereich Arbeit- und Gesundheitsschutz speziell bei ihrer *kleinbetrieblichen* Mitgliedschaft hat, wurde in einer schriftlichen Befragung der IHK Dortmund im Rahmen des BMBF-Projektes „PragMa-GuS" näher untersucht.[3] Dabei gaben 40% der Antwortenden an, im Vorjahr externe Unterstützung zum Thema Arbeitsschutz in Anspruch genommen zu haben. Die IHK rangierte dabei als Adresse an vierter Stelle (14%), nach der Berufsgenossenschaft (26%) und in etwa gleichauf mit der ASiG-Betreuung (17%) und Krankenkassen (15%). Gleichwohl würde die Mehrheit der Befragten (57%) ein größeres Informations- und Bildungsangebot der IHK in diesem Themenbereich begrüßen.

Alles in allem zeigt sich, dass das Arbeitsschutzthema in der IHK-Organisation durchaus flächig verankert ist und mit Recht ihren Standardthemen zugeordnet werden kann. Organisationspolitisch und für die Imagepflege der IHKs hat das Thema jedoch einen weit untergeordneten Stellenwert. Es wird in der Regel als „unabweisbares Pflichtthema" im Gesamtportfolio betrachtet, das die Informations- und Beratungskompetenz der IHKs zwar abrundet, organisationsintern aber nicht unter „Innovationsverdacht" steht. Es wird also in der IHK-

---

1 Die Verordnung der EU aus dem Jahre 2007 regelt „Registration, Evaluation, Authorisation and Restriction of Chemicals".
2 So hat die IHK Mittelfranken (Nürnberg) in Kooperation mit dem Verband Deutscher Sicherheitsingenieure fünf Mal das Forum „Gesundheit und Sicherheit bei der Arbeit" für Fachkräfte für Arbeitssicherheit und Betriebsärzte durchgeführt. Die IHK Region Stuttgart hat „Stuttgarter Sicherheitstage" (2006, 2008) zum betrieblichen Arbeitsschutz und Brandschutz veranstaltet.
3 Im Jahr 2002 wurden dazu 5.000 Mitglieder der IHK Dortmund, die Unternehmen mit weniger als 50 Beschäftigten repräsentierten, schriftlich-postalisch befragt. Der Rücklauf lag bei ca. 3%, was aufgrund von Selektionseffekten eine insgesamt zurückhaltende Interpretation der Daten nahe legt. Die Zahlenangaben basieren auf einer Sekundärauswertung des vorliegenden Datensatzes durch das PräTrans-Team der sfs.

Organisation im Allgemeinen nicht der Anspruch erhoben, sich aktiv und prominent am arbeitsschutzbezogenen Diskurs zu beteiligen. Hierzu kann aus IHK-Sicht mit einigem Recht auf die *soziale* Selbstverwaltung verwiesen werden, denn IHK-Mitglieder sind als gewerbliche Unternehmer in der Regel zugleich Pflichtmitglied einer gewerblichen Berufsgenossenschaft, deren Mandat für Arbeits- und Gesundheitsschutz völlig unbestritten ist. Vor diesem Hintergrund wird verständlich, warum bei den maßgeblichen PräTrans-Kooperationspartnern im IHK-Sektor keine Bereitschaft bestand, z. B. die Erweiterung der Informations- und Beratungskompetenz im Arbeitsschutz zum Thema einer gemeinsamen Modellentwicklung zu machen.

Schon an den Erfahrungen des BMBF-Projektes *PragMaGuS* der Sozialforschungsstelle Dortmund ist dieses schwierige Verhältnis der IHK zum Thema Arbeitsschutz ablesbar. Das Akronym PragMaGuS steht für ein Internet basiertes Informationssystem für „Pragmatisches Management von Gesundheit und Sicherheit in Kleinunternehmen" (www.pragmagus.de), das in Zusammenarbeit wichtiger regionaler Handlungsträger der Region Dortmund entwickelt und in Kleinunternehmen unterschiedlicher Branchen erprobt wurde (Cernavin/ Georg 2004; Pröll et al. 2007: 69f.). Die Plattform soll Kleinunternehmen nicht zuletzt bei einer pragmatischen „Beurteilung der Arbeitsbedingungen" im Sinne des Arbeitsschutzgesetzes unterstützen.

Die IHK Dortmund war als Mitglied des Projekt-Steuerungskreises kontinuierlich beteiligt und hat u. a. mit der bereits erwähnten Mitgliederbefragung die empirischen Arbeiten tatkräftig unterstützt. Dagegen sah die IHK keine Möglichkeit, sich an einem interinstitutionellen Trägermodell für den dauerhaften Betrieb der Plattform zu beteiligen und auch beim regionalen Marketing des Produktes hielt sie sich zurück. Angesichts des wettbewerbsrechtlichen Neutralitätsgebots sowie des organisationspolitisch ambivalenten Verhältnisses zum Thema Arbeitsschutz ist diese Haltung gut nachvollziehbar.

Deutlich anders geht die IHK-Organisation mit dem Thema *betriebliches Gesundheitsmanagement* um, mit dem sich im Gegensatz zum Arbeitsschutz (als mutmaßlichem „Kostentreiber") definierte Nutzenerwartungen und ein durchaus innovatives Image verbinden.

Dahinter steht u. a. eine verstärkte gesellschaftliche Thematisierung, an der sich auch Dachverbände, Institutionen und einzelne Unternehmen der Wirtschaft konstruktiv beteiligt haben. Wichtige politische Grundsatzerklärungen zum betrieblichen Gesundheitsmanagement wurden auch von Spitzenverbänden der deutschen Wirtschaft mit getragen, so z. B. die Luxemburger Deklaration der EU-Sozialpartner zur betrieblichen Gesundheitsförderung (1997 verabschiedet, 2005 aktualisiert) und die Lissabonner Erklärung zur Gesundheit am Arbeitsplatz in kleinen und mittleren Unternehmen (2001).

126

Um die Präsenz des Themas in der IHK-Praxis abschätzen zu können, hat die PräTrans-Projektgruppe der Sozialforschungsstelle Dortmund eine systematische Internetrecherche auf IHK-Websites durchgeführt. Ausgangspunkt war eine synoptische Übersicht von IHK-Aktivitäten zum Generalthema „Zukunft Gesundheit – ein Thema für Unternehmen und IHKs", die der DIHK dem PräTrans-Projekt auf der Grundlage einer internen Umfrage (Stand: 04.05.2007) freundlicherweise zur Verfügung gestellt hatte. Bei allen IHKs, die hierzu eine Angabe gemacht hatten (zumeist in wenigen Stichworten), wurden über die Homepages dieser Kammern im Juni 2007 zusätzliche Informationen eingeholt.

Bemerkenswert ist, dass in der internen Umfrage des DIHK die allermeisten IHKs das Thema Gesundheit zuallererst mit dem Thema *Gesundheitswirtschaft* assoziierten. Fast alle IHKs betrachten die Gesundheitswirtschaft als Wachstums- und Zukunftsmarkt und sind bemüht, seine regionalwirtschaftlichen Potenziale für den eigenen Organisationsbereich abzuschätzen und sich aktiv in die lokale Clusterpolitik einzubringen. Etwa jede fünfte IHK hat in diesem Kontext auch das betriebliche Gesundheitsmanagement bzw. eine pragmatisch-instrumentalistische Gesundheitsförderung auf die Agenda gesetzt. Dabei werden zumeist sowohl deren Potenziale als Dienstleistungsmarkt für spezialisierte Mitgliedsunternehmen (Prävention- und Gesundheitsberatung) als auch die „weichen" Standortpotenziale für die lokale Wirtschaftsentwicklung in den Vordergrund gestellt. Letzteres wird an Positiveffekten für ein nachhaltiges Humanressourcenmanagement oder auch als Standortvorteil im Wettbewerb um Fach- und Führungskräfte festgemacht. Offenbar hat also die breite Diffusion des Themas „Gesundheitswirtschaft" im IHK-System eine Art „Inkubatorfunktion" für eine intensivere Befassung mit betrieblichem Gesundheitsmanagement gehabt.

Die Kammerbezirke Berlin und Hamburg haben dabei besonders vielfältige Wege der Mitgliederkommunikation und der Vernetzung von Akteuren im betrieblichen Gesundheitsmanagement erprobt.

Die *Handelskammer Hamburg* war mit ihrer Initiative *„Fit in Hamburg"* (www.fit-in-hamburg.info) bereits vor zehn Jahren aktiv geworden. Unter dem Motto „gesunde Mitarbeiter – starkes Unternehmen" verfolgte sie gleich mehrere Ziele:

- Förderung (mittelständischer) gewerblicher Gesundheitsdienstleistungen für den betrieblichen Markt,
- Vernetzung von Anbietern und Nachfragern (Unternehmen),
- Agenda-Setting für Gesundheitsförderung im regionalen Wirtschaftsdialog.

Für die Kommunikation mit den Mitgliedern bzw. Unternehmen wird ein breites Spektrum von Mitteln eingesetzt wie Internetplattformen, Online-Leitfäden und

Selbstcheck-Instrumente, Erstberatung, Presseartikel und Medienpartnerschaften. Seit 2005 wird jährlich der „Gesundheitstag der Hamburger Wirtschaft" ausgerichtet, bei dem Präventionsdienstleister aus der eigenen Mitgliedschaft ihr Angebot präsentieren können. Weiterhin wird mit einem Best-Practice-Wettbewerb und zukünftig mit einem „Qualitätssiegel" öffentlichkeitswirksam für betriebliche Gesundheitsförderung geworben. Mit einer seit längerem bestehenden Landesinitiative zur Gesundheitsförderung wird kooperiert („Hamburgische Arbeitsgemeinschaft für Gesundheitsförderung e.V."; www.hag-gesundheit.de).

Nur wenig später entfaltete die *IHK Berlin* ebenfalls umfangreichere Aktivitäten zum betrieblichen Gesundheitsmanagement. Auslöser war dabei eine Studie zum regionalen Wachstums- und Beschäftigungspotenzial der Gesundheitswirtschaft. In den folgenden Meinungsbildungs- und Strategieprozessen zur Erarbeitung eines „Masterplans Gesundheitswirtschaft" wurde auch die betriebliche Gesundheitsförderung in der Region als Aktionsthema identifiziert und von der Kammer selbst federführend koordiniert. Parallel dazu hat die IHK Berlin Branchenprojekte zur betrieblichen Gesundheitsförderung tatkräftig unterstützt. Die Projekte wurden von der AOK Berlin finanziert und fachlich getragen.[1] Im Fokus standen problematische Belastungskonstellationen in kleinbetrieblich geprägten Branchen wie Einzelhandel, Hotellerie und Gebäudereinigung. Ziel war, Arbeitgeber mit Hilfe von einfachen Instrumenten der Selbstevaluation für betriebliche Gesundheitsrisiken sensibel zu machen und zu pragmatischen Maßnahmen der Gesundheits- und Motivationsförderung anzuregen. Innerhalb der IHK wird Gesundheit als bereichsübergreifendes Querschnittsthema bearbeitet. Betriebliches Gesundheitsmanagement wird dabei als strategische Stellschraube für die Wettbewerbsfähigkeit der überwiegend mittelständischen und kleinen Betriebe der Berliner Wirtschaft betrachtet.

Kleinere Unternehmen für dieses Thema zu gewinnen bleibt gleichwohl auch in Berlin ein mühsames Unterfangen. So fand ein von der IHK 2005 initiierter Best-Practice-Wettbewerb zum betrieblichen Gesundheitsmanagement nur wenig betriebliche Resonanz. Seit 2007 wird er in einem erweiterten Ansatz praktiziert, der die Qualität des betrieblichen Gesundheitsmanagements – ähnlich dem CSR-Ansatz – als eine Dimension von Unternehmenskultur und Humanressourcenmanagement bewertet. Seither findet der Wettbewerb größeren Zuspruch.

Themen des betrieblichen und des persönlichen Gesundheitsmanagements haben punktuell auch Eingang in die *Weiterbildungsangebote* der IHK-Organisation gefunden. Bei unseren Recherchen sind wir auf folgende Beispiele gestoßen:

---

1 Auch dabei konnte an ein regionales Netzwerk zur betrieblichen Gesundheitsförderung angeknüpft werden, das in den 1990er Jahren aus der Arbeitsgemeinschaft „Gesundheit Berlin e.V." entstanden war (vgl. Pröll 1995).

Die IHK Düsseldorf bietet im Themenbereich „Gesundheit und Wellness" seit mindestens 2007 ein regelmäßiges Angebot zu den Themen betriebliche Gesundheitsförderung und Work-Life-Balance. Dabei wurden offenbar auch schon verschiedene Formate erprobt (Abendveranstaltungen, Zwei-Tages-Veranstaltung, über mehrere Wochen gestreckt).

- Tages-Seminare zum betrieblichen Gesundheitsmanagement wurden auch von den IHKs in Gießen und Leverkusen (in 2009) sowie München (2006) angeboten.
- Weiterbildungen und Coachings zum Stressmanagement wurden im Zeitraum 2006 bis 2007 von den IHKs in Chemnitz, Hamburg, Pfalz/ Ludwigshafen und Niederbayern angeboten, teilweise ausdrücklich für „stressexponierte Verantwortungsträger" (IHK Chemnitz).
- Die IHK-Online-Akademie offeriert ein inzwischen tutoriell unterstütztes Programm „Zeit- und Selbstmanagement", das zu den fünf am meisten genutzten Angeboten zählt.
- Die IHK Reutlingen (2007-2008) und die IHK Karlsruhe (2008-2009) bieten – jeweils in Kooperation mit einer Betriebskrankenkasse – einen Zertifikatslehrgang für betriebliche „Gesundheitsbeauftragte" bzw. „Gesundheitsmanager" an.[1] Sofern die entsendenden Unternehmen Ressourcen für betriebliche Gesundheitsförderung bereitstellen und einen Arbeitskreis zum Thema einrichten, erhalten sie einen Nachlass auf die Lehrgangsgebühren. Mit diesem Angebot sollen sowohl die betriebliche Praxis wie das einschlägige Fachkräfteangebot gefördert werden.

Die Thematisierungspraxis des IHK-Systems auf dem Feld von Erwerbsarbeit und Gesundheit macht demnach deutliche Unterschiede zwischen Arbeitsschutz und betrieblichem Gesundheitsmanagement. Während Arbeitsschutz als organisationspolitisch wenig korrektes Schattenthema – aber durchaus flächendeckend und stabil – implementiert ist, wird betriebliches Gesundheitsmanagement, gestützt durch einen im Kern regionalwirtschaftlichen Argumentationszusammenhang, vergleichsweise offensiv auf der Agenda des regionalen Wirtschaftsdiskurses platziert. Im Gegensatz zum Arbeitsschutz hat das Thema Gesundheitsmanagement zumindest in einigen Regionen bereits den Weg in das IHK-Weiterbildungsangebot gefunden, was als Indiz einer fortgeschrittenen Themenintegration gedeutet werden kann.[2]

---

1 Pressemitteilung der IHK Reutlingen vom 26.06.2007 und des IHK-Bildungszentrums Karlsruhe vom 31.03.2008
2 Zur *Inanspruchnahme* lässt unsere angebotsorientierte Recherche keine gesicherten Aussagen zu. Einige Experteninterviews deuten darauf hin, dass IHK-Bildungs- und Diskussionsveranstaltungen zum betrieblichen Gesundheitsmanagement nicht selten an mangelndem Teilnehmerinteresse scheitern.

Neben dem Thema Gesundheitswirtschaft dürften weitere thematische Treiber für diesen Prozess mit verantwortlich sein, die bereits seit längerer Zeit auf den Kammeragenden virulent sind. Dazu zählt der *Demografie-Diskurs*, der im IHK-Sektor zunehmend pragmatisch über das Problem der Gewinnung und Sicherung von Fachkräften geführt wird. Betriebliches Gesundheitsmanagement wird darin als ein strategisches Nebengleis zur Erhöhung der Attraktivität und der nachhaltigen Bewältigung betrieblicher Arbeitsbedingungen thematisiert. Damit eng vernetzt ist die Debatte über „familienfreundliche Betriebe", die Schlaglichter auf Probleme der Arbeitszeitgestaltung und der Work-Life-Balance wirft, die wiederum systemische Bezüge zur betrieblichen Prävention aufweisen. *Corporate Social Responsibility* (CSR, „verantwortliche Unternehmensführung") zeichnet sich möglicherweise als weiteres Treiberthema im IHK-Diskurs ab (Pröll 2010).

Aus guten Gründen überlassen IHKs den genauen Verlauf der Thematisierungslinien von „Gesundheitsmanagement" ihren aktiven Mitgliederfraktionen. Veranstaltungen in Hamburg und Berlin z. B. waren dann erfolgreich, wenn sie als horizontale Kommunikation zwischen interessierten Unternehmen und Anbietern organisiert waren und nicht als Transfer eines großbetrieblich bewährten oder wissenschaftlich fundierten *best practice*.

Dabei kommt die Perspektive der *Klein- und Ein-Personen-Unternehmen* auf Arbeit und Gesundheit allerdings nicht im Selbstlauf zum Tragen, da diese trotz vielfältiger Öffnungsanstrengungen der IHK-Organisation derzeit nicht zur aktiven Klientel zählen. Die Thematisierung betrieblichen Gesundheitsmanagements im IHK-Diskurs scheint überwiegend von Unternehmen dominiert zu sein, die im Vergleich zur PräTrans-Zielgruppe als „groß" zu klassifizieren sind (größere Mittelbetriebe ab ca. 100 Beschäftigten). Das im Rahmen dieser Themeninnovationen des IHK-Systems kommunizierte (implizite) betriebliche Präventionskonzept steht in seiner Ausrichtung auf praktisch erfahrbaren Nutzen dem Modell eines pragmatischen kleinbetrieblichen Gesundheitsmanagements allerdings näher als dem elaborierter großbetrieblicher Gesundheitsförderung. Seine breitere Verankerung im IHK-System dürfte deshalb die Ausgangsbasis für weitere Diffusionsprozesse in Klein- und Ein-Personen-Unternehmen eher verbessern als verschlechtern.

## 3.3 Berufskammern: Präventionsnahe Professionen als Pioniere

In der Selbstverwaltung der Freien Berufe spielt das Thema „Berufsarbeit und Gesundheit" bislang kaum eine Rolle. Es ist sicher kein Zufall, dass vor allem jene Kammerberufe das Thema „Gesundheit und Sicherheit bei der Arbeit" ansatzweise aufgegriffen haben, die in ihrem Professionenspektrum entsprechende fachliche Kompetenzen und Berufsinteressen beheimaten: Ärzte, Ingenieure und Apotheker.

■ Aktivitäten von Ärztekammern

Die deutschen *Ärztekammern* befassen sich seit einigen Jahren intensiver mit berufsbezogenen Gesundheitsproblemen ihrer Mitglieder. Im Vordergrund standen dabei zunächst die Früherkennung, Therapie und Rehabilitation von Suchterkrankungen bei praktizierenden Ärzten und Ärztinnen. Das zuständige Fachreferat der Bundesärztekammer (BÄK) schätzt auf der Grundlage internationaler Forschungsergebnisse, dass etwa 15.000 der 300.000 ambulant und stationär tätigen Ärzte an einer Suchterkrankung leiden. Bedingt durch die „Griffnähe" sind dabei Pharmazeutika (vor allem Benzodiazepine) fast sieben Mal so häufig beteiligt wie in der Allgemeinbevölkerung, während der Missbrauch von Alkohol und illegalen Drogen etwa dem Bevölkerungsdurchschnitt entspricht (Kunstmann 2005).

Es war vor allem auch die hohe berufspolitische Brisanz, die das Thema auf die Agenda der ärztlichen Standesorganisationen brachte, nicht zuletzt befördert durch einige spektakuläre Pressemeldungen (a. a. O.). Kein anderes Berufsprofil dürfte sich so wenig mit der Suchtkrankheit vertragen, wie das ärztliche, für das fachliche Integrität und Zuverlässigkeit grundlegende Voraussetzungen für Systemvertrauen sind (vgl. Kapitel 2.1.4). Gleichzeitig ist die Schwelle für die Inanspruchnahme professioneller Hilfe gerade bei Ärzten extrem hoch, weil sie dafür von der Therapeuten- in die Patientenrolle wechseln müssen (Ärztekammer Hamburg 2001).

Vor diesem Hintergrund haben zunächst einzelne Landesärztekammern damit begonnen, interne Beratungs- und Interventionsmodelle für suchtkranke Ärztinnen und Ärzte zu entwickeln. Wichtige Promotoren waren Mitglieder mit spezieller Expertise und Berufserfahrung wie ärztliche Psychotherapeuten und Suchtexperten. Pionierarbeit hat dabei die Ärztekammer Hamburg geleistet, die bereits in den frühen 1990er Jahren entsprechende Modellansätze aus den U.S.A. adoptiert hat. Die Bundesärztekammer hat diese Ansätze später zu einem Muster-Interventionskonzept für alle Ärztekammern weiter entwickelt (BÄK o. J.), um deren breitflächige Umsetzung zu unterstützen. Inzwischen sind in vielen Ärztekammern derartige Angebote implementiert.

Bemerkenswert ist, dass das BÄK-Konzept nicht nur mit Verweis auf die ärztliche Qualitätssicherung und Berufsaufsicht argumentiert, sondern auch die „Übernahme fürsorgerischer Aufgaben" gegenüber den Mitgliedern als Handlungslegitimation anführt. Diese Argumentation lässt auf ein besonderes Gewicht gruppensolidarischer Selbsthilfemotive bei den Ärztekammern schließen, was einen zusätzlichen normativen Begründungszusammenhang für Präventionsbemühungen in der eigenen Berufsgruppe stiftet.

Das Rahmenkonzept der BÄK kann hier nur kurz in seinen Grundrissen skizziert, aber nicht weiter diskutiert werden. Es empfiehlt den Länderkammern ein gestuftes Interventionsprogramm, das im Idealfall folgende Maßnahmen und Angebote umfasst:

- Einrichtung einer Kontaktstelle für Verdachtsmeldungen und Selbstmelder;
- Bestellung eines Vertrauensarztes der Ärztekammer;
- Diagnostische Abklärung des Suchtproblems;
- Abschluss einer schriftlichen Therapievereinbarung zwischen Kammer und Kammermitglied;
- Absprachen mit der zuständigen Approbationsbehörde;
- Durchführung der therapeutischen Maßnahmen;
- Begleitende arbeitsplatzbezogene Hilfen (z. B. Praxisvertretungen während der Therapie);
- Ergänzende finanzielle Hilfen (u. a. Beteiligung der ärztlichen Versorgungswerke an den Rehabilitationskosten);

Welch schwierige Gratwanderung solche Interventionsangebote angesichts der Doppelgesichtigkeit beruflicher Selbstverwaltung bedeuten, wird im Musterkonzept der BÄK explizit angesprochen (ebd.):

> „Angebote der Landesärztekammern für suchtkranke Ärztinnen und Ärzte bewegen sich zwangsläufig in einem Spannungsfeld von Fürsorge und Sanktionierung. Die Herausforderung an die Landesärztekammern besteht darin, diese Balance auf den Einzelfall bezogen im Rahmen bestehender rechtlicher Möglichkeiten und in Absprache mit den beteiligten Personen und Einrichtungen zu wahren und auszugestalten."

Im Rahmenkonzept der BÄK findet sich darüber hinaus der Hinweis, die im Rahmen des Interventionskonzeptes aufgebauten Ansprechstellen und Beratungsinfrastrukturen auch für die „allgemeine Beratung von Kammermitgliedern bei Problemen der Berufsausübung zu qualifizieren", um möglichen Entstehungsbedingungen von Suchterkrankungen auch *primärpräventiv* zu begegnen. Dabei wird ausdrücklich auf das Burn-Out-Problem und die Möglichkeit eines präventiven Coachings hingewiesen.

Als Prototyp der helfenden Berufe sind Ärzte besonders intensiv mit der Problematik des *Burn-Out* konfrontiert. Seit Ende der 1990er Jahre wird das Burn-Out-Syndrom in zunehmender Breite und Intensität auch in der deutschen

Ärzteschaft als spezifisches Berufsrisiko diskutiert. Eine Reihe von Umfragen belegen ein hohes Maß an Exposition und Betroffenheit unter Ärzten. Hervorzuheben sind dabei die Befragung der „Ärztezeitung" im Sommer 2002, der Ärztekammer Thüringen im Jahre 2003 und die speziell der Burn-Out-Problematik gewidmeten Befragungs-Studien des Uniklinikums Ulm in den Jahren 2005 und 2006 (Braun et al. 2007). In der berufspolitischen Diskussion des Themas wird zumeist ein kausaler Zusammenhang mit zunehmend problematischen Arbeits- und Erwerbsbedingungen in der Folge „falscher" gesundheitspolitischer Weichenstellungen hergestellt. Insbesondere eine fortschreitende „Entfremdung" ärztlicher Tätigkeit durch Bürokratisierung, Kostendruck und Aushöhlung der Therapiefreiheit wird für wachsenden Stress, zeitliche Überbeanspruchung und berufliches Ausbrennen verantwortlich gemacht.

Einen deutlichen berufspolitischen Niederschlag fand dieser Thematisierungsprozess in zwei Entschließungsanträgen des 108. Ärztetages 2005 zum Tagesordnungspunkt „Arbeitssituation niedergelassener Ärzte". Zum Thema „Strukturierte Angebote für Stresskrankheiten bei Ärztinnen und Ärzten" heißt es dort:

> „Der 108. Deutsche Ärztetag fordert die Entwicklung strukturierter Angebote für den Umgang mit Stresskrankheiten wie Depressionen, Burnout und Abhängigkeitserkrankungen. Begründung: Der Arbeitsstress und die psychische Belastung in der ärztlichen Arbeit sind derzeit sehr hoch und führen zu der Entwicklung von Depressionen, Burnout und Abhängigkeitserkrankungen. Diese Erkrankungen sind unter Ärztinnen und Ärzten deutlich verbreiteter als in der Durchschnittsbevölkerung. Dies hat sowohl großes Leiden bei den betroffenen Kollegen, aber auch eine mögliche Gefährdung der Patienten zur Folge. Hier können definierte und strukturierte Programme die Behandlung und Wiedereingliederung der Kolleginnen und Kollegen fördern und begleiten."[1]

Eine zweite Entschließung will „*Burn-Out niedergelassener Ärzte verhindern*" und richtet ihre Maßnahmeempfehlungen an die Gesundheitspolitik und die Ärztekammern. Der Gesetzgeber wird aufgefordert, im Vertragsarztwesen zur Entlastung der niedergelassenen Kolleginnen und Kollegen Vertretungsmöglichkeiten und Sabbaticals zu erleichtern. Die Ärztekammern der Länder sollen für ihre Mitglieder Informationen, Seminare, anonyme Hotlines und Beratungsangebote zum Umgang mit Stress und zur Prävention und Behandlung des Burn-Out entwickeln und anbieten.[2]

In der *Ärztekammer Baden-Württemberg* wurden dazu eine Reihe konkreter Initiativen ergriffen. 2007 wurde ein Ausschuss „Arztberuf und Familie" einge-

---

1 Entschließungsantrag II-11; http://www.bundesaerztekammer.de/arzt2005/co150211/artikel.htm (17.03.2011)
2 Entschließungsantrag II-03; http://www.bundesaerztekammer.de/arzt2005/co150203/artikel.htm (17.03.2011)

richtet, der sich mit der Verbesserung ärztlicher Arbeitsbedingungen mit besonderer Fokussierung der Work-Life-Balance beschäftigt. Auf der konstituierenden
Sitzung wurde beschlossen, sich vorrangig mit dem Thema Burn-Out zu befassen und als erstes eine Fortbildungsoffensive über die Vorsitzenden der örtlichen
Ärzteschaften anzustoßen (Ärztekammer BW 2007: 67f.). Für Oktober 2008
wurde dann zu einer (auf die Fortbildungspflicht anrechenbaren) Fachveranstal-
tung in die Ärztekammer eingeladen. Des Weiteren verweist die Kammer-Website auf eine Burn-Out-Hotline der „Vereinigung Psychotherapeutisch tätiger
Kassenärzte", die Erstberatungen im gesamten Bundesgebiet vermittelt. Die
Management Akademie der Kassenärztlichen Vereinigung Baden-Württemberg
bot darüber hinaus 2007 ein Halbtages-Seminar zum Thema „Stressmanagement
und Stressbewältigung" an, das ebenfalls auf dem Fortbildungs-Punktekonto
verbucht werden kann.

Die *Ärztekammer Nordrhein* hat Aktivitäten zum Problem des *Mobbing* in
der Ärzteschaft entfaltet, das sich vor allem für Ärztinnen und Ärzte im Klinik-
und Forschungsbetrieb stellt. Erste Informationen zum Thema, zum Beratungs-
und Interventionskonzept und zu den bisherigen Erfahrungen aus dem Bera-
tungsprozess wurden auf der Kammer-Website zur Verfügung gestellt.[1]

Mobbing-Beratung durch eine Berufskammer gewinnt durch deren berufs-
rechtliche Kompetenzen eine besondere Qualität. Denn im Falle eindeutiger
Verstöße gegen Berufspflichten und Berufsethik können die Betroffenen die
Kammer auch zu förmlichen Disziplinarmaßnahmen gegen aktive „Mobber"
veranlassen. Ähnlich wie die Suchtberatung kann damit auch die Mobbing-
Beratung auf eine für die Kammer schwierige Gratwanderung hinaus laufen.

- ▪ Aktivitäten der Ingenieurkammer Sachsen-Anhalt

Mit der Verabschiedung des Arbeitssicherheitsgesetzes im Jahre 1973 wurde die
betriebliche *Prävention als Berufsfeld von Ingenieuren* öffentlich-rechtlich definiert und sanktioniert (vgl. Krüger 1983). So zählen zu den Mitgliedern der Ingenieurkammern unter anderem Ingenieure, die gemäß § 6 Arbeitssicherheitsgesetz als „Sicherheitsingenieure" tätig sind. Sofern sie diese Tätigkeit freiberuflich
im Status eines „Beratenden Ingenieurs" ausüben, müssen sie Kammermitglied
sein und sich auf einer entsprechenden Liste registrieren lassen. Sicherheitsingenieure machen nur eine kleine Minderheit der Kammermitglieder aus, so dass
sich ihr organisationspolitisches Gewicht, insbesondere in der Gremienstruktur
und fachlichen Arbeit der Kammer in engen Grenzen hielt. Für gesellschafts-

---

1 Vgl. http://www.aekno.de/page.asp?pageID=72 (15.03.2011)

und fachpolitisches Engagement der Sicherheitsingenieure existiert ein eigener Berufsfachverband (Verband Deutscher Sicherheitsingenieure - VDSI).

Dieses Schattendasein hat sich mit der Verabschiedung der Baustellenricht-linie im Jahre 1998 und der Einführung eines „Koordinators für Sicherheit und Gesundheit" auf Großbaustellen (SiGeKO) deutlich verändert. Der SiGeKo ist vom Bauherrn zu bestellen und nimmt für diesen und seine Vertragsunternehmen Stabs- und Beratungsfunktionen bei der baustellenbezogenen Organisation und Überwachung des Arbeitsschutzes wahr. Die Umsetzung der Vorschrift führte in der Folgezeit dazu, dass sich eine Vielzahl von Bauingenieuren und Architekten in der Bauausführung für diese Zusatzfunktion qualifizieren mussten. Dies brachte zum einen die Fortbildungskapazitäten der Ingenieur- und Architekten-kammern ins Spiel und führte andererseits zu einer breiteren Diffusion von (klas-sischem) Arbeitsschutz-Gedankengut in beiden Berufsgruppen. Den in den Inge-nieurkammern organisierten Sicherheitsingenieuren fiel dabei teilweise eine Art „kammerinterne Pionierrolle" bei der Konzipierung und Deckung des Fortbil-dungsbedarfs zu.

Ein weiterer externer Thematisierungsimpuls ergab sich etwa gleichzeitig mit der Neuregelung der arbeitsmedizinischen und sicherheitstechnischen Betreu-ung von Kleinunternehmen. Europarechtliche Richtlinien zwangen die Unfall-versicherungsträger in Deutschland, bisherige Ausnahmen von der allgemeinen Betreuungspflicht des Arbeitssicherheitsgesetzes aufzuheben und eine Betreuung für alle Unternehmen ab einem Beschäftigten sicher zu stellen. Diese Regelung betraf unmittelbar auch die überwiegend mittelständisch verfasste Ingenieur-branche, die nun in die Suche nach adäquaten Modellen mit einbezogen werden musste (vgl. Kapitel 1.2.1.4).

Beide Anstöße haben vor allem in der Ingenieurkammer Sachsen-Anhalt (IK S-A) das *agenda setting* erheblich beeinflusst. Als interner Promotor wesent-lich daran beteiligt war der Inhaber eines auf Arbeitsschutz spezialisierten Bera-tungsunternehmens, der als Beratender Ingenieur Kammermitglied und zugleich Vorsitzender eines Kammerausschusses „Sicherheit und Gesundheitsschutz bei der Arbeit" ist. Unmittelbar nach Etablierung des SiGeKo waren dessen genaue Funktionsbeschreibung und Qualifikationserfordernisse noch weitgehend unbe-stimmt. Diese offene Situation nutzte besagter Promotor, um gemeinsam mit dem zuständigen Fachausschuss curriculare Eckpunkte für die Fortbildung zu entwickeln. Die Fortbildung zum Sicherheits- und Gesundheitskoordinator wur-de durch die Kammer zertifiziert und von einer an die Kammer angelagerten „Arbeitsschutzakademie" angeboten. Nach Schätzung des Firmeninhabers mach-ten inzwischen mehr als 2.000 Personen davon Gebrauch, darunter nicht nur Mitglieder der IK S-A.

Die 2002 gegründete „Arbeitsschutzakademie" präsentiert sich im Internet als Public-Private-Partnership des besagten Beratungsunternehmens mit der IK S-A, den anderen vier ostdeutschen Ingenieurkammern und der Architektenkammer Thüringen, ideell unterstützt von einigen einschlägigen Berufsfachverbänden. Mediendidaktisch setzte sie von Anfang an vor allem auf die Möglichkeiten des Internets (*web based training, blended learning*), um orts- und zeitflexible sowie kostengünstige Fortbildungsleistungen zum Arbeitsschutz anbieten zu können. Das Themenangebot reicht inzwischen weit über die Ausbildung von SiGeKo hinaus und umfasst die Ausbildung für diverse Beauftragtenfunktionen im Bereich Sicherheitstechnik und Arbeitsschutz, Fortbildungsangebote für Sicherheitsfachkräfte sowie Unterweiserschulungen.

Darüber hinaus beteiligte sich das Beratungsunternehmen an einem Modellversuch der Verwaltungs-Berufsgenossenschaft zu einem gruppenspezifischen Betreuungskonzept für Ingenieur- und Architektenbüros. Das Modell *arbeitsschutzbetreuung* basiert ebenfalls auf einem Pool-Ansatz der Regelbetreuung, der auch in anderen von Kammern oder Verbänden getragenen Betreuungsmodellen praktiziert wird: Dabei schreibt sich die Unternehmensleitung bei einer „fachkundigen Stelle" ein, die gegen Gebühr die Grund- und anlassbezogene Beratung durch ein vertraglich assoziiertes Netzwerk von Präventionsberatern bereit stellt. Das Projekt *arbeitsschutzbetreuung* der IK S-A integriert zusätzlich noch Elemente des „Unternehmermodells": Es fordert die persönliche Teilnahme des Unternehmers an einer Online-Instruktion, in der elementare Kenntnisse über Recht und Organisation des Arbeitsschutzes vermittelt werden.

Dass sich gerade eine *ostdeutsche* Ingenieurkammer bei der Themenintegration besonders profilierte, hängt vermutlich mit der zeitlichen Überschneidung des Organisationsaufbaus der Kammer (nach der Wiedervereinigung) mit einer Phase relativ intensiver Arbeitsschutz-Reformen zusammen. Offensichtlich wurden dabei Pfad-Offenheiten genutzt, um innovative Organisationslösungen zu realisieren. Hinzu kommt, dass das Thema Arbeitsschutz aus Sicht ostdeutscher Ingenieure in der DDR ideologisch und programmatisch weit fester in das Berufsbild integriert war als in der alten Bundesrepublik.

Die Akademie der *Architektenkammer Nordrhein-Westfalen* (AK NW) ist bei unseren Recherchen dadurch aufgefallen, dass sie seit einigen Jahren unter den Rubriken „Organisation und Büromanagement" sowie „Kommunikation" Fortbildungsveranstaltungen mit hohem impliziten Präventionsbezug anbietet. Dabei geht es um Themen wie „Persönlichkeitsentwicklung für beruflichen Erfolg" oder „Projektmanagement für den Alltag - Wenn Sie in Arbeit untergehen". Insbesondere eine Veranstaltung mit dem Titel „Zeit nutzen – Zeit haben – Selbstmanagement, Zeitmanagement, Konzentrationstraining" ist mehrmals pro

Jahr ausgebucht. Im Fortbildungsprogramm wird das Seminar mit folgendem Exposé angekündigt[1]:

> „Selbstmanagement ist eine Schlüsselkompetenz für den erfolgreichen Arbeitsalltag. Es geht um mehr, als in noch weniger Zeit noch mehr zu leisten. Es geht darum, Zeitmanagement als Instrument zu nutzen, die eigenen Energien sinnvoll einzusetzen und einen eigenen, selbstbewussten Umgang mit der Zeit zu lernen. Gutes Zeitmanagement hilft Stress zu mindern und die Lebensqualität zu steigern. Täglich stürmen mehr Informationen auf uns ein. Unterbrechungen und Ablenkungen machen es schwer, sich wirklich ganz auf eine Sache zu konzentrieren, ein Problem zu lösen, eine Arbeit zeitgerecht abzuschließen. Sich konzentrieren und sich entspannen können sind dazu notwendig. Der Schwerpunkt liegt auf der Integration des Gelernten in den eigenen Arbeitsalltag. Das geschieht durch Übungen, Praxistraining und Lernen im Dialog untereinander."

Mit der in vielen Teilmärkten der Architekturberufe stark angespannten Erwerbs- und Arbeitssituation ist diese Nachfrage allein nicht zu erklären. Ähnliche Bedingungen herrschen z. B. in der gesamten Ingenieurbranche, ohne dass dort ähnlich gute Erfahrungen mit vergleichbaren Angebotsversuchen gemacht wurden. Für den Erfolg der Seminare der AK NW scheinen mehrere spezifische Erfolgsfaktoren den Ausschlag gegeben zu haben:

- Die Seminare werden von einer Architektin konzipiert und durchgeführt, die über Zusatzqualifikationen und langjährige Erfahrung im Managementtraining verfügt. Dies erleichtert einen strikten Bezug auf die Berufspraxis in der Architekturbranche und sichert eine relativ einfache Verständigung im fachlichen Code dieses professionellen Milieus.
- Der zweite Aktivposten ist die Orientierung an modernen Konzepten von Selbstführung, Selbstmanagement und Work-Life-Balance, die sich aus arbeits- und gesundheitspsychologischer Sicht als Bewältigungs- und Präventionsstrategien im Kontext flexibler Dienstleistungsarbeit immer deutlicher bewähren. Auf einen expliziten gesundheitsdidaktischen Bezug wird dabei weitgehend verzichtet, und die voraussetzungsvolle Terminologie der Gesundheitsförderung spielt gar keine Rolle. Lernziel ist eine selbstachtsame und nachhaltige persönliche Berufspraxis, in der auch hedonistische Motive nicht zu kurz kommen. Schließlich kann die Seminarteilnahme auch als förmliche Fortbildung geltend gemacht werden.

---

1 Für 2011 wird außerdem ein Vertiefungs-Workshop dazu angeboten. Vgl. http://www.akademie-aknw.de/akademieprogramm/f-fortbildung/detail.htm?7906919141e53ca (16.03.2011)

# 4 Zwischenbilanz der Potenzialanalyse - Ausgangspunkte für Modellentwicklungen und Konzeptstudien

Dieses Kapitel integriert Befunde der beiden Teilschritte der Potenzialanalyse (Kapitel 2 und 3) zu einer Abschätzung sektorspezifischer Möglichkeitsräume der Themenintegration. Diese „Potenzial-Profil-Hypothesen" liefern zugleich den empirisch-wissenschaftlichen Begründungszusammenhang für die inhaltliche Ausrichtung der Modellentwicklungen und Konzeptstudien, mit denen in den drei Kammersektoren die potenzialverdächtigen Pfade für die Themenintegration experimentell bzw. konzeptionell weiter verfolgt wurden.

Das daraus resultierende Interventionskonzept ist selbstredend keine lineare Ableitung unserer wissenschaftlichen Bestandsaufnahmen. Der empirisch-wissenschaftliche Begründungszusammenhang muss jedoch die Wahrscheinlichkeit deutlich erhöhen, dass die identifizierten Entwicklungsoptionen mit den empirischen Erkenntnissen der analytischen Potenzialabschätzung logisch verträglich sind, d. h. ihnen in keinem elementaren Punkt widersprechen. Hinzu kommen in jedem Einzelfall zwei weitere *pragmatische* Kriterien: Die Modellideen *müssen* zum einen mit den finanziellen, zeitlichen, personellen und „motivationalen" Ressourcen temporärer Entwicklungspartnerschaften zu bewältigen sein. Zum anderen *sollten* die Modelle und Konzepte untereinander möglichst wenig Redundanz aufweisen, d. h. inhaltlich und methodisch ein breites Spektrum kammerspezifischer Entwicklungspfade bei der Themenintegration beschreiten.

In Anlehnung an das Kriterium der *Kompatibilität* (vgl. Kap. 1.2.3) scheinen für die Bedingungen der Möglichkeit, das Thema Arbeit und Gesundheit in das Kommunikations- und Dienstleistungsspektrum zu integrieren, zwei Dimensionen von besonderer Bedeutung:

- Da Kammern zwar öffentlich-rechtliche, aber keine Einrichtungen des Gesundheitswesens sind, ist zunächst nach der internen Legitimität und Opportunität des Themas Gesundheit bei der Arbeit zu fragen. Mit Legitimität ist dabei die Konformität mit gesetzlichen und satzungsgemäßen Zielen und

139

Aufträgen gemeint; die Unterdimension Opportunität zielt auf die praktischen oder organisationspolitischen Nutzenerwartungen maßgeblicher Akteurgruppen einer Kammer an die Integration des Themas in die Kammerarbeit.

- Die zweite Schlüsselfrage zielt auf die für die Themenintegration instrumentalisierbaren Infrastrukturen und Formate von Kommunikation und Dienstleistung. Dabei sind die kammerinternen Aktivitäten von besonderem Interesse, die auf die Reflexion und Gestaltung beruflicher bzw. unternehmerischer Praxis abzielen und dabei (direkte oder systemische) thematische Anschlüsse an ein pragmatisches kleinbetriebliches Gesundheitsmanagement aufweisen.

## 4.1 Berufskammern:
### Berufliches Gesundheitsmanagement als Element erweiterter Professionalität

Stärker noch als die beiden Wirtschaftskammern werden Berufskammern durch Klein- und Ein-Personen-Unternehmen geprägt. Gerade in den Freien Berufen sind Solo-Selbstständigkeit und Kleinbetrieb – Praxis, Büro und Kanzlei – vorherrschende Erwerbsformen. Viele Berufskammern organisieren sowohl Selbstständige wie abhängig Beschäftigte unter der Leitidee des Berufs und bieten damit ein statusübergreifendes Kommunikationspotenzial für arbeitsbezogene Themenstellungen.

Dazu zählt auch *berufliches Gesundheitsmanagement*, das ohne besonderen Legitimationsaufwand mit zentralen Kammeraufgaben und -zielen zu vereinbar ist. Dass nachhaltiger beruflicher Erfolg die Pflege gesundheitlicher Ressourcen voraussetzt und diese damit in das Aufgabenfeld „berufliche Förderung" fällt, ist kaum zu bestreiten. Moderne Gesundheitskonzepte haben mit ihrer Orientierung auf personale Ressourcen und autonome Selbstregulation vielfältige Berührungspunkte mit der ebenfalls stark auf Autonomie abstellenden Idee der Freiberuflichkeit.

Auch für die zentralen Kammeraufgaben „Qualitätssicherung" und „Vertrauensproduktion" erfüllt berufliches Gesundheitsmanagement wichtige Gewährleistungsfunktionen. Nur ein im bio-psycho-sozialen Sinne „gesunder" Freiberufler rechtfertigt das Vertrauen der Klienten auf eine zuverlässige, engagierte und auf Empathie gestützte Dienstleistung. Aus dieser Warte verdienen in allen Freien Berufen Hinweise auf eine möglicherweise systematische Überbeanspruchung der Berufsträger besondere primärpräventive Aufmerksamkeit.

Personale Integrität, Professionalität und Klientenvertrauen sind wesentliche Eckpfeiler freiberuflicher Identität – mehr noch als der bloße wirtschaftliche Erfolg. Damit besteht auf leitideeller und strategischer Ebene eine tragfähige Plattform für die Thematisierung berufstypischer Gesundheitsbelastungen und Bewältigungsanforderungen.

Die Mitgliedschaft darf allerdings erwarten, dass die Thematisierung von Gesundheitsmanagement insoweit authentisch und unverwechselbar ist, dass sie sich strikt auf die *berufliche Praxis* bezieht. Eine Berufskammer wird deshalb die Mitgliederkommunikation über Gesundheit nicht wie die Gesundheitskommunikation einer Krankenversicherung oder Berufsgenossenschaft anlegen können, sondern stets in den Zusammenhang eines *erweiterten Verständnisses von Professionalität* stellen müssen: Neben der „ordentlichen Berufsausübung" und dem „guten Auskommen" gehört auch „berufliches Gesundheitsmanagement" zu den elementaren Voraussetzungen nachhaltig erfolgreicher und befriedigender Freiberuflichkeit.

Dass keine juristischen Einwände gegen und sogar gute berufspolitisch-strategische Gründe für eine spezifische Thematisierung von Gesundheitsmanagement durch Berufskammern sprechen, ist jedoch nur eine notwendige, aber nicht schon hinreichende Voraussetzung für die Themeninnovation. Im öffentlich wahrnehmbaren Diskurs der meisten Freien Berufe spielt das Thema berufliches Gesundheitsmanagement in Relation zu anderen berufspolitischen Kernthemen und Tagesproblemen derzeit faktisch keine nennenswerte Rolle. Weder wird das Thema von einer breiten Mitgliedermehrheit eingefordert, noch wird man von der politischen Führung einer Kammer erwarten können, es mit missionarischem Impetus auf die Agenda zu setzen. Formal lässt sich eine Themeninnovation deshalb am ehesten als *iteratives agenda setting* denken, in dem das organisationspolitische Gewicht des Themas behutsam „ausgemessen" wird. Sinnvolle Anknüpfungspunkte in den beruflichen Alltagserfahrungen der Mitglieder werden durch geeignete Sondierungsmethoden oder an konkreten Anlässen aufgespürt und in Kommunikations- und Dienstleistungsangebote der Berufskammer transformiert, soweit es Akzeptanz und Resonanz der Mitgliedschaft zulassen.

Am Beispiel des Umgangs der Ärztekammer Baden-Württemberg mit dem Thema Burn-Out lässt sich dies gut nachvollziehen: Ausgangspunkt war eine erste kammerinterne Diskussion, die offenbar einen noch breiteren Thematisierungsbedarf (in Richtung Work-Life-Balance) sichtbar machte und in die Gründung eines Ausschusses „Beruf und Familie" einmündete. Das Burn-Out-Problem wurde in der Ausschussarbeit prominent und dauerhaft verankert und führte zu einer deutlichen Systematisierung und Verstetigung von Aktivitäten.

Dabei liegen die spezifischen „operativen" Stärken einer Berufskammer, gemessen am Reifegrad der Formate und der Mitgliederbeteiligung, in zwei Kernbereichen: Dies ist zum einen die laufende berufsfachliche Information der Mitglieder via Internet, Printmedien und kammeröffentlichen Fachveranstaltungen, zum anderen das z. T. sehr umfangreiche und tief gegliederte Fort- und Weiterbildungsangebot der Kammer-Akademien. Inhaltliche Nahtstellen zu Gesundheit und Prävention bieten hier vor allem solche Angebote, die Strategien und Techniken des beruflichen Gesundheitsmanagements als erweiterte berufspraktische Problemlösungskompetenzen vermitteln. Den Ansatz des Zeitmanagement-Seminars der Architektenkammer NW sehen wir dafür als prototypisch an. Der Katalog beruflicher Themen, auf die Präventionsinhalte „aufmoduliert" werden können, dürfte damit aber längst nicht erschöpft sein.

In einer PräTrans-Entwicklungspartnerschaft mit der *Ingenieurkammer Sachsen-Anhalt* (IK S-A) bot sich die Gelegenheit, einen gestuften Thematisierungsprozess im Sinne des oben skizzierten iterativen *agenda settings* modellhaft zu erproben. Die IK S-A zählt mit ihren etwa 2.500 Mitgliedern zu den mittelgroßen Ingenieurkammern. Aufgrund ihres früheren Engagements in Arbeitsschutz-Modellprojekten (vgl. Kap. 3.3) war ein fruchtbarer Boden für eine gemeinsame Projektarbeit bereitet. Für die Planung und Steuerung der Modellaktivitäten wurde eine gemeinsame Projektgruppe aus Mitgliedern der Geschäftsführung, dem Leiter des Kammerausschusses „Sicherheit und Gesundheitsschutz" und Mitarbeitern des PräTrans-Teams der Sozialforschungsstelle Dortmund eingerichtet. Nach den notwendigen „politischen" Verständigungs-, Klärungs- und Entscheidungsprozessen auf verschiedenen Ebenen der Kammer wurde ein gestuftes Vorgehen vereinbart, das von einer themenbezogenen „Kommunikationsoffensive" bis zur Entwicklung konkreter Informations- und Weiterbildungsangebote der Kammer reicht (ausführlich dokumentiert und evaluiert in Kap. 5.1.1).

Die *Architektenkammer Nordrhein-Westfalen* (AK NW) zählt mit ca. 29.000 Mitgliedern zu den größten Berufskammern überhaupt. Sie gehörte zwar nicht zu den ursprünglichen strategischen Partnern des PräTrans-Verbundes, entwickelte jedoch im Laufe der dortigen wissenschaftlichen Recherchen wachsendes Interesse an einer intensiveren praktischen Zusammenarbeit. So wurde ein Teil des Repertoires der Modellentwicklung mit der IK S-A auch hier eingesetzt. Die Ergebnisse der Mitgliederbefragung, die auf erhebliche berufliche Belastungen und ein hohes Burn-Out-Risiko vor allem junger Architekt/innen hinweisen, haben den zuständigen Kammerausschuss veranlasst, das Thema prominenter auf seiner Agenda zu platzieren und weitere Aktivitäten der Kammer anzuregen. In diesem Bericht diskutieren wir die Aktivitäten mit der AK NW als empirische Ergänzung der Fallstudie im Ingenieurbereich. Zahlreiche

Parallelen in den Erwerbs- und Arbeitsbedingungen beider Berufsgruppen rechtfertigen dieses Vorgehen (vgl. Kap. 5.1.2).

Durch Zwischenpublikationen auf das Projekt aufmerksam geworden, hat zu einem relativ späten Zeitpunkt auch die *Apothekenkammer Nordrhein* die Kooperation mit PräTrans gesucht. Die Kammer hatte kurz zuvor auf Initiative der Abteilungsleiterin Aus- und Fortbildung beschlossen, im Rahmen der Bemühungen um eine zukunftsfähige Gestaltung des Apothekenwesens auch dem internen betrieblichen Gesundheitsmanagement verstärkte Aufmerksamkeit zu widmen. Dazu wurde u. a. die Idee ins Spiel gebracht, durch speziell fortgebildete Teammitglieder („Kümmerer" oder „kollegiale Berater") die Präventionskompetenz der Apotheken zu erhöhen. Die Sozialforschungsstelle nahm die Kooperationsofferte gerne an, weil sie einen interessanten Erkenntnis- und Erfahrungsgewinn zu versprechen schien: Das Modell einer kollegialen Beratung könnte gerade im kleinbetrieblichen Kontext qualifizierter Dienstleistungen ein originelles und innovatives Element pragmatischen Gesundheitsmanagements darstellen und möglicherweise auch auf andere – nicht nur freiberuflich verfasste – Branchen übertragbar sein.

Für die Konzeptualisierung und Umsetzung der Idee wurde deshalb im April 2009 eine Projektgruppe aus Kammermitgliedern, dem PräTrans-Team der Sozialforschungsstelle und der Berufsgenossenschaft für Gesundheitsdienst und Wohlfahrtspflege eingerichtet, die sich mit der Ausarbeitung und Erprobung eines Handlungs- und Weiterbildungskonzeptes befasste (ausführlich in Kapitel 5.1.3).

## 4.2 Spezifische Stärken der IHK-Organisation: Führungskräfte-Weiterbildung und regionales ‚agenda setting'

Im Gegensatz zum klassischen Arbeitsschutz, der als legitimes, aber ungeliebtes Pflichtthema eher „mitgeführt" wird, ist betriebliches Gesundheitsmanagement bzw. Gesundheitsförderung im Betrieb als thematische Innovation bereits relativ breit auf der Agenda der IHKs präsent. Auch im IHK-System gibt es an der grundsätzlichen Legitimität und Opportunität des Themas kaum Zweifel: Betriebliches Gesundheitsmanagement ist als „flankierende Strategie" zur Sicherung nachhaltiger Wettbewerbsfähigkeit der gewerblichen Wirtschaft zumindest nicht umstritten und die deutsche Wirtschaft hat sich auf programmatischer Ebene mehrfach zu seinen grundsätzlichen Anliegen bekannt.

Die Generierung neuer Themen im IHK-System erfolgt in der Regel „von unten nach oben": Einzelne Kammern nehmen Impulse aus Mitgliedschaft und Gesellschaft auf und verankern sie schrittweise zunächst im offiziellen kammerinternen Diskurs, im Organisations- und Kompetenzprofil des Kammerapparates und vielleicht sogar im Servicespektrum für die Mitglieder. Bei entsprechender „Basisbreite" werden Themen auch vom DIHK aufgenommen mit dem Ziel, eine Kommunikation über „gute Kammerpraxis" zu organisieren und Standards für die gesamte IHK-Organisation zu definieren. Beispiele aus diesem Jahrzehnt sind die Themen „familienfreundliche Arbeitszeiten" oder „demografischer Wandel". Im PräTrans-Untersuchungszeitraum (seit 2007) ist die Anzahl der Kammern, die sich mit diesen Themen befassen, sprunghaft angestiegen.

Die Adoption des Themas „betriebliches Gesundheitsmanagement" (BGM) folgt diesem Grundschema, ist derzeit aber noch nicht so weit fortgeschritten wie bei anderen Themen des Humanressourcen-Managements (HRM). Es zeichnet sich allerdings ab, dass der Arbeit-Gesundheit-Kontext durch diese parallelen Themenkonjunkturen eher Auftrieb erhält als mit ihnen um Aufmerksamkeit und Ressourcen zu konkurrieren. So weitet sich z. B. die Thematisierung familienfreundlicher Arbeitszeiten in der IHK-Community zusehends zu einer systemischeren Sicht auf die Bedeutung von gelungener Work-Life-Balance für Personalentwicklung und -bindung aus und greift damit „zwangsläufig" einen nicht unwesentlichen Aspekt modernen betrieblichen Gesundheitsmanagements auf. Noch ausgeprägter ist der Stellenwert von gesundheitlicher Prävention in einzelwirtschaftlichen Strategien zur Bewältigung des demografischen Wandels, was ebenfalls zu deutlichen Verstärkungseffekten führt. Ähnliche Synergien sind zu erwarten, wenn die Debatte um *Corporate Social Responsibility* in der Wirtschaft weitere Kreise zieht.

Die Vernetzung von Gesundheitsmanagement mit anderen Aspekten des HRM könnte auch das in der gewerblichen Wirtschaft vorherrschende Deutungsmuster von „betrieblicher Gesundheitsförderung" positiv beeinflussen. Sie könnte der Tendenz entgegen wirken, BGM allzu pragmatisch auf verhaltensorientierte Maßnahmen im Bereich Bewegung, Ernährung und Entspannung (nach dem Motto *fit for job*) zu reduzieren und stattdessen auch auf strukturelle Faktoren der Arbeitsorganisation und der Unternehmenskultur zu achten.

Mit der wachsenden Zahl von gewerblichen Mitgliedsunternehmen, die Dienstleistungen zur betrieblichen Gesundheitsförderung anbieten, ist betriebliches Gesundheitsmanagement für eine IHK von doppeltem Interesse: Es bietet einerseits ein *Geschäftsfeld* der regionalen Gesundheitswirtschaft, das für die zumeist mittelständischen Anbieter von Beratung, Bildung und Coaching zum BGM lukrativ ist. Auf der anderen Seite ist das BGM-Angebot als *Standortvorteil* ernst zu nehmen, sichert es doch die Versorgung der regionalen Wirtschaft mit unternehmensnahen Präventionsdienstleistungen. Fruchtbare regionale Plattformen für IHK-Aktivitäten zum BGM bieten sich also insbesondere dort, wo eine „kritische Masse" privatwirtschaftlicher BGM-Dienstleister vorhanden ist und sich zugleich Unternehmen im Humanressourcenmanagement nachfrage-mächtig engagieren. Beides zum Wohle der regionalen Wirtschaft und Arbeits-bevölkerung (Gemeinwohlbezug) miteinander zu vernetzen ist eine geradezu klassische Aufgabe von IHKs. Wie das Beispiel der Handelskammer Hamburg zeigt, sind niederschwellige, multimodale Aktionsformen, die Informations- und Erfahrungsaustausch, Messen, Wettbewerbe etc. verknüpfen, ein durchaus Erfolg versprechender, wenngleich mühsamer Weg zum Ziel.

Auf der zweiten Kriteriendimension für die Potenzialabschätzung, der ope-rativen Kompetenz der Kammern für Dialog und Mitgliederservice, fällt zu-nächst eine spezifische „Schwäche" der IHK-Organisation ins Gewicht: Direkte *Beratungsleistungen* für die Mitgliedschaft, für die es einen funktionierenden regionalen Markt gibt, darf eine IHK aus wettbewerbsrechtlichen Gründen weder unmittelbar noch mittelbar anbieten. Der Funktionsbereich „Einzelfallberatung" spielt demnach – im Unterschied zu den beträchtlichen Potenzialen der Hand-werkskammern oder Wirtschaftsverbände – für das IHK-Profil keine Rolle.[1]

Bei der allgemeinen Information ihrer Mitglieder operieren IHKs durchweg auf hohem professionellen Niveau. Inhaltlich liegt der Schwerpunkt auf bran-chenübergreifenden und regionalspezifischen Problemen der gewerblichen Wirt-schaft, unter diesem Fokus ist das Informationsangebot umfassend und breit gefächert. Es bedient sich sowohl klassischer Medien und Transferwege (Print-medien, Veranstaltungen etc.) als auch Internet basierter Kommunikationsfor-men wie Homepages und eMail-Newsletters. In etlichen IHKs ist dabei auch das Thema BGM mehr oder weniger differenziert abgebildet.

Bei der *Weiterbildung von betrieblichen Fach- und Führungskräften* kann die IHK-Organisation auf eine flächig ausgebaute Organisations- und Infrastruk-tur zurückgreifen. Eine enge Rückkopplung der Angebotsplanung und -gestaltung mit der Klientel und die Arbeit einer zentralen Konzeptschmiede und Qualitätssicherungsinstanz (DIHK-Bildungs-GmbH) bieten günstige Vorausset-zungen für bedarfs- und zielgruppengerechte Curricula. Ein Blick auf das inhalt-liche Themenspektrum zeigt vielfältige, bislang offenbar aber noch unzureichend genutzte Schnittstellen zum Themenkreis BGM.

Gemeinsam mit der *DIHK-Bildungs-GmbH* wurde deshalb nach Ansatz-punkten gesucht, Inhalte eines pragmatischen kleinbetrieblichen Gesundheitsma-nagements in geeignete IHK-Curricula zu integrieren. Gelegenheit dazu bot eine 2008 in Planung befindliche modulare Weiterbildungskonzeption für „Personal-entwicklung in KMU". Mit diesem Baukastensystem soll Führungskräften mit-

---

1 Dabei ist zu berücksichtigen, dass die im Vergleich zu anderen Kammerarten extreme Heterogeni-tät der Mitgliedschaft einen kaum überschaubaren Raum betrieblicher Problemlagen und potenzieller Beratungsthemen mit sich bringt. Eine einzelne IHK wäre wohl auch kaum in der Lage, dieses The-menspektrum durch ein Beratungsangebot halbwegs kompetent abzudecken.

telständischer Unternehmen Praxiswissen für eine strategische Personalentwicklung vermittelt werden. Das PräTrans-Team der Sozialforschungsstelle übernahm dabei die Aufgabe, ein Modul zu konzipieren, das in Handlungsfelder und Techniken eines modernen kleinbetrieblichen Gesundheitsmanagements einführt und dabei dessen Potenziale für nachhaltige Personalentwicklung systematisch herausstellt (ausführlich in Kap. 5.2.1.1).

Das zweite Feld, auf dem die IHKs sogar ein institutionelles Alleinstellungsmerkmal reklamieren können, ist die *Moderation eines strukturorientierten regionalen Wirtschaftsdialogs*, d. h. eines Verständigungsprozesses, der nicht an Branchengrenzen halt macht und verpflichtet ist, auch weiche Standortfaktoren, Gemeinwohlinteressen und Nachhaltigkeitsaspekte angemessen zu berücksichtigen. Die Fallbeispiele aus Hamburg und Berlin zeigen, dass dies offensichtlich erhebliche Thematisierungspotenziale für BGM eröffnet, die bislang aber nur punktuell genutzt werden.

Schon auf dem ersten PräTrans-Werkstattgespräch im Juni 2008 in Dortmund äußerten sich die anwesenden Expertinnen und Experten aus IHKs sehr interessiert an einer Bilanzierung und strategischen Reflexion der lokalen Erfahrungen mit Kammerinitiativen auf der Schnittstelle von Gesundheitswirtschaft und betrieblichem Gesundheitsmanagement. Im Rahmen eines Rückkopplungsgespräches mit mehreren Fachabteilungen des DIHK wurde dieses strategische Interesse bekräftigt und die Möglichkeit eröffnet, das Thema auf die Agenda des regelmäßigen Erfahrungsaustausches von IHK-Fachpersonal der Dienstleistungsabteilungen zu setzen (Juni 2009). Das PräTrans-Team der Sozialforschungsstelle hat diesen Erfahrungsaustausch moderiert und ausgewertet (vgl. Kap. 5.2.1.2).

### 4.3 Handwerksorganisation:
### Kann die Betriebsberatung mehr als „klassischen Arbeitsschutz"?

Für die deutsche Handwerksorganisation kann festgestellt werden, dass das Thema „Arbeit und Gesundheit" weder formalrechtlich noch praktisch ein Tabu darstellt. Aber auch in diesem Sektor weisen „Arbeitsschutz" und „Gesundheitsförderung" unterschiedliche Thematisierungs- und Integrationsmodi auf.

Der *klassische Arbeitsschutz* stellt ein organisationspolitisch zwar nachrangiges, jedoch in allen Körperschaften der Handwerksorganisation stetig präsentes Thema dar. Zum Selbstverständnis als „kollektive Stabsstellen" der Handwerksunternehmen, die u. a. strukturelle Nachteile der kleinbetrieblichen Wirtschaftsweise kompensieren, gehört folgerichtig auch die Übernahme von solchen Informations- und Beratungsaufgaben, die im großbetrieblichen Milieu Stabsabteilungen für Arbeits- und Gesundheitsschutz für ihre internen „Kunden" wahrnehmen. Dazu zählt insbesondere die Information über Vorschriften und Praxisstandards, Initialberatung bei praktischen Problemlösungen und vermittelnde Hilfestellung bei Konflikten mit Berufsgenossenschaft und Arbeitsschutzverwaltung. Handwerksorganisationen wie Innungen, Innungsverbände oder Kreishandwerkerschaften engagieren sich auch trägerschaftlich bei der Sicherstellung gesetzlich vorgeschriebener präventionsfachlicher Betreuung im Rahmen von Pool-Modellen. Wettbewerbsrechtliche Bedenken – wie im Falle der IHKs – stehen solchen Modellen im Handwerk nicht entgegen.

Das kollektive Deutungsmuster von Arbeitsschutz, der gemeinsame Nenner der Kommunikation zwischen (Klein-)Unternehmen und Hauptamtlichen, konzentriert sich inhaltlich auf die Themenkorridore von Arbeitssicherheit, Unfallverhütung und Arbeitshygiene und korrespondiert mit einem pragmatisch-antibürokratischen betrieblichen Handlungsmodell mit nach wie vor patriarchalischen Zügen. Dem entspricht ein Informations- und Beratungsstil in der Handwerksorganisation, der als schwerpunkt-, praxis- und klientelorientiert gekennzeichnet werden kann: schnörkellos und im positiven Sinne „hemdsärmelige" Hilfe zur Selbsthilfe.

In dieser Thematisierungspraxis nehmen die Handwerkskammern eine spezifische Rolle war. Sie verfügen zwar wie die Innungsverbände und Landes-Gewerbeförderungsstellen auch über eigene operative Kompetenzen für Information und Beratung zum Arbeitsschutz (Fachberater, Homepages). Darüber hinaus übernehmen sie – verstärkt seit der Gründung eigener Kompetenzzentren – strategisch-konzeptionelle Querschnittsaufgaben, wie sich an den diversen Modellprojekten zur Profilierung eines handwerkspezifischen Arbeitsschutzes ablesen lässt.

Schon Ende der 1990er Jahre konnte auf beachtliche Modellaktivitäten zur „*Gesundheitsförderung im Handwerk*" zurück geblickt werden. Das Impulszentrum für diese „Bewegung" lag allerdings nicht im Innern der Handwerksorganisation, sondern bei den Innungskrankenkassen, denen der 1986 verabschiedete § 20 SGB V einen erweiterten Handlungsspielraum in der betrieblichen Gesundheitsförderung eingeräumt hatte. Die in zahlreichen Verbundprojekten mit Innungen und anderen Akteuren innerhalb und außerhalb des Handwerks gemachten Interventionserfahrungen haben in der Folgezeit zum Aufbau eines modularen und standardisierten IKK-Angebots zur handwerklichen Gesundheitsförderung geführt. Unsere Recherchen und Gespräche legen allerdings den Schluss nahe, dass sich die Nachfrage des Handwerks nach diesen Produkten auf einem eher bescheidenen Niveau bewegt.

Kein anderer Sektor der wirtschaftlichen Selbstverwaltung verfügt jedoch über eine nur annähernd so gut ausgebaute *Beratungsinfrastruktur* wie das

Handwerk. Organisatorisch angebunden an verschiedene Organisationsebenen und Körperschaften der Kammer- und der Innungslinie arbeiten fast 900 Beraterinnen und Berater, zentral koordiniert und betreut durch den ZDH (Abteilung Gewerbeförderung) in zumeist enger Tuchfühlung mit den Kleinunternehmen des Handwerks. Damit verfügt das Handwerk über ein flächendeckendes und zugleich institutionalisiertes Serviceangebot, dessen thematische Breite vielfältige Schnittstellen mit einem pragmatischen kleinbetrieblichen Gesundheitsmanagement vermuten lässt. Es lag deshalb nahe, im Handwerkssektor speziell die Praxis der Betriebsberatung zu fokussieren.[1] Im Zentrum stand dabei die Frage, ob und wie sich der thematische Beratungshorizont über den klassischen Arbeitsschutz hinaus erweitern und vielleicht sogar auf Aspekte des persönlichen Gesundheitsmanagements der Unternehmensleitungen ausweiten lässt.

Dazu wurde in Zusammenarbeit mit der Abteilung Gewerbeförderung des ZDH eine Konzeptstudie in Angriff genommen, die gestützt auf eine Befragung von Beratenden aus Handwerksorganisationen den Versuch unternahm, nach dem Modell einer „Konzeptwerkstatt" strategische und praktische Konsequenzen aus den Ergebnissen abzuleiten (vgl. Kap. 5.2.2).

---

1 Im Parallelvorhaben des PräTrans-Verbundes hat das RKW eine weitere Entwicklungspartnerschaft im Handwerkssektor begleitet, an der ein Landesinnungsverband und eine Innungskrankenkasse maßgeblich beteiligt waren (vgl. Ammon et al. 2009: 31-36).

| Titel | Inhalt | Partner | Aktivitäten |
|---|---|---|---|
| *Erfolgreich und gesund im Ingenieurberuf - Erweiterung des Informations- und Fortbildungsangebotes einer Ingenieurkammer* | Entwicklung und Marketing von Informations- und Weiterbildungsangeboten zum beruflichen Gesundheitsmanagement der Mitglieder | Ingenieurkammer Sachsen-Anhalt, Techniker Krankenkasse (Hamburg) | „Impulsartikel", aktivierende Mitgliederbefragung, Aufbau einer Themenrubrik auf der Kammerhomepage, Pilotseminar „Zeit- und Selbstmanagement" |
| *Gesundheitsmanagement in der Apotheke – Impulse durch kollegiale Beratung* | Entwicklung und Erprobung eines Handlungs- und Fortbildungskonzeptes für kollegiale Berater/innen in Apotheken | Apothekerkammer Nordrhein; Berufsgenossenschaft Gesundheitsdienst- und Wohlfahrtspflege (Bochum) | Präzisierung von Rollenmodell und Handlungskonzept, Konzept; Pilotierung einer eintägigen Einstiegsfortbildung bei der Kammer |
| *Betriebliches Gesundheitsmanagement in einem IHK-Zertifikatslehrgang „Personalentwicklung in KMU"* | Curriculare Vernetzung von pragmatischem Gesundheitsmanagement und strategischer Personalentwicklung in KMU | DIHK-Bildungs-GmbH | Verständigung über Leitlinien und Eckpunkte; Ausarbeitung eines Moduls „Humanressourcen- und Gesundheitsmanagement" |
| *Regionales Agenda-Setting für betriebliches Gesundheitsmanagement – Optionen von IHKs* | Initiierung eines bundesweiten Erfahrungsaustausches zum Thema BGM als IHK-Thema | DIHK Abt. Dienstleistungen, Fachreferent/innen aus IHKs | Vorbereitung, Moderation und Auswertung eines Themenworkshops von IHK-Fachpersonal |
| *Prävention durch Betriebsberatung im Handwerk* | Konzept und Instrumente für die Beratung von Handwerksunternehmen zum betrieblichen Gesundheitsmanagement | ZDH - Abt. Gewerbeförderung | Befragung von Betriebsberatern des Handwerks; Planung einer Konzeptwerkstatt |

*Tabelle 5:* Modellentwicklungen und Konzeptstudien im Kammerbereich

# 5 Modellentwicklungen und Konzeptstudien

## 5.1 Modellentwicklungen mit Berufskammern

### 5.1.1 „Erfolgreich und gesund im Ingenieurberuf" – Erweiterung des Informations- und Fortbildungsangebotes einer Ingenieurkammer

#### 5.1.1.1 Formierung der Entwicklungspartnerschaft

Die Ingenieurkammern Sachsen-Anhalt (IK S-A) und Hessen (IK H) waren bereits an früheren Projekten des Verbundpartners RKW-Kompetenzzentrum als Praxispartner beteiligt, so dass diese Kontakte im PräTrans-Vorhaben für eine neuerliche Kooperation genutzt werden konnten. Die Geschäftsführungen beider Einrichtungen hatten die Projektidee schon in der Antragsphase durch förmliche Interessenbekundungen unterstützt.

In beiden Kammern wurde zu Projektbeginn (Frühjahr 2007) jeweils ein Gespräch zwischen Mitarbeitern des Projektteams, dem Hauptgeschäftsführer und einem themenkompetenten Mitglied der Selbstverwaltung geführt. In beiden Fällen war dies der Vorsitzende des Kammergremiums, das sich fachlich mit dem Thema „Sicherheit und Gesundheitsschutz" und berufspolitisch vor allem mit dem Tätigkeitsfeld von Sicherheitsingenieuren bzw. Sicherheits- und Gesundheits-Koordinatoren befasst. Diese Auftaktgespräche hatten zwei Kernfunktionen: Sie dienten zum einen dazu, Informationen über die aktuelle Struktur und Situation der Kammer zu sammeln und zugleich auszuloten, auf welchen thematischen Interessen und organisationalen Ressourcen eine mögliche Kooperation mit der Kammer aufbauen könnte. Beide Gespräche verliefen in einer sehr konstruktiven Atmosphäre, die strategischen Partner signalisierten weitgehende Offenheit für die Erprobung thematischer Innovationen.

Die Sozialforschungsstelle konzentrierte ihre Aktivitäten im weiteren Verlauf auf die IK S-A, mit der noch Ende Juni 2007 erste konkretisierende Überlegungen zum Zuschnitt einer gemeinsamen Modellentwicklung angestellt wurden. Den Auftakt dazu bildete ein mehrstündiges Fachgespräch mit dem Vorsitzenden des Kammerausschusses „Sicherheit und Gesundheitsschutz", zugleich Inhaber eines präventionsfachlichen Beratungsdienstes und Betreiber der Online-Plattform *arbeitsschutzakademie* (vgl. Kap. 3.3). Ausführlich berichteten beide Partner zunächst über ihre aktuellen Aktivitäten zum Thema und die dahinter stehenden praktischen und konzeptionellen Ambitionen. Anschließend präsentierte die Sozialforschungsstelle eine erste Ideenskizze zu einer gemeinsamen Modellentwicklung, die sich auf Zwischenergebnisse aus Auftaktgesprächen und Potenzialanalyse stützte. In Erwartung guter Arbeits- und Kooperationsbedingungen wurde ein relativ ambitioniertes, mehrere Handlungsebenen und Zielgruppen einbeziehendes Vorgehen vorgeschlagen.

Der Diskussionsvorschlag wurde vom Vertreter der Kammer sowohl aus seiner eigenen fachlichen Sicht wie aus der organisationspolitischen Perspektive der Kammer für sinnvoll und machbar gehalten. Das Gespräch machte aber auch eine Divergenz zwischen den persönlichen Interessen unseres Protagonisten und den Zielen des Projektes deutlich: Unser Gesprächspartner hätte es gerne gesehen, wenn die Modellaktivitäten möglichst eng mit den von ihm selbst entwickelten kammernahen Angeboten verzahnt worden wären und diese um weitere vermarktbare Produktmodule bereichert hätten. Das Hauptinteresse des Projektes PräTrans musste jedoch darin bestehen, bei der modellhaften Themenintegration an *typischen* Möglichkeiten und Ressourcen einer Ingenieurkammer anzusetzen. Die Nutzung eines professionellen kammernahen Informations-, Beratungs- und Bildungsangebots zu Sicherheit und Gesundheitsschutz hätte eine für die Kammerlandschaft atypische Voraussetzung in die Modellkonstruktion eingebaut und seine Imitierbarkeit infrage gestellt. Außerdem durfte das Modelprojekt nicht in den Verdacht geraten, durch Partikularinteressen eines exponierten Mitgliedes beeinflusst zu werden. Dieser latente Konflikt konnte im weiteren Projektverlauf erfolgreich auf der Linie des PräTrans-Konzeptes bewältigt werden, ohne dass auf die loyale Unterstützung des Ausschussvorsitzenden verzichtet werden musste.

Als nützliche externe Kooperationspartner für die Modellentwicklung wurden die Verwaltungs-Berufsgenossenschaft und die Techniker Krankenkasse (TKK) ins Auge gefasst. Beide Präventionseinrichtungen sind nicht nur für das Ingenieurklientel besonders relevant, es bestanden zu beiden auch persönliche Arbeitskontakte aus dem kurz zuvor abgeschlossenen Projekt „selbstständig & gesund" (BAuA) der Sozialforschungsstelle. Während der in der Zentrale der TKK angesprochene Fachreferent relativ rasch sein Interesse und Bereitschaft zur Mitarbeit bekundete, musste auf die Unterstützung der Verwaltungs-BG verzichtet werden.[1]

---

1 Die Ursachen für diese überraschende Zurückhaltung liegen für uns weitgehend im Dunkeln. Dazu beigetragen hat möglicherweise ein Fusionsprozess, der die personellen Ressourcen der BG stark beansprucht haben dürfte.

Die vom RKW-Kompetenzzentrum geführten Kooperationsgespräche mit der IK Hessen mündeten nicht in Planungen für eine konzeptionell und operativ eigenständige Modellentwicklung. Stattdessen wollte man sich auf die Rolle des interessierten Beobachters der Modellentwicklung mit der IK S-A beschränken und ggf. zu einem späteren Zeitpunkt einzelne Module adaptieren. Faktisch trat die IK Hessen im weiteren Projektverlauf jedoch nicht aktiv in Erscheinung. Trotz Einladung beteiligte sich weder an den Treffen des Projektes mit der IK S-A noch an den Workshops des PräTrans-Verbundes.

Im Jahresverlauf 2007 waren Konzept und Kooperationsstruktur einer Modellentwicklung mit der IK S-A soweit vorgeplant, dass sie in einem Kreis haupt- und ehrenamtlicher Kammervertreter als Beschlussempfehlung diskutiert und entschieden werden konnten. An der im Februar 2008 durchgeführten Auftaktveranstaltung in der Kammer beteiligten sich der Geschäftsführer und die Bildungsreferentin der Kammer, der Vorsitzende und zwei weitere Mitglieder des Ausschusses Sicherheit und Gesundheitsschutz (darunter der Vizepräsident der letzten Legislatur), ein seit längerem für die Kammer tätiger externer Berater (mit sozialwissenschaftlicher Qualifikation), zwei Praktikanten aus dem Beratungsunternehmen des Ausschussvorsitzenden sowie zwei Wissenschaftler aus dem sfs-Projektteam. Der Vertreter der Techniker Krankenkasse war zu diesem Termin verhindert.

Alle Eingeladenen hatten vorab eine aktualisierte schriftliche Fassung des Projektkonzeptes erhalten. Im Anschluss an eine Kurzpräsentation der sfs wurde das Modellkonzept diskutiert. Die Legitimität und Opportunität einer Erweiterung der thematischen Perspektive der Kammer wurde von keinem Beteiligten ernsthaft angezweifelt. Gleichwohl war deutlich zu erkennen, dass die Reflexion der *eigenen* Erwerbsbedingungen und Belastungen unter gesundheitlichem Aspekt für die anwesenden Ehrenamtler neu und ungewohnt war. Diese Haltung, so der Hinweis, müsse erst recht für die Mehrheit der Mitglieder unterstellt werden: Trotz deutlich zunehmender beruflicher Belastungen und partieller Prekarisierungstendenzen werde persönliche Prävention von vielen als Wunschdenken und nicht leistbarer Luxus angesehen. Vor allem bei den Freischaffenden seien unternehmertypische Defizite an Selbstachtsamkeit und persönlicher Gesundheitsvorsorge weit verbreitet. In Relation zu anderen berufspolitischen und -praktischen Problemen müsse Gesundheitsmanagement als Randthema konfiguriert werden, seine Integration in die Kammeragenda dürfe also die klassischen Kernthemen (Honorarordnung, EU-Dienstleistungsrichtlinie, Bologna-Prozess usw.) nicht überstrahlen, sonst drohe der Kammer ein Legitimationsproblem.

Diese organisationspolitische Prämisse bildete zugleich eine implizite Messlatte für das gestufte Aktionskonzept. Alle vorgeschlagenen Module (Im-

pulsartikel, aktivierende Befragung, Rubrik auf der Kammer-Homepage, Weiterbildungsveranstaltung) wurden als sinnvoll angesehen, um die Potenziale des
Themas in der Kammerkommunikation nach und nach zu erschließen. Die
Machbarkeit der geplanten Aktivitäten wurde positiv eingeschätzt, erste operative Schritte zur praktischen Umsetzung wurden andiskutiert.

Der Kammervorstand stimmte dem vorliegenden Konzept ohne Einschränkungen und Auflagen rasch zu, so dass sich noch im April 2008 eine lokale Projektgruppe konstituieren konnte, die für die operative Umsetzung zuständig war.[1]
Grundlage der Kooperation war ein von der Sozialforschungsstelle entworfener
„Vorschlag für eine gemeinsame Ziel- und Arbeitsplanung" (April 2008), der
allgemeine Zustimmung fand. Die Projektgruppe traf sich in unterschiedlicher
Besetzung zu zwei Arbeitssitzungen im Juli und im Dezember 2008.

### 5.1.1.2 Strategisches Konzept und Projektdesign der Modellentwicklung

Die günstigen lokalen Kooperationsbedingungen gestatteten ein vergleichsweise
ambitioniertes Modelldesign, das auf einen mehrstufigen Thematisierungsprozess unter Nutzung verschiedener Kommunikations- und Serviceebenen der
Kammer abzielte.

Zunächst sollten vorhandene Medien der Kammer genutzt werden, um die
Mitgliedschaft über formale und inhaltliche Aspekte des Vorhabens zu informieren. Eine zentrale Rolle sollte dabei die Kammer-Homepage spielen. Es war
zwar davon auszugehen, dass der Internetauftritt der Kammer eher von einer
berufs- und kammerpolitisch aktiven Minderheit der Mitglieder genutzt wird.
Aber gerade diese waren als potenzielle lokale Protagonisten eine wichtige Zielgruppe der geplanten Kommunikationsmaßnahmen. Daneben bestand kein Zweifel am perspektivischen Bedeutungsgewinn dieses Mediums für die Mitgliederkommunikation; eine technische und redaktionelle Modernisierung der Homepage war in Vorbereitung. Außerdem ist die Homepage als offizielles Organ der
Kammer *prinzipiell* für jedes Mitglied raumzeitlich unbeschränkt verfügbar. Als
*öffentlicher* Auftritt macht sie Inhalte auch über die eigene Mitgliedschaft hinaus
sichtbar, was für die intersektorale Diffusion durchaus nützlich ist. Die Kammer-
homepage spielte deshalb eine strategisch wichtige Rolle im gesamten Kommu-
nikationskonzept der Modellentwicklung. Deshalb wurde deshalb frühzeitig eine
eigene Projektrubrik eingerichtet, die zunächst vor allem über das Verbundvorhaben PräTrans und die lokalen Kooperationsabsichten informierte.

---

1 Ihr gehörten neben dem Hauptgeschäftsführer die Bildungsreferentin und der für die Pflege der
Homepage zuständige Mitarbeiter der Kammer, der Vorsitzende des Ausschusses Sicherheit und
Gesundheitsschutz, ein externer Berater der Kammer und zwei Mitglieder des sfs-Teams an.

Erster systematischer Schritt des Agenda-Settings sollte ein *programmatischer Artikel* („Impulsartikel") sein, der der Mitgliedschaft signalisiert, dass die Kammer auch die gesundheitliche Dimension der Ingenieurarbeit im Visier hat und dazu weitere Angebote erproben wird. Dabei musste in verständlicher Sprache an die Anforderungs- und Belastungssituation der Ingenieurarbeit angeknüpft werden, berufliches Gesundheitsmanagement an zentralen Bewältigungsstrategien (Zeitmanagement, Stressmanagement, Work-Life-Balance) berufskompatibel konkretisiert werden. Die zentrale Botschaft des Textes sollte lauten: Berufliches Gesundheitsmanagement ist ein integraler Aspekt zeitgemäßer Professionalität im Ingenieurberuf und kein modisches Additiv mit esoterischem Beigeschmack. Prävention ist praktisch möglich und sichert nachhaltig Berufsfähigkeit und Arbeitsfreude.

Für diesen Schritt konnte auf einen Musterartikel zurückgegriffen werden, der in Zusammenarbeit mit einer Architektin und Akademie-Referentin der Architektenkammer Nordrhein-Westfalen bereits zu Jahresbeginn 2008 im Deutschen Architektenblatt (Landesbeilage NRW) veröffentlicht worden war (Pröll/ Schumacher 2008).[1] Um den politisch-programmatischen Impuls des Artikels zu verstärken, wollten sich Präsident und Geschäftsführer der IK S-A persönlich an der redaktionellen Anpassung beteiligen und als Autoren mit verantwortlich zeichnen.

In einem weiteren Arbeitspaket war der *Aufbau einer präventionsbezogenen Informationsrubrik auf der Kammerhomepage* geplant. Durch die Bereitstellung praktisch nutzbarer Informationen zur besseren Bewältigung ingenieurtypischer Anforderungen und Belastungen sollte das Thema berufliches Gesundheitsmanagement von der politisch-programmatischen Ebene (des „Impulsartikels") in den praktischen Mitgliederservice der Kammer integriert werden. Inhaltlich sollte dies durch präventionspraktisches Orientierungs- und Anwendungswissen zu den vier Schlüsselthemen Zeitmanagement/ Selbstorganisation, Vermeidung und Abbau von schädlichem Stress, Stabilisierung der eigenen Work-Life-Balance und Führung/ Selbstführung verwirklicht werden.

Auch für dieses Arbeitspaket konnte auf Vorarbeiten der Sozialforschungsstelle Dortmund zurückgegriffen werden. In diesem Fall waren es Online-Informationsmodule, deren Pilotversion im BMBF-Projekt *PragMaGuS* entstanden waren und die im Rahmen des BAuA-Projektes *selbstständig & gesund* konzeptionell und mediendidaktisch für ein selbstständig-freiberufliches Klientel optimiert worden waren. Die für die Modellentwicklung verbleibende Aufgabe bestand darin, diese branchenübergreifend angelegten Informationsmodule in-

---

1 Die Option hatte sich im Sommer 2007 im Kontext der PräTrans-Recherchen in der AK NW ergeben (vgl. auch Kap. 5.1.2). Dieser Artikel ist im Materialband dokumentiert.

haltlich und semantisch an die Berufswirklichkeit von Ingenieuren anzupassen und auf der Kammerhomepage bereit zu stellen.

Als drittes Aktionsmodul wurde eine *Online-Umfrage* aller per eMail erreichbaren Mitglieder konzipiert. Die Befragung verfolgte mehrere Zwecke: Einmal ging es darum, mikroepidemiologisch interpretierbare Daten zur Belastungs- und Gesundheitssituation der Mitglieder zu gewinnen. Das Ergebnis sollte – ähnlich einem „Gesundheitsbericht" in der klassischen betrieblichen Gesundheitsförderung – dem Thema Arbeit und Gesundheit ein „empirisches Gesicht" für die IK S-A geben und so die Diskussion über konkreten Handlungsbedarf stimulieren und fundieren. Zudem tragen derartige Befragungsergebnisse zur Enttabuisierung arbeitsbezogener Gesundheitsprobleme bei, in dem sie deren überindividuelle (hier: berufliche) Typik sichtbar machen. Von der Teilnahme an der Umfrage durfte darüber hinaus ein Sensibilisierungseffekt erwartet werden, weil sie eine intensivere Reflexion der gesundheitlichen Voraussetzungen und Implikationen der Ingenieurtätigkeit erforderte.

Als planmäßiger Schlusspunkt der gemeinsamen Modellentwicklung war die Konzeption und Erprobung einer *präventionsorientierten Weiterbildungsveranstaltung* für Kammermitglieder vorgesehen. Die strategische Absicht war dabei, das Thema berufliches Gesundheitsmanagement auch im *Bildungsbetrieb* der Kammer zu implementieren und damit seine funktionelle Verankerung zu verbreitern. Auch hier konnte sich die Projektgruppe mit einer Re-Invention die Arbeit erleichtern, denn wesentliche konzeptionell-didaktische Inspirationen entstammten einem ähnlichen Veranstaltungstyp, der von der Architektenkammer NRW seit längerem sehr erfolgreich angeboten wurde (vgl. Kapitel 3.3).

Die Veranstaltung vermittelt Grundlagen und Techniken eines Zeitmanagements, das im Dienste einer guten Selbstführung (Zielmanagement) und einer gelungenen Work-Life-Balance steht. Dabei werden elementare Präventionstechniken als integrale Bestandteile erfolgreicher Berufsausübung und guter Lebensführung vermittelt, ohne dabei Gesundheit, Gesundheitsförderung oder -management explizit zu thematisieren. Geleitet wird die Veranstaltung von einer aktiven Architektin, deren Erfahrungshintergrund eine solide Verankerung der Inhalte im Berufsalltag der Teilnehmenden garantieren. Wegen dieser weitgehenden konzeptuellen Affinität mit unserer Leitidee eines pragmatischen Gesundheitsmanagements hatten wir damit eine geeignete Blaupause für die Planungen mit der IK S-A. Außerdem war der von der AK NW geleistete prinzipielle Machbarkeitsnachweis ein starkes Argument gegen die eher skeptische Haltung der IK S-A, die mit vergleichbaren Angeboten zu Schlüsselkompetenzen und *soft skills* bis dahin keinen Erfolg gehabt hatte.

Das ursprüngliche Modelldesign sah noch eine weitere optionale Aktivität vor: Zusammen mit freischaffenden Sicherheitsingenieuren der IK S-A sollten

Möglichkeiten diskutiert und ggf. erprobt werden, deren Dienstleistungsportfolios um Inhalte des betrieblichen Gesundheitsmanagements zu erweitern. Perspektivisch könnten Kammermitglieder damit die Attraktivität ihres Angebots steigern und zugleich über die eigenen Organisationsgrenzen hinaus zur Diffusion eines pragmatischen kleinbetrieblichen Gesundheitsmanagements beitragen. Die Idee wurde in den vorbereitenden Gesprächen und auf dem Kick-Off-Workshop zunächst mit Interesse und grundsätzlicher Zustimmung diskutiert. In der angesprochenen Fachgruppe ließ sich jedoch nicht die erforderliche Kooperationsbereitschaft für eine solche „Konzeptwerkstatt" mobilisieren, so dass diese Option nicht weiter verfolgt wurde.[1]

### 5.1.1.3 Umsetzung und Wirkung der Modellaktivitäten

Mit der Verabschiedung des schriftlich fixierten gemeinsamen Ziel- und Aktivitätenplans waren im April 2008 sämtliche politischen, konzeptionellen und planerischen Vorarbeiten soweit abgeschlossen, dass mit der operativen Umsetzung begonnen werden konnte. Hierfür war ein Zeitfenster von zunächst sieben Monaten eingeplant, was angesichts des recht anspruchsvollen Aktionsprogramms allen Beteiligten zwar knapp bemessen, aber realistisch erschien. Dieser Zeitdruck resultierte im Wesentlichen aus dem auf März 2010 befristeten Förderhorizont des Verbundvorhabens. Nach Abschluss der Modellentwicklungen musste noch ausreichend Zeit für deren Evaluation sowie weitere Umsetzungs- und Transferaufgaben reserviert werden (Tool-Box, Transferbroschüre, Abschlussworkshop).

Tatsächlich konnte das Arbeitsprogramm im März 2009 in vollem Umfang abgeschlossen werden, also mit „nur" viermonatiger Verzögerung. Ohne eine sorgfältige konzeptionelle Vorarbeit, die präzise und zeitlich ambitionierte gemeinsame Arbeitsplanung und ein stringentes Projektmanagement wäre diese Leistung nicht möglich gewesen. Vom wissenschaftlichen Support erforderte dies trotz der organisationspolitischen Unterstützung des Projektes ständig ein hohes Maß an Initiative und ein aufmerksames Projektcontrolling. Dazu gehörten pünktliche und qualitativ hochwertige Vorleistungen und Inputs sowie ein offensives Kommunikationsverhalten, einschließlich häufigen Nachfassens und Erinnerns. Im Evaluationsgespräch betonten die Kammerakteure einhellig, dass ihre Belastung durch das Vorhaben nicht größer hätte sein dürfen. Schließlich mussten sie ihre Leistungsbeiträge aus den vorhandenen knappen Personalressourcen

---

1 Im Evaluationsworkshop zur Modellentwicklung wurde als Ursache benannt, dass die überwiegend selbstständigen Ausschussmitglieder eine aktive Mitwirkung ohne angemessenes Honorar für nicht leistbar hielten.

bestreiten, wobei Regelaufgaben und Ad-Hoc-Anforderungen aus organisationspolitisch höherrangigen Anlässen stets mit Vorrang behandelt werden mussten. Im Folgenden werden Inhalt und Prozess der operativen Projektarbeit detaillierter dargestellt und unter Rückgriff auf vorhandene evaluatorische Daten unter formativen und summativen Gesichtspunkten kommentiert.

Eine wichtige Quelle ist dabei der *Evaluationsworkshop* vom Juli 2009. Die Kammer lud dazu neben der Projektgruppe auch Mitglieder des Vorstands, des Ausschusses Sicherheit und Gesundheitsschutz sowie zwei „einfache" Mitglieder aus dem Teilnehmerkreis des Pilotseminars ein. Während die Projektgruppe recht stark repräsentiert war[1], fehlten sowohl Mitglieder des Vorstandes wie des Ausschusses. Dafür folgten die beiden Seminarteilnehmer der Einladung und zusätzlich nahmen (zeitweise) zwei Vertreter der Ingenieurkammer Brandenburg teil, die an diesem Tag in der Kammer zu Gast waren. Der Geschäftsführer der IK S-A wollte ihnen gleichsam aus erster Hand einen Eindruck von den erprobten Handlungsoptionen vermitteln und zur Nachnutzung animieren.

Das PräTrans-Team der sfs gab zum Einstieg noch einmal einen gerafften chronologischen Abriss des gesamten Modellprojektes und präsentierte anschließend die aus seiner Evaluatorenperspektive relevanten Leitfragen zu den einzelnen Aktionsmodulen und zur Prozessqualität insgesamt. In der anschließenden Diskussion wurden die Einzelmaßnahmen sukzessive anhand der vorgeschlagenen Bewertungskriterien diskutiert, die Diskussion wurde mitgeschnitten und transkribiert. Nachfolgend werden die daraus extrahierten Befunde und Einschätzungen systematisch den einzelnen Aktionsmodulen zugeordnet und um weitere evaluatorisch nützliche Informationen aus anderen Quellen erweitert (zur Evaluationsmethodik vgl. Kapitel 1.3.3).

- „Impulsartikel"

Die Publikation des Impulsartikels „Fit bis zur Rente? Gesundheitsmanagement im freiberuflichen Arbeitsleben von Ingenieuren" auf der Kammer-Homepage gestaltete sich sehr unaufwändig, da auf die bereits erwähnte Textvorlage zurückgegriffen werden konnte. Nach nur wenigen redaktionellen Anpassungen durch Geschäftsführer und Präsident der IK S-A konnte der Artikel eingestellt werden; kontroverse inhaltliche Diskussionen gab es nicht. Eine Volltext-Publikation in der Landesbeilage Sachsen-Anhalt des Deutschen Ingenieurblattes

---

1 Verhindert waren der externe Berater, die Referentin des Pilotseminars und der Vertreter der Techniker Krankenkasse.

war aus Platzgründen[1] nicht möglich, in einem Kurzartikel wurde jedoch auf die ausführliche Online-Fassung verwiesen. Die Rezeption des Artikels wird nach Einschätzung aus der Evaluationsrunde eher bescheiden gewesen sein. Selbst für die „Kernthemen" des Ingenieurberufs werden die Kammermedien nicht allzu intensiv genutzt, ein vermeintliches „Randthema" wie berufliches Gesundheitsmanagement dürfe deshalb nur mit sehr selektivem Interesse rechnen. Andererseits gab es nicht die sonst bei Themen neben dem Mainstream übliche Negativresonanz („Meckereien"). Offenbar haben demnach Problembeschreibung und Bewältigungsansatz des Artikels inhaltlich keinen sichtbaren Anstoß erregt. Eine ähnliche Einschätzung hatten uns zuvor bereits unsere Kooperationspartner bei der Architektenkammer Nordrhein-Westfalen vermittelt.

Der kommunikationsstrategische Wert des Impulsartikels ist vor allem darin zu sehen, dass er das Thema Ingenieurarbeit und Gesundheit offiziell in den Kammerdiskurs einführt, zum Dialog darüber einlädt und jedem thematisch interessierten Mitglied ein politisch-programmatisches Referenzdokument für sein Anliegen bietet.

- „Aktivierende Mitgliederbefragung"

Die analytischen und kommunikativen Ziele der Umfrage wurden über insgesamt vier Fragenblöcke operationalisiert:

- Einstellung zum Ingenieurberuf (Wertung des Berufs, Frage zur Berufszufriedenheit, drängende berufspolitische Fragen)
- Arbeits- und Erwerbsbedingungen (Anforderungen und Belastungen; Struktur des Zeitbudgets, Wochenendarbeit, Beeinträchtigungen des Privatlebens)
- Gesundheitliches Befinden (Gesundheitsbeschwerden; Ermüdung/ Erschöpfung)
- Ingenieurkammer (Informationswünsche zu Arbeit und Gesundheit, persönlicher Nutzen der Kammer)
- Bewertung der Umfrage (Persönliche Sensibilisierung, Qualität des Fragebogens)
- Fragen zu Alter, Geschlecht, Tätigkeitsschwerpunkt, Bürogröße, sonstige Mitgliedschaften usw.)

---

1 Die Landesbeilage umfasst nur wenige Seiten, auf denen auch die amtlichen Mitteilungen der Kammer noch Platz finden müssen.

Zusätzlich wurde der IK S-A die Möglichkeit eingeräumt, nach dem Bus-Prinzip einen eigenen optionalen Fragenblock zu ergänzen. Die Kammer nutzte diese Möglichkeit mit insgesamt vierzehn Fragen, die sich ausschließlich an Büroinhaber richteten und speziell betriebswirtschaftliche und büroorganisatorische Aspekte behandelten.

Die arbeits- und gesundheitswissenschaftlich relevanten Skalen wurden in enger Anlehnung an validierte Instrumente formuliert, der Fragebogenentwurf wurde durch einige Kammermitglieder aus dem Vorstand und dem Ausschuss für Sicherheit und Gesundheitsschutz begutachtet und dadurch einem qualitativen Pretest unterzogen. Die Umfrage wurde als gemeinsame Online-Befragung von IK S-A und PräTrans im Zeitraum vom 15.08. bis 12.09.2008 durchgeführt. 2.400 Mitglieder, deren eMail-Adressen der Kammer vorlagen, wurden per eMail angeschrieben, zusätzlich wurde ein Link zur Befragung auf der Kammer-Homepage platziert. Insgesamt 140 Mitglieder der IK S-A beantworteten den PräTrans-Teil des Fragebogens vollständig und formal korrekt, was einer Rücklaufquote von ca. 6% entspricht.

Aus wissenschaftlicher Perspektive deuten die Ergebnisse der Umfrage[1] darauf hin, dass die Arbeits- und Erwerbssituation vieler Kammermitglieder durch einen Spannungsbogen von relativ hoher „Autonomie" auf der einen und „harter Arbeit" auf der anderen Seite gekennzeichnet ist, wie er für weite Bereiche „flexibler Dienstleistungen" typisch ist: Hohem beruflichen Engagement und starker Identifikation mit dem Tätigkeitsinhalt steht ein erhebliches Maß an Stress gegenüber, der aus chronischem Zeit-, Verantwortungs- und Entscheidungsdruck sowie unregelmäßigen Arbeitszeiten und Arbeitsanfall resultiert. Bei vielen Befragten führt dies zu gravierenden Beeinträchtigungen des Verhältnisses von Berufsarbeit und Privatleben. Die Spuren dieser Belastungen lassen sich auch in der gesundheitlichen Befindlichkeit nach der Arbeit nachweisen, die für nicht wenige durch typische Stressfolgen wie Angespanntheit, Erschöpfung, Nervosität, Reizbarkeit usw. beeinträchtigt ist. Zwischen 25 und 50% der Antwortenden leiden unter starker Erschöpfung und Ermüdung nach der Arbeit, 10% berichten Symptomkombinationen, die als Frühsymptome des Burn-Out-Syndroms ernst genommen werden müssen (vgl. auch Abbildung 8). Für viele ist diese Situation verbunden mit dem Gefühl unsicherer wirtschaftlicher und beruflicher Perspektiven; die globale Berufszufriedenheit der Befragten hat sich nach eigenem Bekunden in der letzten Dekade signifikant verschlechtert.

---

1 Die Befunde können an dieser Stelle aus Platzgründen nicht detailliert dargestellt und diskutiert werden. Die kammerintern veröffentlichte Ergebniszusammenfassung ist im Materialband dokumentiert.

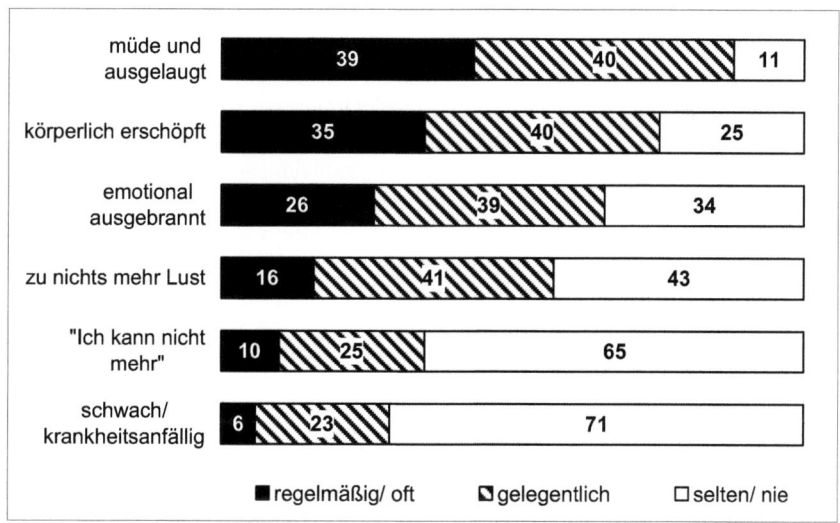

| müde und ausgelaugt | 39 | 40 | 11 |
| körperlich erschöpft | 35 | 40 | 25 |
| emotional ausgebrannt | 26 | 39 | 34 |
| zu nichts mehr Lust | 16 | 41 | 43 |
| "Ich kann nicht mehr" | 10 | 25 | 65 |
| schwach/ krankheitsanfällig | 6 | 23 | 71 |

■ regelmäßig/ oft     ☒ gelegentlich     ☐ selten/ nie

(Angaben in %; Mehrfachnennungen; N = 140);
Quelle: Befragung von Mitgliedern der Ingenieurkammer Sachsen-Anhalt; © sfs 2008

*Abbildung 8:*     Befindlichkeit von Ingenieuren am Ende des Arbeitstages

Betrachtet man auf der Wirkungsebene zunächst die unmittelbaren Sensibilisierungseffekte, dann konnten mit der Umfrage die angezielten Reflexionsanreize offenbar zufriedenstellend erreicht werden. Knapp 50% hat die Beantwortung des Fragebogens zum intensiveren Nachdenken über die Anforderungen und Belastungen der Berufsarbeit (48%) sowie über die Auswirkungen der Berufsarbeit auf die eigene Gesundheit (47%) angeregt. Nur wenig seltener wurde auf Situation und Perspektiven des Berufs (43%) und das Verhältnis zur Kammer (39%) eine Reflexion angestoßen.

Gemessen an der Rücklaufquote nimmt sich die horizontale Reichweite der Umfrage mit 6% auf den ersten Blick bescheiden aus. Die Sicht der Kammerakteure ist jedoch eher positiv: Angesichts der allgemeinen Überfrachtung der Mitgliedschaft mit internen und externen Umfragen (zunehmend im Online-Modus), der Marginalität des Themas und des doch relativ umfänglichen Fragebogens wäre auch ein niedrigerer Rücklauf keine Überraschung gewesen. So galt unseren Kooperationspartnern die Umfrage durchaus als Etappenerfolg und als Beleg für ein organisationspolitisch signifikantes, nicht zu ignorierendes Themenpotenzial.

Bei der Diskussion der Umfrageergebnisse in der Projektgruppe (Dezember 2009) fanden vor allem die beunruhigenden Befunde zu Belastungen und Gesundheitssituation der Mitglieder verstärkte Resonanz. Auch wenn der exakte Verbreitungsgrad gesundheitlicher Beeinträchtigungen in der Mitgliedschaft wegen methodischer Einschränkungen nicht sicher abgeschätzt werden kann, lassen die Daten doch zumindest einen ernst zu nehmenden Problemsockel erkennen. Es bestand Konsens, die Ergebnisse intern möglichst intensiv als weiteren Thematisierungsimpuls zu nutzen und in einer kommentierten Zusammenfassung zu veröffentlichen. Eine Ergebnisdokumentation wurde deshalb rasch auf der Kammer-Homepage eingestellt und zusätzlich durch einen Kurzartikel in der Landesbeilage des Deutschen Ingenieurblattes beworben.

Auf dem Evaluationsworkshop wurde jedoch von Kammervertretern angezweifelt, ob die Umfrageergebnisse auf diese Weise bereits ausreichend kommuniziert worden sind. Auch konnte eine zunächst geplante intensivere Einbindung des Kammervorstandes in die Ergebniskommunikation offensichtlich nicht realisiert werden. Ob angekündigte einzelne Nachbesserungen erfolgt sind, konnte im Projektverlauf nicht mehr recherchiert werden.

▪ Internet-Rubrik

Die Bereitstellung von Basisinformationen und Handlungshilfen zum beruflichen Gesundheitsmanagement von Ingenieuren erfolgte planmäßig nach dem vereinbarten Verfahren. Die vier Informationsbausteine wurden der IK S-A als digitale Textdateien zur Verfügung gestellt, um dort redaktionell und technisch in die Kammer-Homepage eingepasst zu werden.[1] Die vier Informationsbausteine wurden in der zweiten Jahreshälfte 2008 in etwa sechswöchigem Abstand sukzessive in der bereits bestehenden Projektrubrik „PräTrans" frei geschaltet.

Das Ausgangsmaterial wies eine dreistufige hierarchische Binnenstruktur auf. Ebene eins beschränkte sich auf Basis- und Orientierungswissen (einschließlich einfacher Checklisten) zum jeweiligen Thema, die zweite Ebene stellte Praxistipps zur Verfügung und bei Bedarf waren auf einer dritten Ebene weiterführende Print- und Online-Informationsquellen zu finden. Im Redaktionsprozess der Kammer wurde diese verlinkte Ebenenstruktur jedoch nicht reproduziert, stattdessen wurden drei der vier Module als downloadfähige Textdateien eingestellt. Eine anspruchsvollere Realisierung scheiterte an den begrenzten technischen und zeitlichen Ressourcen des Webmanagements der Kammer. Der Bau-

---

1 Dieser Redaktionsprozess wurde vor Ort durch einen langjährigen Berater der Kammergeschäftsführung (mit sozialwissenschaftlicher Qualifikation) im Rahmen eines kleinen Werkvertrages aus dem PräTrans-Etat unterstützt. Das PräTrans-Team der sfs stand ebenfalls beratend zur Verfügung, wurde aber kaum in Anspruch genommen.

stein „Führung" wurde nicht übernommen und durch einen Link auf eine Broschüre der BAuA ersetzt. Die Kammer wollte damit möglichen Irritationen vorbeugen, die die Formulierung einer eigenen Position zu dem auch arbeitspolitisch relevanten Thema „Führung" hätte hervorrufen können.

Trotz Empfehlung wurden die Informationsbausteine nicht mit einem interaktiven Feld versehen, das den Nutzern ein unmittelbares Echo auf das neue Angebot ermöglicht hätte. Eine Zugriffsstatistik wurde bis zum Zeitpunkt des Evaluationsworkshops ebenfalls nicht geführt, so dass durchaus sinnvolle evaluatorische Daten nicht zur Verfügung standen. Die Internet-Rubrik wurde also in einer elementaren Variante mit minimalem Arbeitsaufwand realisiert.

- Pilotseminar „Konzentriert – gelassen – erfolgreich. Selbstmanagement und Stressbewältigung im Ingenieurberuf"

Die Absicht, die bereits erwähnte Referentin der Architektenkammer NW für die Leitung des Seminars zu gewinnen, scheiterte an deren starker zeitlicher Beanspruchung. Mit einer ehemals als Architektin tätigen und danach im Bereich Organisationsberatung und Gesundheitsmanagement qualifizierten Referentin konnte aber eine durchaus gleichwertige personelle Lösung gefunden werden. Ein weiterer Pluspunkt war das Interesse der Referentin, ggf. auch für ein Regelangebot der IK S-A längerfristig zur Verfügung zu stehen.

In Anlehnung an das Konzept der AK NW und in der Annahme sehr ähnlicher Erwartungshaltungen der Mitglieder der IK S-A wurde großer Wert auf die organische Verknüpfung beruflich verwertbarer praktischer Kompetenzen mit persönlicher Präventionskompetenz gelegt. Der kammerspezifische Vorteil einer beruflich (relativ) homogenen Teilnehmergruppe sollte genutzt werden, um auf Gemeinsamkeiten der Anforderungssituation und der Belastungsprofile zu rekurrieren und berufsspezifische Bewältigungsstrategien zu fokussieren. Auf normative Gesundheitsbotschaften sollte dagegen weitestgehend verzichtet werden. Das didaktische Grundkonzept der Veranstaltung baute auf drei Sequenzen auf:

Als sensibilisierender Einstieg wurde die Problematik des „Work-Life-Balance" gewählt, weil sich darin der Zusammenhang von beruflicher Zeitverwendung und Stress mit der individuellen Lebensqualität und Vitalität konkret dingfest machen lässt. Einem kurzen Dozentenreferat folgte eine Einzelarbeitsphase, in der die Teilnehmenden einzelne Parameter ihrer persönlichen Balance einschätzen konnten. Die Ergebnisse wurden im Plenum vorgestellt und besprochen.

Es folgte ein Block „Zeitmanagement", der zunächst auf die strukturierende Bedeutung persönlicher Ziele („Zeit wofür?") abhob. In einer Einzelarbeitsphase reflektierten die Teilnehmenden ihre Ziele für unterschiedliche Lebensbereiche

(Beruf, Familie, Freundschaft, etc.). Im Anschluss daran wurden Planungs- und Entscheidungstechniken (Eisenhower-Prinzip, ABC-Analyse, Alpen-Methode) vorgestellt und in Einzelarbeit auf konkrete Probleme des Zeitmanagements angewendet. Weitere Themen waren „Zeitdiebe", die Fähigkeit zum Nein-Sagen und zum Delegieren. Auch hier waren Einzelarbeitsphasen eingebettet.

Der Nachmittag war überwiegend dem Block „Stressbewältigung" vorbehalten. Aufbauend auf der Unterscheidung von natürlichem und schädlichem Stress wurde auf körperliche Warnsignale eingegangen. Ergebnisse der Befragung von Kammermitgliedern wurden präsentiert und mit Interesse aufgenommen. Danach wurden Praktiken der Vermeidung und Bewältigung von Stress vorgestellt und in einer Einzelarbeitsphase auf das persönliche Stress-Szenario der Teilnehmenden untersetzt (Stressoren identifizieren und Problemlösungsstrategien erarbeiten). Zum Abschluss des Blockes wurden leicht zugängliche Online-Informationsquellen vorgestellt.

Bei der Entwicklung des Seminarskonzepts und der Ausarbeitung von Lehr- und Lernunterlagen konnte auf einen breiten Fundus von Erfahrungen und Materialien der Seminarleiterin und der Sozialforschungsstelle Dortmund zurück gegriffen werden. Die Konturen des Seminarkonzepts wurden auf einer Klausur beider Partner ausgearbeitet und in der Folgezeit gemeinsam optimiert.

Die Techniker Krankenkasse sicherte finanzielle Unterstützung zu und übernahm das Referentenhonorar. So konnte das Seminar zu etwa einem Drittel der sonst üblichen Teilnahmegebühr angeboten werden.

Das Seminar wurde im Dezember 2008 in der Länderbeilage für Sachsen-Anhalt des Deutschen Ingenieurblattes für die Mitglieder ausgeschrieben. Anlässlich der Veröffentlichung der Ergebnisse der Online-Befragung erfolgte ein zweiter Hinweis auf das Seminar. Zum Seminar meldeten sich zwölf Personen an, von denen elf teilnahmen. Das Seminar fand in einem Büro- und Tagungszentrum in Magdeburg statt, dessen Ausstattung und Service sehr gute Voraussetzungen für eine erfolgreiche Durchführung bot. Der Geschäftsführer der Kammer übernahm persönlich die Begrüßung der Teilnehmenden und wies dabei noch einmal auf die Ambitionen zum Thema „berufliches Gesundheitsmanagement" hin.

Der geplante Stoffumfang konnte im Wesentlichen bewältigt werden[1], das Engagement der Teilnehmenden ließ keine Wünsche offen. Die Teilnehmervoten im Abschlussgespräch waren durchweg positiv, insbesondere die Möglichkeit des Austauschs, die vielfältigen Anregungen zum Nachdenken über die eigene Lebens- und Arbeitsweise und das Aufzeigen von möglichen Lösungsstrategien

---

1 Lediglich die zum Abschluss vorgesehene Reflexion auf persönliche Präventionspläne für die nähere Zukunft war offenkundig zu ambitioniert und schien die Teilnehmenden zu überfordern. Diese Einheit wurde deshalb ausgelassen.

wurden als wertvoll hervorgehoben. Die Ergebnisse der schriftlichen Seminar-bewertung bekräftigen diese Einschätzung: Die überwiegende Mehrheit ver-zeichnete einen hohen oder sehr hohen persönlichen Gewinn zum Thema „Zeit-management", zum Thema „Stressbewältigung" ist etwa die Hälfte dieser Auf-fassung. Zehn der elf Teilnehmenden würden das Seminar vorbehaltlos weiter empfehlen.

Aus der Perspektive der Dozentin und des passiv teilnehmenden Beobach-ters aus dem PräTrans-Team sollten bei einer Neuauflage der Veranstaltung fol-gende Konzeptelemente optimiert werden:

- Die Teilnehmenden waren noch stärker als erwartet daran interessiert, prak-tische Techniken des Zeitmanagements zu erlernen. Das Seminarkonzept schaltete dieser Vermittlung von Fertigkeiten der Zeitverwendung eine Re-flexion auf die Voraussetzungen einer guten Work-Life-Balance voraus und stellte damit Zeitmanagement in den größeren Zusammenhang einer hohen Zeitsouveränität und einer guten Selbstregulation. Dieser hedonistischen Fundierung des Themas begegneten viele Teilnehmer mit einer Mischung aus Unverständnis und Ungeduld. Es könnte sich also lohnen, die Drama-turgie umzukehren und zunächst die pragmatischen Interessen der Teilneh-menden zu bedienen und die „Sinnfrage" anschließend – ggf. auch nur op-tional – zu reflektieren (Welchen konkreten persönlichen Zielen soll der Zeitzugewinn dienen?).
- Einige Teilnehmende äußerten den Wunsch, Bewältigungstechniken in der Stressprävention nicht nur kennen zu lernen, sondern auch auszuprobieren. Deshalb sollte zumindest eine Entspannungstechnik eingeübt werden, z. B. als aktive Pausengestaltung.
- Die Teilnehmenden nutzten jede Möglichkeit, sich untereinander zum The-ma auszutauschen. Diese Möglichkeit der kollegialen Kommunikation wur-de auch in der Feedbackrunde hoch bewertet. Bei der didaktischen Umset-zung könnte also noch intensiver auf Gruppenarbeit zurück gegriffen wer-den. Themenaspekte, die sensible persönliche Problemlagen berühren (z. B. Überforderungsgefühle), sollten weiterhin in betreuter Einzelarbeit vermit-telt werden.
- Die systematische Aufstellung eines persönlichen „Masterplans", gedacht als Umsetzungs-Brücke in den eigenen Alltag, scheint die Teilnehmenden deutlich zu überfordern. Dieses Modul sollte gestrichen und durch die Re-flexion des persönlichen Anwendungsnutzens im Rahmen des allgemeinen Abschlussgesprächs ersetzt werden.

Auf dem Evaluationsworkshop betrachteten die Kammervertreter die gelungene Pilotveranstaltung einhellig als Erfolgsnachweis für das gesamte Modellprojekt. Ohne die vorangegangenen Thematisierungsanstrengungen auf verschiedenen Kommunikationsebenen der Kammer wäre die organisationspolitische Durchsetzung[1] ebenso fraglich gewesen wie der zwar bescheidene, aber letztlich ausreichende Teilnehmerzuspruch. Dabei sei die allgemein geringe Weiterbildungsbereitschaft der Mitglieder in Rechnung zu stellen, die bei „obligatorischen" Fachthemen wie Änderungen der Honorarordnung weniger stark, bei vermeintlichen Randthemen umso mehr zu Buche schlägt. Ein Punktesystem zum Nachweis persönlicher Weiterbildungsleistungen könnte die Bereitschaft zur Teilnahme an Soft-Skill-Fortbildungsangeboten möglicherweise erhöhen, wird von der IK S-A aber nicht angestrebt, weil sie keine effektiven Sanktionsmöglichkeiten sieht. Hinzu komme nach Erfahrungen der Kammervertreter eine ausgeprägte „Beratungsaversion" der Mitglieder, die auf negativen Erfahrungen der Nach-Wende-Zeit beruhe. Viele wurden seinerzeit durch kommerzielle Bildungs- und Beratungsdienstleister aus Westdeutschland mit teuren, aber eher nutzlosen Angeboten übervorteilt.

In der Diskussion über mögliche Folgeangebote in Eigenregie der Kammer schälten sich zwei Optionen heraus: Zum einen könne versucht werden, einen der Kammer bekannten, renommierten Referenten aus der Region, dessen fachlicher Schwerpunkt im Bereich Rhetorik und Kommunikation liegt, auf der Grundlage des vorhandenen Seminarkonzepts längerfristig zu gewinnen.[2] Gedacht wurde an eine Serie von Veranstaltungen an verschiedenen Orten im Kammerbezirk, ggf. auch in Kooperation mit anderen Ingenieur- oder Architektenkammern. Eine zweite Variante sah eine Integration des Angebots in die der Kammer angelagerte Arbeitsschutz-Akademie vor. Deutlich erkennbar war auf jeden Fall der Anspruch der Kammer, eine mögliche Verstetigung des Themas im eigenen Bildungsangebot intern weiter zu diskutieren und ggf. in eigener Kraft umzusetzen.

### 5.1.2 *Aktivitäten in der Architektenkammer Nordrhein-Westfalen*

Parallel zum Modellprojekt mit der Ingenieurkammer Sachsen-Anhalt wurden mit der Architektenkammer Nordrhein-Westfalen (AK NW) eine Reihe ähnlicher

---

1 Einem Hinweis im Evaluationsworkshop zufolge war das Seminarprojekt im Fortbildungsausschuss der Kammer nicht unumstritten, wurde jedoch mit Hinweis auf den bis dahin erfolgreichen Verlauf der Modellentwicklung in Frage gestellt.
2 Zu diesem Zeitpunkt war bereits sehr fraglich, ob die Referentin des Pilotseminars für Folgeveranstaltungen weiterhin zur Verfügung stehen könnte, weil sich für sie neue berufliche Perspektiven eröffnet hatten.

Thematisierungsinstrumente erprobt. Hier folgten die Aktivitäten allerdings keiner förmlich vereinbarten Kooperation und Projektplanung, sondern entwickelten sich Schritt für Schritt. Der zunächst nur um ein Expertengespräch (Juli 2007) gebetene Fachreferent der Kammer zeigte großes Interesse für die Anliegen des PräTrans-Projektes und war gerne bereit, auch weiter gehende praktische Kooperationsmöglichkeiten auszuloten.

Der erste Schritt dahin sollte ein Artikel im amtlichen Organ der Kammer sein, der Landesbeilage NRW des Deutschen Architektenblatts. Eine weitere Interviewpartnerin aus der Kammer, die sich in der Selbstverwaltung und als Referentin in der Akademie der Kammer engagierte, war gerne bereit als Ko-Autorin an dem Artikel mitzuarbeiten. Die kammerinterne Redaktion akzeptierte den Text ohne Änderungswünsche und so konnte der Artikel bereits im Januar 2008 publiziert werden. Auf den Artikel gab es zwar keine explizit positive, aber auch keinerlei negative Reaktionen wie Beschwerden oder kritische Leserbriefe. In der AK NW wurde dies als Indiz für eine insgesamt positive Resonanz interpretiert.

Nach dieser Erfahrung sprach wenig dagegen, auch in der AK NW über eine Mitgliederbefragung einen weiteren Thematisierungsschritt folgen zu lassen. Wir boten für diesen Zweck den bereits entwickelten und begutachteten Rumpffragebogen unserer Ingenieurbefragung an. Die Fragenbatterien zum Verhältnis zum Beruf, zu Anforderungen, Belastungen und Gesundheitsbeschwerden wurden ohne Änderungswünsche akzeptiert, was uns die Möglichkeit gab, die Daten beider Umfragen zu integrieren und zu vergleichen. Der auf die Kammer bezogene Fragenkomplex aus der Umfrage der IK S-A wurde dagegen nicht übernommen. Seine Befunde hätten organisationspolitische Bewertungen und ggf. praktische Konsequenzen erzwingen können, die weit über die Thematik des beruflichen Gesundheitsmanagements hinaus reichen. In einer Berufskammer mit 29.000 Mitgliedern will ein solcher Schritt gut überlegt sein. Auch PräTrans konnte kein Interesse daran haben, solche Turbulenzen zu riskieren.

Die Befragung wurde nicht per Serien-eMail beworben, sondern über einen kommentierten Link auf der Homepage der Kammer angeboten. 160 Mitglieder nahmen das Angebot an und beantworteten den Fragebogen vollständig und korrekt. Es bedarf eigentlich keiner besonderen Erwähnung, dass das Stichprobenverfahren selbst und das kleine Sample (nominell ca. fünf Promille Rücklauf) keine repräsentativen Aussagen für die gesamte Mitgliedschaft zulassen. Das zentrale Befundmuster deckt sich jedoch weitgehend mit dem der vorangegangenen Ingenieur-Umfrage[1].

---

1  Ein Ergebnis-Kurzbericht zu dieser Umfrage, der auch auf der Homepage der AK NW veröffentlicht wurde, ist im Materialband dokumentiert.

Hier wie dort ist nahezu durchgängig eine starke Identifikation mit den beruflichen Tätigkeitsinhalten festzustellen, verbunden mit hohem Leistungseinsatz und dem Bemühen um professionelle, hochwertige Aufgabenerfüllung. Dem steht ein verbreitet hohes Maß an Stress gegenüber, der sich aus chronischem Zeitmangel, hohem Verantwortungs- und Entscheidungsdruck sowie wachsender Unsicherheit der wirtschaftlichen und beruflichen Perspektiven speist (vgl. Abbildung 9). Entsprechend niedrig ist die globale Berufszufriedenheit der Befragten, insbesondere im subjektiven Vergleich mit der Situation vor zehn Jahren.

50 bis 66% der Befragten berichten von gravierenden Beeinträchtigungen ihres Privatlebens durch die Berufsarbeit. Das relativ niedrige Durchschnittsalter der Befragten (37,6 Jahre) lässt auf Bedrohungen der Work-Life-Balance schließen, wie sie eher für die Phase der Etablierung im Architektenberuf typisch sind. Dabei müssen oft Bemühungen um eine Festanstellung oder der Aufbau von Reputation und professioneller Routine als Freischaffende/r mit konkurrierenden Lebensansprüchen aus der außerberuflichen Lebenswelt (Familie, Freizeit, soziale Kontakte usw.) in Einklang gebracht werden.

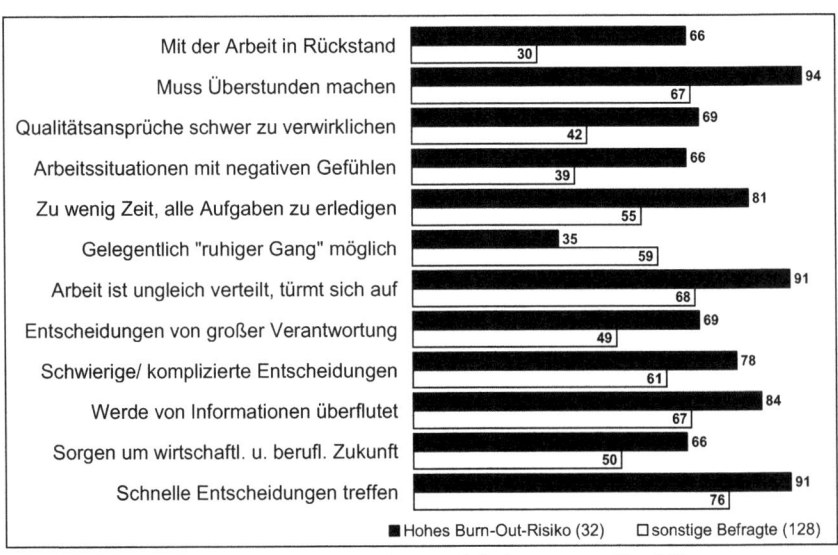

(Ausprägungen „immer" oder „oft"; Angaben in %, Mehrfachnennungen, N = 160);
Quelle: Befragung von Mitgliedern der Architektenkammer NW, © sfs 2008

*Abbildung 9:* Anforderungen und Belastungen von Mitgliedern einer Architektenkammer und persönliches Burn-Out-Risiko

Jede/r fünfte Befragungsteilnehmer/in weist Merkmalskombinationen auf, die ein hohes Burn-Out-Risiko anzeigen. Abbildung 9 zeigt, dass die besonders durch Burn-Out Gefährdeten weit häufiger unter psychischen Belastungen und Anforderungen stehen als die sonstigen Befragungsteilnehmer.

Eine erste interne Diskussion der Befragungsergebnisse erfolgte Ende August 2009 im Kammerausschuss „Belange der Tätigkeitsarten", dessen Aufgabenzuschnitt weite Bereiche der Berufspolitik der Kammer umfasst, darunter Themen wie die Arbeits- und Einkommenssituation der Mitglieder. Der Ausschuss war zunächst nicht in die Durchführung der Umfrage eingebunden worden, reklamierte dann aber umso energischer seine inhaltliche Zuständigkeit.

Obwohl die Reichweite der Ergebnisse aus statistischen Gründen strittig sein musste, zweifelte kaum einer der im Ausschuss versammelten Praktiker daran, dass sie problematische Tendenzen in der Entwicklung des Berufsfeldes zutreffend abbilden. Überlange Arbeitszeiten (vor allem der Angestellten), Zeit- und Kostendruck, Informationsüberflutung, Zunahme abhängiger Beschäftigung und große Einkommensdisparitäten (Hommerich/ Ebers 2009). In der Profession werde das Selbstverständnis, einen kreativen und künstlerischen Beruf auszuüben, nach wie vor kultiviert, gerate jedoch in immer schärferen Konflikt mit seiner Ökonomisierung und Bürokratisierung. Insofern seien auch die gesundheitlichen Befunde, insbesondere zum Burn-Out-Risiko, durchaus plausibel.

In der organisations- und berufspolitischen Bewertung der Befragungsergebnisse bestand Konsens, dass sie Handlungsbedarf der Kammer anzeigen und Folgeaktivitäten nach sich ziehen sollten. Nur müsse dies behutsam und systematisch geschehen, ohne Dramatisierungen und Skandalisierungen, die dem öffentlichen Image des Berufsstandes schaden und damit kontraproduktive Effekte auslösen könnten. Dieser Prozess müsse die explizite Unterstützung des Vorstandes haben und auf der operativen Ebene auch die Akademie und die Versorgungswerke mit einbeziehen. Konkret wurde vereinbart, die wissenschaftlich kommentierten Befragungsergebnisse umgehend auf der Kammerhomepage zu publizieren.

In der Folgezeit wurde die Befassung des Ausschusses mit dem Thema durch eine förmliche Beauftragung durch den Kammervorstand untermauert, Vorschläge für den weiteren Umgang mit dem Thema zu erarbeiten. In diesem Zusammenhang fand im März 2010 ein weiterer Gedankenaustausch zwischen dem Ausschuss und dem PräTrans-Team der sfs statt. Auf Anregung aus Vorstandskreisen sollte dabei auch geprüft werden, das Problempotenzial durch eine repräsentative Nacherhebung belastbarer zu belegen. Die Mehrheit der Ausschussmitglieder sah einen Handlungsbedarf für die Kammer jedoch als hinreichend belegt an und schlug vor, sich eher auf geeignete Erstmaßnahmen zu konzentrieren. Dazu sollten schwerpunktmäßig das Online-Informationsangebot der

Kammerhomepage und das Bildungsangebot der Akademie genutzt werden. Ersteres könne sich durchaus an der Themenstruktur und am Redaktionsmodus der mit PräTrans-Hilfe aufgebauten Internet-Rubrik der IK S-A orientieren. Optionen für zusätzliche präventionsbezogene Fortbildungsinhalte sollten zunächst im internen Gespräch mit der Akademie eruiert werden.

Beide Aktionslinien wurden durch einen förmlichen Vorstandsbeschluss im Juni 2010 in Gang gesetzt. Die sfs lieferte wiederum vier leicht redigierte Informationsmodule, die die Kammer dann in ihre Rubrik „Berufspraxis" eingestellt hat. Diese Rubrik enthält ein breites, alphabetisch sortiertes Spektrum von „Praxishinweisen" zu den unterschiedlichsten Themenbereichen des Architektenberufs, in die nun auch vier zentrale Präventionsaspekte formal gleichrangig integriert sind.[1]

### 5.1.3 *„Kollegiale Beratung" im betrieblichen Gesundheitsmanagement von Apotheken – Implementation einer neuen Laienfunktion*

#### 5.1.3.1 Formierung der Entwicklungspartnerschaft

Als sich die Option einer Modellentwicklung mit der Apothekerkammer Nordrhein (AKN) eröffnete, war das Vorhaben PräTrans bereits zwei Jahre alt. Obwohl die Ressourcen der Sozialforschungsstelle für Modellentwicklungen zu diesem Zeitpunkt eigentlich schon verplant waren, gingen wir diese weitere Kooperation gerne ein. Zum einen waren es dieses Mal *wir*, die als Partner gesucht und gefunden wurden, was auf eine problemarme und dynamische Zusammenarbeit hoffen ließ. Auf der anderen Seite stand von Beginn an ein interessantes, vom Partner generiertes Thema auf der Tagesordnung, das eine inhaltliche Bereicherung unseres Modellspektrums für den Kammersektor – und vielleicht sogar darüber hinaus – versprach.

Als Protagonistin fungierte dabei die Leiterin der Abteilung Aus- und Fortbildung der Kammer, die sich in einem berufsbegleitenden gesundheitswissenschaftlichen Studium mit einer Demografie-Strategie für den Apothekensektor auseinander gesetzt und darin dem betrieblichen Gesundheitsmanagement eine wichtige Rolle eingeräumt hatte. Um dieses kleinbetriebstauglich zu optimieren, wird die Einführung einer „kollegialen Beratung" auf der betrieblichen Alltagsebene vorgeschlagen: Besonders fortgebildete Apothekerinnen und Apotheker unterstützen als „Kümmerer" Leitung und Belegschaft im betrieblichen Gesundheitsmanagement.

---

1 Vgl. http://www.aknw.de/mitglieder/berufspraxis/praxishinweise.htm (15.03.2011).

Auf PräTrans durch eine Zwischenveröffentlichung aufmerksam geworden (Ertel/ Pröll 2008), erhoffte sie sich durch eine Kooperation mit dem Projekt Hilfe bei der konzeptionellen und praktischen Umsetzung ihrer Idee. Organisationspolitische Unterstützung für ihr strategisches Konzept lag bereits vor, und auch für konkrete Weiterbildungsmaßnahmen der Kammer gab es „grünes Licht". Für PräTrans bedeutete dies die Chance, ohne langwierige Vorbereitungen direkt in die operative Phase einer interessanten Modellentwicklung einzusteigen; die Kammer konnte ihre Innovationsbemühungen mit kostenloser und hoch spezialisierter wissenschaftlicher Expertise fundieren.

Das rasch anberaumte Kooperationsgespräch (Februar 2009) bestätigte die wechselseitigen Erwartungen in vollem Umfang. Die fachliche Kommunikation konnte kaum bessere qualifikatorische Voraussetzungen auf beiden Seiten finden und die konzeptionellen Vorstellungen von kleinbetrieblicher Prävention stimmten weitgehend überein. Deutlich wurde, dass sich PräTrans auf eine sehr engagierte, professionelle und politisch handlungsfähige Kooperationspartnerin würde stützen können.

Schnell wurde Konsens erzielt, dass vor der curricularen Umsetzung zunächst das mit „kollegialer Beratung" gemeinte Handlungskonzept präziser und branchentypisch beschrieben werden musste. Das entwicklungspartnerschaftliche Kooperationsmodell, die Mischung eigener und externer Expertise sowie unterschiedlicher fachlicher Perspektiven bei der Projektarbeit, fand direkte Zustimmung. Erste Konturen einer Projektgruppe zeichneten sich ab, bestehend aus zwei engagierten und einschlägig qualifizierten Kammermitgliedern, der zuständigen Berufsgenossenschaft und der Sozialforschungsstelle. Die eingebundenen Partner sollten das Handlungs- und Fortbildungskonzept nicht nur mit entwickeln, sondern auch erproben und ggf. (mit Ausnahme der sfs) dauerhaft als Referentinnen tragen. Es wurde verabredet, dass die sfs in einem ersten Schritt das Modell der kollegialen Beratung genauer definiert und sowohl in das Konzept eines pragmatischen kleinbetrieblichen Gesundheitsmanagements wie in die bestehenden formellen Arbeitsschutzzuständigkeiten einbettet. Auf dieser Grundlage sollte dann der erste Entwurf eines Curriculums versucht werden.

Ein erstes Arbeitstreffen der Projektgruppe fand im April 2009 in der Apothekerkammer in Düsseldorf statt. Alle anvisierten Partner waren von der Kammervertreterin erfolgreich und offenbar ohne große Mühe gewonnen worden: eine Apothekenleiterin, die sich ehrenamtlich in der Kammer und im Apothekerverband engagiert, eine praktizierende Apothekerin, ebenfalls mit gesundheitswissenschaftlicher Weiterbildung sowie zwei Vertreter der Berufsgenossenschaft Gesundheitsdienst und Wohlfahrtspflege (BGW).

Verhandlungsgrundlage war ein vorab versandtes, mit der Kammervertreterin abgestimmtes Konzeptpapier der sfs, das als gemeinsame Arbeitsgrundlage akzeptiert wurde. Alle Teilnehmenden waren bereit, die erforderliche Zeit in die Entwicklungspartnerschaft zu investieren, wozu auch die aktive Beteiligung am Pilotseminar[1] und eine abschließende Evaluation zählten. Innerhalb von zwei Monaten war so eine operativ arbeitsfähige Kooperationsplattform entstanden.

### 5.1.3.2 Konzeptionelle Elemente der Modellentwicklung

Zur besseren empirischen Sättigung des Konzeptentwurfs der sfs wurden eintägige passiv-teilnehmende Beobachtungen in zwei Apotheken durchgeführt und arbeitswissenschaftliche Erkenntnisse über den Arbeitsalltag in Apotheken recherchiert.

Im Konzeptpapier der Sozialforschungsstelle[2] wurden vorab die *Leitideen eines pragmatischen kleinbetrieblichen Gesundheitsmanagements* und Argumente für seine für seine besondere Kompatibilität mit der Apothekenbranche zur Diskussion gestellt.

Das *Handlungsmodell „kollegiale Beratung"* präzisiert das Konzept als eine freiwillige betriebliche Komplementärfunktion zum Zuständigkeitsgefüge des formellen Arbeits- und Gesundheitsschutzes. „Kümmerer" nehmen also weder Aufgaben spezieller Beauftragter (Sicherheitsbeauftragte, Fachkräfte für Arbeitssicherheit) wahr, noch soll ihnen Führungsverantwortung in der betrieblichen Prävention aufgebürdet werden. Durch entsprechende Qualifizierung sollen sie in der Lage sein, Hinweise auf gesundheitlich problematische Arbeitsbedingungen und Arbeitsweisen zu geben, dem Team Handlungsempfehlungen zu Präventionsmöglichkeiten zu unterbreiten und bei arbeitsbedingten Gesundheitsproblemen ein erster Ansprechpartner zu sein. Ihre Bestellung bietet sich vor allem für Apotheken an, deren Belegschaftsstärke unterhalb der Schwelle von 20 Beschäftigten liegt, ab der gemäß SGB VII Sicherheitsbeauftragte vorgeschrieben sind. Dies gilt für die weit überwiegende Mehrzahl aller Apotheken. „Kollegiale Beratung" stellt also ein autonomes Programm dar, das durch die berufsständische Selbstverwaltung auf kammerrechtlicher Grundlage zur Umsetzung legitimer Aufgaben (Förderung der beruflichen Belange, Sicherung der Zukunftsfähigkeit) propagiert und erprobt wird.

Im Konzept wird weiterhin darauf aufmerksam gemacht, dass die Implementation einer solchen Funktion über das entsprechende Fortbildungsangebot hinaus einer Reihe flankierender Maßnahmen der Kammer bedarf: Überzeugungsarbeit gegenüber den Apothekenleitungen, Propagierung eines präzisen

---

1 Der Termin war bereits im März vorsorglich in das Fort- und Weiterbildungsbildungsprogramm der Kammer aufgenommen und auf November 2009 datiert worden.
2 Ebenfalls im Materialband dokumentiert.

und transparenten Aufgabenprofils, Empfehlungen für die Personauswahl, Organisation von Support (*hotline*) und Möglichkeiten zum Erfahrungsaustausch.

Die geplante Pilotveranstaltung bedeutete deshalb für die Kammer einen ersten Schritt auf völliges Neuland. Ihre Lernziele würden sich auf keine gefestigte Routine, geschweige denn Ansätze einer Institutionalisierung stützen können, die Veranstaltung würde selbst eine erste systematische Simulation einer veränderten Praxis leisten müssen. Die Vermittlung von Fach- und Handlungswissen zum betrieblichen Gesundheitsmanagement war also eng zu verknüpfen mit der Konfigurierung und Reflexion einer betrieblichen Rolle, die so in der Apothekenlandschaft noch nirgendwo verankert war. Faktisch ging es um die Fortbildung von „Piloten" für einen organisationspolitisch gewollten, verantwortungsvoll zu kontrollierenden Feldversuch.

Um den daraus resultierenden didaktischen Anforderungen gerecht zu werden, sah das Curriculum vier Module vor, die sich je paarweise auf das spezifische Handlungsmodell und die darin einzubindenden inhaltlichen Elemente kleinbetrieblichen Gesundheitsmanagements bezogen. Modul 1 sollte sich dem normativen Entwurf einer kollegialen Beratung widmen, Funktion und Rollenverständnis präzisieren und zu einer ersten Reflexion der Teilnehmenden darüber anregen. Module 2 und 3 waren für die rollenadäquaten Grundlagen von Arbeitssicherheit und Gesundheitsschutz einerseits, psychischer Gesundheit und Stressbewältigung andererseits reserviert. Modul 4 sollte dann wieder eine Brücke zur praktischen Antizipation der Kümmerer-Funktion schlagen und betriebliche Umsetzungsmöglichkeiten und -probleme aus Sicht der Teilnehmenden fokussieren.

Das vorgeschlagene Konzept, einschließlich seiner präventionsstrategischen Prämissen, fand in der Projektgruppe allgemeinen Zuspruch. Die curricularen Eckpunkte wurden von den vorgesehenen Referentinnen und Referenten als Ausgangsplattform für ihre Feinkonzeptualisierung und die Ausarbeitung von Lehrunterlagen akzeptiert. Dabei gestatteten die in der Projektgruppe repräsentierten Kompetenzprofile eine sinnvolle Arbeitsteilung bei der Operationalisierung des Curriculums.

Skepsis wurde lediglich gegenüber der „Marktgängigkeit", d. h. der in der Mitgliedschaft zu erwartenden Nachfrage geäußert. Die Kammervertreterinnen in der Arbeitsgruppe waren jedoch davon überzeugt, für die Erprobung des Modells nach und nach interessierte Mitglieder gewinnen zu können und damit mittelfristig eine aussagekräftige Pilotierung in Gang zu setzen. Die Initiatorin und Leiterin des Projektes sah ihre Kammer sogar explizit dazu verpflichtet, zur Sicherung der Zukunftsfähigkeit auch neue Wege auszuprobieren, auch wenn diese mit erheblichen Scheiternsrisiken behaftet sind. Kammerangebote stets nur auf das aktuell Nachgefragte zu beschränken, könne die Innovationsfähigkeit der Kammer gefährlich beeinträchtigen.

Kritisch diskutiert wurden auch die (scheinbaren) Funktionsüberschneidungen zwischen kollegialer Beratung und Sicherheitsbeauftragten nach SGB VII. Statt eine zusätzliche Funktion zu schaffen, könne man ja auch Sicherheitsbeauftragte auf freiwilliger Basis propagieren – so die beteiligte Berufsgenossenschaft. In der Diskussion gelangte die Projektgruppe zu der Auffassung, dass das Modell „kollegiale Beratung" für Apotheken mit weniger als 20 Beschäftigten inhaltlich adäquater und vermutlich auch attraktiver ist als die Bestellung eines Sicherheitsbeauftragten. Kritische Einwände richteten sich auch gegen das durch die großindustrielle Hierarchie geprägte Rollenbild des Sicherheitsbeauftragten als „Führungshelfer", das bislang nicht überzeugend auf andere Arbeitswelten und neue Problemlagen (z. B. Stress und psychische Gesundheit) übersetzt werden konnte. Und schließlich sollte auch deutlich bleiben, dass es hier um eine Innovation der *beruflichen* Selbstverwaltung, also der Apothekerkammer für ihre Mitglieder, und nicht um eine der *sozialen* Selbstverwaltung für ihre Versicherten geht. Die Erfahrungen aus dem weiteren Projektverlauf nährten dagegen Überlegungen, die Funktion der kollegialen Beratung an die des/r *Qualitätsbeauftragten* anzulagern, die in Apotheken als freiwillige Funktionszuweisung gut etabliert ist (s. u.).


### 5.1.3.3    Projektarbeit, Ergebnisse, Wirkungen

Die Projektgruppe vereinbarte, in den folgenden acht Wochen arbeitsteilig Grobkonzepte für die einzelnen Module (Feinstrukturierung, geplante Lehrmittel etc.) zu erstellen und zur Querkoordination an die AKN zu liefern. Lehr- und Lernmaterialien sollten jedoch erst dann ausgearbeitet werden, wenn eine ausreichende Beteiligung gewährleistet war.

Neben der frühzeitigen Ankündigung im Bildungsprogramm der AKN, wurde im August 2009 ein Artikel zum geplanten Seminar in der Deutschen Apothekerzeitung geschaltet, im September wurde ein weiteres Mal im Kammerrundschreiben an die Veranstaltung erinnert. Etwa zwei Monate vor dem anvisierten Durchführungstermin lagen sieben Anmeldungen für das Seminar vor. Eine Regelveranstaltung wäre unter diesen Umständen aus wirtschaftlichen Gründen nicht durchgeführt worden, für ein Pilotseminar betrachtete die Kammer den Rahmen jedoch als ausreichend und gab die Veranstaltung frei.

Die Feinkonzepte der Referentinnen und des Referenten waren aus der fachlichen Sicht der AKN-Bildungsleiterin so kompatibel mit dem verabschiedeten Curriculum, dass keine weiteren Treffen des Projektteams mehr erforderlich schienen und man sich auf einen eMail gestützten Arbeitsprozess für die inhaltliche Koordination und wechselseitige Kommentierung einigen konnte. Lediglich zur Ausarbeitung des Moduls 3 (Stress und psychische Gesundheit) fand ein Treffen zwischen dem sfs-Team und der zuständigen Referentin statt, auf dem Ideen und Material ausgetauscht wurden (Mai 2009). Die praktische Kooperation im Vorfeld des Pilotseminars verlief termingerecht und reibungslos.

So konnte das Pilotseminar am 18. November in einem Düsseldorfer Hotel unweit der Apothekerkammer planmäßig stattfinden. Alle sieben Angemeldeten nahmen auch wirklich teil, darunter drei angestellte Apothekerinnen, zwei Apothekeninhaber und eine Inhaberin sowie eine Pharmazeutisch-Technische-Assistentin (PTA). Mindestens zwei der angestellten Apothekerinnen waren bereits als Qualitätsmanagementbeauftragte bestellt, auch die Apothekeninhaberin bekundete an diesem Thema besonderes Interesse.

Auf eine chronologische Darstellung und Kommentierung des Veranstaltungsablaufs aus wissenschaftlicher Sicht wird nachfolgend aus Platzgründen verzichtet. Stattdessen integrieren wir die vorhandenen evaluatorischen Daten direkt in eine systematische Diskussion kritischer Aspekte von Konzept und Umsetzung. Zentrale Quelle ist auch hier ein Evaluationsgespräch der Projektgruppe (April 2010), das nach der selben Methodik moderiert und ausgewertet wurde, wie das in der Ingenieurkammer Sachsen-Anhalt (vgl. Kap. 5.1.1). Daneben werden Ergebnisse des unmittelbaren Teilnehmer-Feedbacks sowie einer Nachbefragung der Teilnehmenden im Sommer 2010 herangezogen, die wegen ihrer schmalen quantitativen Basis aber lediglich einige qualitative, schlaglichtartige Interpretationen zur Nachhaltigkeit gestatten. Der Aufbereitungs- und Evaluationsprozess erlangte dadurch besondere praktische Bedeutung und Verbindlichkeit, dass die Kammervertreterin kurz nach der Veranstaltung die politische Absicht bekräftigte, durch zumindest ein Folgeseminar das Konzept weiter zu optimieren und „serienreif" zu machen.

Die Auswertung der Teilnehmendenbefragung zum Veranstaltungsschluss gibt ein insgesamt positives Echo: Die Erwartungen an das Seminar wurden durchweg erfüllt, die Teilnehmenden gaben an, fachlich dazu gelernt zu haben, die Vortragsmedien und die Kursunterlagen wurden als gut oder sehr gut bewertet. Alle Teilnehmenden sahen genügend Raum und Zeit zur Diskussion sowie zur Klärung auftretender Fragen. Vortragsstil und Didaktik wurden überwiegend positiv bewertet, wobei die Module 2 (Sicherheit und Gesundheitsschutz) und 4 (Praktische Umsetzung) besonders gut abschnitten. Beide Module wurden von erfahrenen Weiterbildnerinnen routiniert und souverän sowie praxisnah und interaktiv gestaltet. Bei den Modulen 1 und 3 dominierte das Dozentenreferat und das zu Inhalten, die den Teilnehmenden wenig vertraut waren.

Ein zentrales konzeptionelles Problem der Pilotveranstaltung wurde einvernehmlich darin gesehen, dass das Praxismodell „kollegiale Beratung" nicht deutlich genug als roter Faden des gesamten Seminars sichtbar geblieben ist. Daraus ergibt sich zum einen Optimierungsbedarf für die „fachlichen" Module, die sich in der Wahl ihrer Schwerpunkte und praktischen Beispiele systematischer auf das Modell „kollegiale Beratung" beziehen sollten. Diese Inhalte sollten nicht als systematisches problemspezifisches Laienwissen aufbereitet werden, sondern als besonders relevantes, angewandtes Handlungswissen eines „Kümmerers". Zu vermitteln ist also nicht, was bspw. systematisch gegen Stress und für psychische Gesundheit getan werden kann, sondern was eine kollegiale Beraterin bzw. ein Kümmerer im betrieblichen Stressmanagement der Apotheke konkret leisten kann – und was nicht. Eine durchgängige handlungspraktische Konkretisierung würde es auch der abschließenden Praxisreflexion (Modul 4) erleichtern, gezielter auf mögliche und erwartete Probleme in der Rolle der kollegialen Beratung einzugehen.

Diese didaktische Unschärfe wurde durch die Teilnehmerstruktur zusätzlich begünstigt. Obwohl im Titel und Expose deutlich auf den Bezug der Veranstaltung zum Modell kollegialer Beratung hingewiesen worden war, hatten sich auch drei Apotheker/innen mit Leitungsfunktion angesprochen gefühlt und angemeldet.[1] Da das Modell explizit nicht auf die Inhaberfunktion zugeschnitten und übertragbar ist, war es für diese Teilnehmergruppe lediglich als organisatorische Option, nicht aber als persönliche Alltagspraxis relevant. Die Diskussion wurde durch die anwesenden Apothekenleitungen deshalb häufig spontan aus dieser „Chefperspektive" geführt. Diese Perspektivendivergenz in der Teilnehmerschaft hat die organische Verknüpfung der „fachlichen Inhalte" mit der spezifischen Rolle kollegialer Beratung zusätzlich erschwert.

Die genannten Schwierigkeiten bilden sich auch in der *Nachbefragung* vom Frühjahr 2010 ab.[2] Darin wurde gebeten, die Lehren aus dem Seminar und die Erfahrungen der daran anschließenden Praxisphase zu ziehen und eine Einschätzung der individuellen Sensibilisierungs- und Motivationseffekte sowie der Praktikabilität und Schneidung einer „kollegialen Beratung" zu geben.

Grundsätzlich halten es alle Befragten für möglich, dass auch Teammitglieder ohne Leitungsfunktion Einfluss auf gesünderes Arbeiten der Belegschaft nehmen können. Außerdem gaben alle an, nach dem Seminar ihren Kolleginnen und Kollegen Hinweise zum Erkennen und Vermeiden von Stresssituationen und

---

1 Selbst wenn dies im Vorfeld bekannt gewesen wäre, wäre eine Ausladung aus politischen und praktischen Gründen wohl kaum in Frage gekommen.
2 Dazu wurden zwei explorative Telefoninterviews mit Teilnehmenden geführt und alle sieben zusätzlich mit einem von der sfs entwickelten Kurzfragebogen schriftlich befragt. Vier Befragte, zwei Apothekenleitungen und zwei Angestellte, beteiligten sich daran.

zur belastungsarmen Arbeitsweise gegeben zu haben. Das Rollenverständnis kollegialer Beratung bleibt dabei allerdings relativ unscharf und enthält z. T. konzeptfremde Elemente. So unter anderem die Auffassung, der Kümmerer trage Führungsverantwortung und habe Weisungsbefugnis im Arbeits- und Gesundheitsschutz. Im Funktionsprofil der beiden Angestellten tritt der kollegiale Aspekt des Rollenmodells allerdings deutlicher zutage als bei den beiden Apothekenleitungen. An funktionsbezogener Unterstützung wünschen sich die Befragten vor allem „schriftliche Informationen und Handlungshilfen", eine „gezielte Vertiefung des Stoffes durch Weiterbildung" und „mehr Unterstützung durch die Apothekenleitung".

An diesen Schwachstellen des Pilotseminars orientieren sich auch die vom Projektteam ins Auge gefassten *Optimierungen*:

Neben der stärkeren konzeptionellen Ausrichtung aller Module auf das Modell kollegialer Beratung sind einige methodisch-didaktische Verbesserungen sinnvoll, die exemplarisch-praktisches Lernen und mehr Eigenaktivität der Teilnehmenden anregen. So können im Modul „Psychische Gesundheit und Stress" gesundheitstheoretische Prämissen (z. B. zu Ressourcen, Salutogenese, Stressbegriff) zugunsten mindestens einer (leicht vermittelbaren) praktischen Entspannungsübung gekürzt werden. Wenn die Vermittlung von funktionsbezogenem Handlungswissen didaktisch besser im Längsschnitt des Seminars verankert ist – über Beispiele rollengerechten Handelns in typischen Problemsituationen des Betriebsalltags –, kann die derzeit eher theoretische Rollenbeschreibung im ersten Modul sogar ganz entfallen.

Eine zweite Überlegung zur Optimierung bezog sich auf die *Zielgruppe* der Veranstaltung. Die konzeptionelle Ausrichtung auf die *Praxis kollegialer Beratung* setzt einen Teilnehmerkreis voraus, der ausschließlich *Personen ohne Leitungsfunktion* umfasst. Darüber hinaus hat die engagierte Teilnahme von QM-Beauftragten zu Überlegungen der Projektgruppe geführt, diesen Personenkreis gezielter zu adressieren. Nach allgemeiner Einschätzung lassen sich Aufgabenzuschnitte zwischen einem – ernsthaft betriebenen – QM und einer kollegialen Beratung im betrieblichen Gesundheitsmanagement mit einem wechselseitigen Verstärkungseffekt verknüpfen. Praktische Schnittstellen liegen vor allem im Bereich Organisation und Kommunikation. Außerdem können QM-Beauftragte als eine hinsichtlich ihres betrieblichen Engagements positiv selektierte Gruppe betrachtet werden, was sie auch als Kümmerer prädestinieren könnte. Konsens bestand, diese Implementationsvariante des Modells in der nächsten Veranstaltung gezielt zu berücksichtigen. Bei der Bewerbung des Nachfolgeseminars wurden deshalb Kammermitglieder mit QM-Beauftragung, die in einem separaten Verteiler der AKN erfasst waren, gezielt angesprochen.

Zu betonen ist, dass diese Funktionsbündelung als eine *Option* und eine rein *praktische Synthese* verstanden wurde. Betriebliches Gesundheitsmanagement soll dadurch nicht zu einem systematischen Wurmfortsatz des Qualitätsmanagements umdefiniert werden, sondern in seiner Eigenwertigkeit für die Vision einer zukunftsfähigen Apotheke stets sichtbar bleiben.

Auch die *Bewerbung der Veranstaltung* könne noch intensiver sein, insbesondere über das Ehrenamt. Dem waren beim ersten Seminar durch die parallele Wahl zur Kammervollversammlung politische Grenzen gesetzt: Jeder durch die Kammer demonstrativ bevorzugte Bildungsinhalt hätte auch als Partei nehmendes organisationspolitisches Signal missverstanden werden können.

Die Nachfolgeveranstaltung bot Gelegenheit, diese Optimierungsvorschläge umzusetzen. Noch einmal war ein Mitarbeiter des PräTrans-Teams der Sozialforschungsstelle als Dozent und teilnehmender Beobachter beteiligt. Im Vorfeld fand ein Treffen mit den drei weiteren Dozentinnen statt, auf dem die didaktische Feinkonzeption jedes einzelnen Moduls im Lichte der Optimierungspläne diskutiert und untereinander abgestimmt wurde.

An der zweiten Veranstaltung im Februar 2011 beteiligten sich 14 Mitglieder der AKN, darunter Apothekenleitungen, angestellte Apothekerinnen, Pharmazeutisch Technische Assistentinnen und pharmazeutisch-kaufmännische Angestellte. Mehr als die Hälfte der Teilnehmenden war in der Apotheke mit Aufgaben des Qualitätsmanagements befasst. Angesichts der abermals gemischten Teilnehmerschaft wurde gleich zu Beginn darauf hingewiesen, dass die Veranstaltung primär auf die Perspektive von Mitarbeiterinnen und Mitarbeitern ohne Leitungsfunktion zugeschnitten ist und die anwesenden Apothekenleitungen dies in ihren Beiträgen berücksichtigen mögen.

Die im Vorfeld diskutierten didaktischen Optimierungen konnten offenbar erfolgreich umgesetzt werden: das Rollenmodell kollegialer Beratung war nun so gut in die einzelnen Module integriert, dass die Teilnehmenden nach eigenen Aussagen auch auf eine explizite Darstellung zu Beginn hätten verzichten können. In der nächsten Veranstaltung wird diese Anregung konzeptionell berücksichtigt werden. Das Teilnehmenden-Feedback weist auch das zweite Seminar als sehr erfolgreich aus.

Alles deutet darauf hin, dass das Handlungs- und Fortbildungskonzept „Kollegiale Beratung im Gesundheitsmanagement der Apotheke" gute Chancen hat, zu einem dauerhaften Bestandteil der Kammerarbeit zu werden. Dazu muss es allerdings seine Leistungsfähigkeit und Praxistauglichkeit nach und nach in der Fläche beweisen und in diesem ständigen Re-Inventionsprozess auch inhaltlich weiter reifen. Mit zunehmender Diffusion müssen auch die überbetrieblichen Infrastrukturen für das Informationsmanagement, für Support und Erfahrungsaustausch der „Kümmerer" wachsen, damit diese den erforderlichen institutionellen Rückhalt durch die Kammer erfahren. Ob die angezielte Innovation gelingen wird, hängt also nicht allein von der Qualität und der Nutzung des Fortbildungsangebotes, sondern ebenso von diesen flankierenden Maßnahmen ab.

Besonders erfreulich ist die im Evaluationskontext bekundete Bereitschaft der Apothekerkammer Nordrhein, mit zunehmender Reife des von ihr propagierten Konzeptes in die Rolle einer sektoralen *change agency* hinein zu wachsen. Dazu soll die Publikationstätigkeit in den Branchenmedien ausgeweitet werden.[1] Darüber hinaus plant die AKN, in Eigenregie Argumentationshilfen und Implementationshinweise für interessierte Apothekerkammern zu formulieren, potenzielle Nachnutzer könnten kostenfrei in den AKN-Seminaren hospitieren und die Erfahrungen für ihre eigenen Modelladoptionen nutzen.

### 5.2 Konzeptentwicklung im Sektor Wirtschaftskammern

Im Sektor der Berufskammern konnten wir im Sinne unseres methodischen Idealtypus (vgl. Kapitel 1.3.2) „vollständige" Modellentwicklungen durchführen, d. h. unmittelbar mit einzelnen Kammern Methoden und Instrumente der Themenintegration nicht nur konzipieren, sondern auch praktisch erproben und bewerten. Die Entwicklungsaktivitäten im Bereich der Wirtschaftskammern haben sich dagegen ausschließlich auf der strategisch-konzeptionellen Ebene bewegt. Dort haben wir sektorspezifische Optionen in unterschiedlicher operationaler Reife weiter verfolgt, ohne jedoch in das Stadium praktischer Umsetzung und Erprobung eintreten zu können. Die dichteste Annäherung an eine vollständige Modellentwicklung war in den Aktivitäten mit der DIHK-Bildungs-GmbH möglich (Kapitel 5.2.1.1). Sie mündeten in einem direkt nutzbaren Weiterbildungskonzept für Personalentwickler, in dessen Curriculum betriebliches Gesundheitsmanagement systematisch integriert wurde. Zur IHK-spezifischen Option, betriebliches Gesundheitsmanagement über regionales *agenda setting* zu befördern, konnte PräTrans einen intrasektoralen Erfahrungsaustausch organisieren (Kapitel 5.2.1.2). Im Bereich des Handwerks wurden die empirischen Grundlagen für die Ausarbeitung eines systematischen Beratungskonzeptes zum betrieblichem Gesundheitsmanagement erheblich erweitert; die geplante Ausformulierung eines solchen Konzeptes in einer „Konzeptwerkstatt" der Handwerksberater war jedoch bislang[2] nicht möglich (Kapitel 5.2.2). Um diesen – an unseren eigenen

---

1 Zwei Artikel sind nach dem Pilotseminar bereits erschienen. Ende 2009 und Anfang 2010 erschienen jeweils ein Bericht zum Seminar im Kammerorgan „Kammer im Gespräch" und in der „Deutschen Apothekerzeitung".
2 Diese Fährte soll im Rahmen des Promotionsprojektes eines PräTrans-Mitarbeiters noch weiter verfolgt werden.

methodischen Maßstäben gemessenen – Qualitätsunterschied der Entwicklungs-aktivitäten im Kammerbereich kenntlich zu machen, bezeichnen wir diejenigen in den Wirtschaftskammern nicht als Modellentwicklungen, sondern einheitlich als „Konzeptentwicklung" oder „Konzeptstudien".

Eine wesentliche Ursache sehen wir in den unterschiedlichen Feldzugangs- und Kooperationsstrategien: Sowohl im IHK-Sektor wie in der Handwerksorga-nisation wurde die praktische Kooperation von Anfang an durch *Dachverbands-einrichtungen* als Value-Partner geprägt und dadurch auf ein eher strategisch-konzeptionelles Gleis gelenkt.

### 5.2.1  Konzeptentwicklung im IHK-Bereich

Die Modellaktivitäten im IHK-Bereich nutzten vor allem die operativen Potenzi-ale des Dachverbandes „Deutscher Industrie- und Handelskammertag" (DIHK). Aufgrund guter Arbeitskontakte konnte der Verbundpartner RKW den DIHK schon in der Antragsphase für eine förmliche Kooperationszusage gewinnen. Daneben zeigte sich sehr bald, dass der DIHK im Innovationsdiskurs des IHK-Systems eine wichtige Vermittler- und Multiplikatorfunktion hat, was einen hohen Wirkungsgrad gemeinsamer Entwicklungsarbeit erwarten ließ.

Eine erste Einschätzung der Potenziale des Dachverbandes ermöglichte ein Informations- und Kooperationsgespräch im Januar 2007, an dem Vertreter bei-der PräTrans-Projektgruppen, der stellvertretende Hauptgeschäftsführer und der Leiter des Referats für Mittelstand und Existenzgründungen teilnahmen. Das eingangs präsentierte Projektkonzept, insbesondere das Leitbild eines pragmati-schen kleinbetrieblichen Gesundheitsmanagements und der partizipative Ent-wicklungsansatz für eine mögliche Themenintegration, wurden mit Interesse und Zustimmung aufgenommen.[1] Es wurden Empfehlungen für die Auswahl geeig-neter Kammern für die empirischen Bestandsaufnahmen ausgesprochen, für praktische Modellentwicklungen wurde vor allem auf die *DIHK-Bildungs-GmbH* als zentrale Dienstleisterin verwiesen. Weiterhin wurde auf interne *Facharbeits-kreise* von IHK-Referentinnen und -Referenten hingewiesen, die im fortgeschrit-tenen Projektstadium als kompetente Partner und potenzielle Multiplikatoren von Interesse sein könnten.

---

[1] Zu ergänzen ist, dass der seinerzeit amtierende DIHK-Präsident dafür bekannt war, im eigenen Unternehmen dem Thema Arbeits- und Gesundheitsschutz große Aufmerksamkeit zu widmen. Dies dürfte eine wohlwollende organisationspolitische Grundhaltung gegenüber dem PräTrans-Thema zusätzlich befördert haben.

### 5.2.1.1 Curriculare Integration betrieblichen Gesundheitsmanagements in einen IHK-Zertifikatslehrgang „Personalentwicklung"

Im März 2007 fand ein erstes Sondierungsgespräch der sfs-Projektgruppe mit der DIHK-Bildungs-GmbH statt. PräTrans unterbreitete dabei den Vorschlag, das Thema Gesundheitsmanagement modellhaft, vor allem kleinbetriebs- und mittelstandstauglich, in besonders geeignete Weiterbildungs-Curricula[1] zu integrieren. Durch eine Reihe analytischer Vorarbeiten sollten besonders geeignete Curricula identifiziert und – gleichsam *en passant* – die strukturellen Handlungsbedingungen der Bildungs-GmbH eingehender untersucht werden. Als methodische Bausteine dieser vertiefenden Potenzialabschätzung wurden vom PräTrans-Team eine Sichtung des Bestandes an Curricula, ein Workshop mit Fachreferenten des Hauses und ggf. eine gemeinsame schriftliche Befragung der IHK-Bildungsreferenten vor Ort ins Auge gefasst.

Über die Stoßrichtung einer möglichen Zusammenarbeit stellte sich rasch Konsens ein. Auch die Bildungs-GmbH war sehr daran interessiert, eine solche Themenintegration zu erproben. Eine Sichtung der Curricula (ca. 100 Konzepte für Zertifikatslehrgänge und Praxistrainings) durch Externe wurde jedoch mit Verweis auf urheberrechtliche Probleme nicht für machbar gehalten. Wohl aber sei es möglich, sich fachlich in eine curriculare Neuentwicklung der Bildungs-GmbH einzubringen. Die sonstigen Maßnahmevorschläge (Workshop, Befragung) seien intern eingehender zu prüfen.

Obwohl nach diesem ersten Gespräch bereits wichtige Kooperationsvoraussetzungen als geklärt betrachtet werden konnten, dauerte es danach fast ein Jahr bis zum Beginn einer substanziellen gemeinsamen Entwicklungsarbeit.[2] Im März 2008 wurden in zwei weiteren Gesprächen in der Bildungs-GmbH Modalitäten eines „Neustarts" der Kooperation diskutiert. Inzwischen waren auch die Erhebungen im IHK-Bereich so gut wie abgeschlossen, was das PräTrans-Team zum Anlass nahm, weitere gemeinsame Handlungsoptionen ins Spiel zu bringen.

Eine dieser Optionen zielte auf eine Fortbildungsveranstaltung für IHK-Fachpersonal zur strategischen Bedeutung der Schnittstelle von „Gesundheitswirtschaft und Gesundheitsmanagement". Hier wurde es jedoch für sinnvoller gehalten, das Thema nicht direkt als Angebot der Bildungs-GmbH zu konfigurieren, sondern zunächst in einer „Konzeptwerkstatt" im Rahmen des Fachdiskurses

---

1 Der Bereich der gewerblichen *Ausbildung* wurde nicht Betracht gezogen, weil dieser durch öffentlich-rechtliche Regelungen und eine Vielzahl externer Stakeholder strukturiert wird. Die gewerbliche *Weiterbildung* können die IHKs dagegen weitgehend autonom gestalten.
2 Wie sich später herausstellte, gab es in dieser Zeit erhebliche personelle und organisatorische Veränderungen in der Bildungs-GmbH.

des für „Dienstleistungen" zuständigen IHK-Personals aufzubereiten. Dafür sei die entsprechende Fachabteilung beim DIHK zuständig (vgl. Kapitel 5.2.1.2).

Vor dem Hintergrund des Erhebungsbefundes, dass viele IHKs auch im Bereich des klassischen Arbeitsschutzes durchaus Aktivitäten entfalten, hätte aus PräTrans-Sicht auch daraus ein konzeptionelles Thema für die interne Weiterbildung des DIHK werden können. Davon wurde jedoch mit Verweis auf die organisationspolitische Ambivalenz des Themas Arbeitsschutz dringend abgeraten (vgl. Kap. 2.2): Der normierte Arbeitsschutz könne als Thema bestenfalls auf *örtlicher Ebene* „mitlaufen", eine eigene Konzept- oder Strategiekompetenz werde sich der Dachverband dazu nicht anmaßen. Dies falle eindeutig in die Federführung der Fachinstitutionen und -verbände.

Inzwischen war allerdings unter dem Arbeitstitel „Baukasten Personalentwicklung in KMU" ein größeres curriculares Projekt ins Leben gerufen worden, das sich sehr gut für eine modellhafte Themenintegration eignen könnte. Hierauf konzentrierte sich nun die weitere Zusammenarbeit.[1]

Wie alle Konzeptentwicklungen für Zertifikatslehrgänge in der IHK-Weiterbildung war auch diese einer gemischten Projektgruppe anvertraut. Unter Federführung der Wirtschaftsakademie Schleswig-Holstein (einer regionalen Weiterbildungseinrichtung) arbeiteten die IHKs Leipzig und Südwestfalen/ Hagen, die Wirtschaftsförderung Lübeck, der DIHK und die Bildungs-GmbH zusammen. Ein direkter Kontakt zu dieser Projektgruppe war dem PräTrans-Team nicht möglich, weil die Vertreterin der Bildungs-GmbH persönlich in der Projektgruppe mitarbeitete und es für ausreichend hielt, darüber eine Schnittstellenfunktion wahrzunehmen. Lediglich zu einem in der Entwicklungsgruppe mitarbeitenden IHK-Referenten konnte eine vorübergehende Kooperationsbeziehung aufgebaut werden. Er übernahm es auch, das gemeinsame Vorhaben auf dem ersten PräTrans-Werkstattgespräch im Mai 2008 zu präsentieren.

Alle Konzepte für IHK-Zertifikatslehrgänge beinhalten Informationen und Werkzeuge, die zur Implementation eines neuen Lehrgangs vor Ort erforderlich bzw. nützlich sind. Im Vordergrund steht das Curriculum, das den Qualifizierungsbedarf wirtschaftspolitisch bzw. unternehmensstrategisch begründet, die globalen Kompetenzziele benennt und entlang der gewählten modularen Struktur Lernziele, Inhalte, Zeitkontingente, Lernerfolgsstufen und Methoden detailliert darstellt. Zum Paket gehören weiterhin Vorschläge für Tests, zur Formulierung

---

1 Die Option einer schriftlichen Befragung von Bildungsreferent/inn/en war zum Zeitpunkt des zweiten Relaunch-Gespräches noch virulent und wurde von der Bildungs-GmbH als wertvoller Baustein ihrer Angebotsplanung unterstützt. Die Befragung fand jedoch nicht die erforderliche Unterstützung des Verbandes und wurde kurz darauf mit Verweis auf die ohnehin schon erhebliche interne Umfragelast der Mitarbeiter definitiv abgesagt. Auch die ursprünglich ins Auge gefassten Kooperationsfäden „Interner Workshop mit Konzeptentwicklern" und „IHK-Online-Akademie" wurden nach einjährigem Leerlauf nicht gezielt weiter verfolgt.

des Zertifikats und zur Durchführung von Projektarbeit im Lernprozess. So genannte „Dozententipps" geben Zusatzinformationen zu den konzeptionellen und paradigmatischen Grundlagen des Konzeptes, bilden damit gleichsam den *state of the art* aus Sicht des IHK-System ab. Relativ breiten Raum nehmen Hilfsmittel ein, die das Marketing des Angebots vor Ort befördern sollen (Pressemitteilung, Veranstaltungstipps).

Nach den uns zugänglichen Informationen arbeitete die Projektgruppe „Baukasten Personalentwicklung" von Beginn an auf der Plattform eines Verständnisses von Personalentwicklung, das Bildung, Förderung und Organisationsentwicklung mit einander verbindet (DIHK-Bildungs-GmbH 2009: 73). Strategischer Bezugsrahmen ist die Bewältigung des demografischen Wandels und die Sicherung des Fachkräftebedarfs. Für das Endprodukt wurde deshalb auch der Untertitel gewählt „Fachkräfte sichern – mit der Formel A für erfolgreiche mittelständische Unternehmen". „Formel A" bezeichnet dabei eine IHK-Strategie zur Bewältigung des demografischen Wandels bzw. Fachkräftemangels und bezieht sich semantisch auf „Attraktivität", „Ausbilden", „anders sein" und „Ansprechpartner IHK" (ebd.: 55ff.).

Das Konzept „Personalentwicklung (IHK)" wurde nach dem Baukastenprinzip angelegt. Die Einzelmodule des Curriculums sollten also in sich so tragfähig ausgearbeitet sein, dass sie nicht nur als kompakter (64-stündiger) Lehrgang vermittelt, sondern auch bedarfs- und zielgruppengerecht in Qualifizierungsmaßnahmen wie Praxistrainings mit IHK-Zertifikat eingebaut werden können (ebd.: 5).

Das zugrunde liegende betriebliche Praxismodell weist in seiner pragmatisch-problemorientierten Ausrichtung ein hohes Maß an Kompatibilität mit dem PräTrans-Konzept von kleinbetrieblichem Gesundheitsmanagement auf. Plädiert wird für eine weitgehende Reintegration von Personalentwicklungskompetenz in Führungs- und Entscheidungsprozesse sowie für einen kritischen Umgang mit elaborierten Standardinstrumenten, vor allem, wenn sie auf dem verbreiteten „Messbarkeitswahn" gründen. In den „Dozententipps" am Ende des Lehrgangskonzeptes heißt es dazu unter anderem:

> „Kleinere Unternehmen werden noch erhebliche Zeit damit verbringen, die gestiegene Bedeutung von Lernen und Veränderung wirklich zu realisieren. Sie werden dafür jedoch nicht in jedem Fall eine gesonderte PE-Funktion aufbauen. (…) Viel PE wird hier ohne strategische Grundlinie, dafür aber mit gesundem Menschenverstand gemacht. Wichtig ist, dieses Feld nicht allein dem Zufall zu überlassen, sondern nachhaltig in den Wertschöpfungsprozess einzubinden. Egal, ob mit oder ohne Personalentwickler." (ebd.: 79).

Bei solchen paradigmatischen Grundlagen überrascht es nicht, dass eine angemessene Integration betrieblichen Gesundheitsmanagements in den Kanon der

Personalentwicklung in der Projektgruppe von Beginn an als sinnvoll und notwendig betrachtet wurde. Die fachliche Mitwirkung des PräTrans-Projektes konzentrierte sich auf das Curriculum und hier wiederum auf die Ausarbeitung eines Moduls zum Thema „Humanressourcen- und Gesundheitsmanagement". Das auf einen Lehrgangstag (acht Lehrstunden) dimensionierte Modulkonzept der sfs orientierte sich an dem Lernziel, den Unternehmensnutzen, die Problemschwerpunkte und moderne Methoden eines betrieblichen Gesundheitsmanagements kennen zu lernen. Es sieht dazu drei inhaltliche Blöcke vor:

- In einer kurzen Einführung (0,5 LE) wird auf den multidimensionalen Unternehmensnutzen einer „gesunden" Belegschaft abgestellt (Präsentismus-Problem, Bedeutung von Gesundheit für Kreativität, Innovationsbereitschaft und Leistungsfähigkeit, Nutzen für Personalgewinnung, Fachkräftebindung, Unternehmens-Image und CSR).
- Zentrale Strategien und moderne Strategien des BGM werden im zweiten Block (2,0 LE) behandelt, unterteilt in die Themenschwerpunkte Work-Life-Balance, Stressprävention und Basics von Arbeitssicherheit und Ergonomie. Mit der Fokussierung auf Work-Life-Balance sollte ein im IHK-Diskurs zunehmend virulentes Thema adressiert und damit die Kompatibilität der Themenintegration erhöht werden. Bei der Vermittlung der Themen Work-Life-Management und Stressprävention sollte außerdem mit geeigneten didaktischen Mitteln die persönliche Belastungserfahrung der Teilnehmenden angesprochen und für einen nachhaltigeren Problemzugang genutzt werden.
- Der mit 4,5 LE umfangreichste Vermittlungsbaustein widmet sich betriebsindividuellen Strategien und praktischen Tipps für die Implementation eines pragmatischen betrieblichen Gesundheitsmanagements. Im Mittelpunkt stehen Anregungen aus Modellen guter (kleinbetrieblicher) Präventionspraxis, vor allem aber die eigenständige Erarbeitung einer Art persönlichen Masterplans für die schrittweise Umsetzung des Gelernten im eigenen Unternehmensumfeld.

Das gesamte Curriculum untergliedert sich in sechs Module mit insgesamt 64 Lehrstunden. Weitere systemische Präventionsaspekte werden im Modul 2 („Mit Personalentwicklung führen") über den Zusammenhang von Führung und Selbstführung sowie unter dem Aspekt wertschätzender Kommunikation behandelt.

Die praktische Zuarbeit zur Projektgruppe erfolgte in zwei Schritten: Nachdem ein Rahmenentwurf des Gesamtcurriculums vorlag, formulierte das PräTrans-Team der sfs ein darauf abgestelltes Rahmenkonzept für das Modul „Humanressourcen- und Gesundheitsmanagement". Nach dessen Abstimmung mit der Vertreterin der Bildungs-GmbH wurde das Feinkonzept im Standard-Format der IHK-Curricula ausgearbeitet und ohne wesentliche Änderungen durch die Projektgruppe in das Endprodukt aufgenommen.

Das Lehrgangskonzept wird seit Anfang 2009 von der IHK Bildungs-GmbH auf dem internen Markt der IHKs vertrieben. Es wurde damit allerdings zu einem denkbar ungünstigen Zeitpunkt in das Angebot eingestellt, denn im Frühjahr 2009 zeigte die globale Finanzkrise dramatische Auswirkungen in den Leitbranchen der deutschen Industrie und sorgte für Verunsicherung über die weitere wirtschaftliche Entwicklung. In der gesamten IHK-Organisation wurden in der Folge die Aktivitäten auf die unmittelbare Krisenbewältigung ausgerichtet, die Mitgliedernachfrage nach optionalen Weiterbildungsangeboten brach drastisch ein. Zugleich wurde die Entwicklung neuer Themenangebote bei der Bildungs-GmbH zurück gestellt und das Angebot stärker auf Pflichtangebote ausgerichtet, bei denen die betriebliche Nachfrage weniger konjunkturabhängig schwankt.

Obwohl sich die Krisenstimmung in der gewerblichen Wirtschaft bis zum Ende 2010 deutlich aufgehellt hat, wurde das Lehrgangskonzept nach Auskunft der Bildungs-GmbH bis zu diesem Zeitpunkt noch von keinem internen Kunden erworben. Es wurde also weder von einer IHK noch von einer IHK-Bildungseinrichtung in das örtliche Weiterbildungsangebot aufgenommen. Die ursprünglich noch in der Projektlaufzeit geplante Recherche zu den Erfahrungen erster Anwender war deshalb nicht möglich.

5.2.1.2    Regionales agenda setting für betriebliches Gesundheitsmanagement - Optionen der IHKs

Die anerkannte Legitimation und Fähigkeit, den Diskurs über die Kollektivagenda der gewerblichen Wirtschaft vor Ort mit zu gestalten, hatten wir als eine der Kernkompetenzen von IHKs identifiziert. Die bereits ausführlich berichteten Aktivitäten der Kammern in Hamburg und Berlin (Kapitel 3.2) können als Beleg dafür gelten, dass dabei auch ein gezieltes *agenda setting* für betriebliches Gesundheitsmanagement möglich ist. Daraus war die Idee entstanden, einen strategisch orientierten Erfahrungsaustausch über die Potenziale des Themas betriebliches Gesundheitsmanagement im IHK-moderierten regionalen Wirtschaftsdialog zu organisieren. Waren die bestehenden Ansätze in der breiteren IHK-Organisation überhaupt bekannt? Sind sie besonders günstigen regionalen Umständen zu verdanken oder enthalten sie auch Prototypisches, auf dem Adoptionen durch andere IHKs aufbauen könnten?

Die Idee, für diesen Erfahrungsaustausch eine bestehende Kommunikationsstruktur des DIHK zu nutzen entstand in einem Rückkoppelungsgespräch des PräTrans-Projektes im DIHK im Oktober 2008. Ziel dieses Gespräches war es, Ergebnisse der Potenzialabschätzung zurück zu melden und weiterführende Entwicklungs- und Kooperationsideen zur Diskussion zu stellen. Auf Seiten des DIHK hatte der Projektkoordinator für PräTrans die Leitungen der Referate „Dienstleistungen" und „Soziale Sicherung/ Vereinbarkeit von Familie und Beruf" sowie die Bereichsleitung Bildung zu diesem Gespräch eingeladen.

Nach Präsentation und Diskussion der Potenzial-Hypothesen wurde vom PräTrans-Projekt vorgeschlagen, mit Unterstützung des DIHK einen internen Workshop zum Thema „betriebliches Gesundheitsmanagement als Dienstleistungsmarkt und Standortfaktor" durchzuführen. Dieser Vorschlag wurde vom Referat Dienstleistungen interessiert aufgegriffen und eine Einladung an das PräTrans-Projekt ausgesprochen, diese Thematik bei der nächsten bundesweiten Tagung der Dienstleistungs-Fachreferent/innen aus allen IHKs zur Diskussion zu stellen. Solche Tagungen der Fachreferent/innen finden regelmäßig auf Einladung der Fachabteilung des DIHK an wechselnden IHK-Standorten statt und dienen dazu, über aktuelle Themen zu informieren und gemeinsame Verfahrensweisen abzustimmen.

Diese Tagung fand Mitte Juni 2009 in der IHK Magdeburg statt. Das Thema „betriebliches Gesundheitsmanagement – ein Thema für den regionalen Wirtschaftsdialog?" wurde am Beginn der Tagung als zweiter Tagesordnungspunkt im Rahmen einer zweistündigen Präsentation und Diskussion behandelt. Das Programm wurde vom PräTrans-Team vorbereitet und moderiert. Dazu konnten auch die für die Projekte in Berlin und Hamburg zuständigen Kammermitarbeiterinnen als Referentinnen gewonnen werden. An der Tagung nahmen Vertreter/innen von etwa 30 IHKs aus dem gesamten Bundesgebiet teil.

Die Diskussion machte deutlich, dass das Thema betriebliches Gesundheitsmanagement dem versammelten IHK-Fachpersonal durchaus geläufig war. Wie schon die systematischen Recherchen im IHK-System angedeutet hatten, war fast jede/r in der praktischen Kammerarbeit in der einen oder anderen Weise zuvor mit dem Thema in Berührung gekommen. Aber selbst die mutmaßlichen „Leuchttürme" in Hamburg und Berlin waren dagegen weithin unbekannt, ein intrasektoraler Erfahrungsaustausch zum betrieblichen Gesundheitsmanagement war offensichtlich ein echtes Novum.

Um so interessierter wurden die sehr authentischen Präsentationen der beiden Fachkolleginnen aufgenommen. Nachfragen und Diskussion drehten sich dabei weniger um legitimatorische oder organisationspolitische Aspekte der Thematisierung als um praktisch-organisatorische. Ein zentraler Punkt war die Bedeutung regionaler Vernetzung unter IHK-Regie. Insbesondere die Anbietervernetzung, so eine Erfahrung der beiden IHKs, führe nicht im Selbstlauf zu einem Mehrwert für das Thema oder das Image der IHK. Oft seien Netzwerke für die moderierende IHK mit erheblichem Aufwand verbunden, würden jedoch von den Akteuren recht einseitig für Selbstdarstellung und Marketing instrumentalisiert.

Strategischer diskutiert wurde dagegen der Zusammenhang von Gesundheitswirtschaft und betrieblicher Gesundheitsförderung. Hier herrschte die Auffassung vor, dass der regionalwirtschaftliche Bedeutungsgewinn der Gesundheitsindustrie zwar ein günstiges Umfeld für die Thematisierung von betrieblichem Gesundheitsmanagement geschaffen habe, z. B. über die Promotorenschaft örtlicher Dienstleister. Eine dauerhafte strukturelle Synergie – eine „natürliche Symbiose" – müsse damit jedoch nicht einhergehen. Das regionale Angebot an marktfähigen Spezialdienstleistungen zum BGM ist zwar *auch* ein Wirtschafts- und Standortfaktor, BGM selbst definiere sich jedoch gerade in mittelständischen Firmen nur zum geringsten Teil über externe Dienstleistungen und muss deshalb langfristig und nachhaltig als alternatives, ökonomisch rationales Humanressourcen-Management entwickelt werden. Demografiekrise und Fachkräftemangel seien deshalb im IHK-Mitgliederdiskurs auf Dauer weit wirksamere Treiber-Themen für BGM als deren gesundheitswirtschaftlicher Kontext.

Zum Abschluss der offenen Diskussion wurden die Teilnehmenden zusätzlich schriftlich befragt, um zu einigen zentralen Fragestellungen ein breiteres Meinungsbild zu erhalten. Die Antworten zeigen zunächst, dass die Teilnehmenden aus der Veranstaltung einen beträchtlichen persönlichen Erkenntnisgewinn ziehen konnten. Darüber hinaus hat der PräTrans-Workshop eine deutliche Mehrheit der Teilnehmenden angeregt darüber nachzudenken, wie das Thema betriebliches Gesundheitsmanagement in die Kammerarbeit eingebracht werden könnte. Auch ist für die Mehrheit unbestritten, dass betriebliches Gesundheitsmanagement grundsätzlich ein legitimes Thema der Kammerarbeit ist. Weiterhin bejahten fast alle Teilnehmenden grundsätzlich, dass Gesundheit und Leistungsfähigkeit der Mitarbeiter/innen sowie der betrieblich Verantwortlichen stärker als bisher als regionaler Wettbewerbs- und Standortfaktor thematisiert werden sollte.

Die Befragungsergebnisse zeigen ein hohes Maß an persönlicher Offenheit gegenüber dem betrieblichen Gesundheitsmanagement als Kammerthema. Auf der anderen Seite scheint größere Unsicherheit darüber zu bestehen, für wie bedeutsam die kleinen und mittelständischen Mitgliedsunternehmen im Kammerbezirk die Gesundheit der Mitarbeiter/innen als Produktivitätsfaktor halten. Eine Hälfte der Befragten misst diesem Thema eine große Bedeutung bei den Mitgliedsunternehmen zu, die andere eine geringe oder keine. Eine fortschreitende Sensibilisierung für betriebliches Gesundheitsmanagement wird allerdings durch den beginnenden Mangel an Fachkräften erwartet.

Als hilfreiche Voraussetzungen für die Themenintegration durch die Kammer wird die Themenpräsenz in den Mitgliedsunternehmen sowie das Vorhandensein von Vorreiterunternehmen und guten Praxisbeispielen im Kammerbezirk genannt. Auch wird der Zugriff auf Fachinformationen zu diesem Thema als sehr hilfreich gekennzeichnet. Weitere Bedingungen erfolgreichen *agenda settings* seien die Unterstützung durch die Kammergeschäftsführung und Kammergremien, die Kooperation mit externen Fachleuten und Institutionen (wie z. B. Krankenkassen, Berufsgenossenschaften), der Erfahrungsaustausch mit Kolleg/innen aus anderen Kammern oder Verbänden sowie die Unterstützung durch den DIHK.

Mit der Veranstaltung ist es gelungen, die langjährigen Erfahrungen zweier Kammern im regionalen *agenda setting* für betriebliches Gesundheitsmanagement zu ventilieren und darüber eine breitere Diskussion ihrer Diffusionschancen unter deutschen IHKs anzuregen. Adoptionen werden dabei durchaus für sinnvoll und möglich gehalten, sind jedoch an ein komplexes Gefüge innerorganisatorischer und lokaler Voraussetzungen gebunden.

### 5.2.2 Handwerksberatung und betriebliches Gesundheitsmanagement

Auch aus der Abteilung Gewerbeförderung des Zentralverbandes des Deutschen Handwerks (ZDH) war bereits während der Entwicklung des PräTrans-Vorhabens grundsätzliches Interesse an einer Mitwirkung signalisiert worden. Gremienkontakte des Verbundpartners RKW waren auch dabei eine hilfreiche Grundlage.

Im Januar 2007 fand ein erstes Kooperationsgespräch im ZDH statt, an dem zwei Vertreter der Abteilung Gewerbeförderung, eine Vertreterin des Unternehmerverbandes Deutsches Handwerk (UDH) sowie Mitglieder beider PräTrans-Projektgruppen teilnahmen. Trotz einer eher kritischen Position des UDH gegenüber dem präventionspolitischen Thema des PräTrans-Projektes[1] konnte im Verlauf des Gespräches eine grundsätzliche Kooperationsvereinbarung erzielt werden.

Die Selbstbeschreibung der Abteilung Gewerbeförderung im explorativen Teil des Auftaktgespräches ließ bereits erahnen, das das System der Betriebsberatung eine unverwechselbare institutionelle Spezialität der handwerklichen Selbstverwaltung darstellt und dass unsere Kooperationspartner innerhalb dieses

---

1 Hintergrund sei die negative Besetzung des Themas „Arbeitsschutz" in der Mitgliedschaft des UDH, die sich weniger gegen das Grundanliegen Gesundheit und Sicherheit als gegen seine „bürokratische" Umsetzung richte. Wegen dieser bekannten Position war auch keine förmliche Unterstützungszusage des ZDH für das PräTrans-Vorhaben angestrebt worden.

Systems wichtige Stabsfunktionen im Bereich Information, Weiterbildung und Controlling inne hatten (vgl. Kap. 2.3.6). Damit war relativ frühzeitig wahrscheinlich, dass ein fruchtbares Entwicklungsthema im Themenkorridor „Betriebsberatung" liegen würde. Auf dem Wege zu einem gut fundierten Modell sollte deshalb im Rahmen der weiter gehenden systematischen Bestandsaufnahmen – die unsere Partner durch wertvolle Hinweise unterstützten – unter anderem eine schriftliche Befragung von Betriebsberaterinnen und -beratern des Handwerks eingeplant werden. Die Partner im ZDH sagten dafür logistische und politische Unterstützung zu, das PräTrans-Team die baldige Vorlage eines detaillierten Erhebungskonzeptes.

- Online-Befragung von Beratungspersonal der Handwerksorganisationen

Im Frühjahr 2007 legte das PräTrans-Team der Sozialforschungsstelle einen ausgearbeiteten Fragebogenentwurf vor, der in Zusammenarbeit mit dem ZDH optimiert und vorgetestet wurde. Da ein Großteil der Kommunikation im Beraternetz ohnehin über das Internet stattfindet, wurde die Umfrage im Sommer 2007 als Online-Vollerhebung über den eMail-Verteiler der Abteilung Gewerbeförderung durchgeführt.[1] 98 Berater/innen beteiligten sich an der Umfrage, was einem Rücklauf von ca. 11% entspricht.

Da die wesentlichen Umfrageergebnisse zur bestehenden Beratungspraxis (Themenprofil, Methoden) der Handwerksberatung bereits im Kapitel 2.3.6 berichtet wurden, soll an dieser Stelle das Hauptaugenmerk auf die weiter reichenden Beratungspotenziale des Themas Gesundheitsmanagement gelegt werden, die im Zentrum der Befragung standen.[2]

Die Befragten sollten unter anderem den Handlungs- und Kompetenzbedarf ihrer kleinbetrieblichen Klientel auf einzelnen Themenfeldern der betrieblichen Prävention einschätzen. Wie Abbildung 10 zeigt, wird ein Mitarbeiter orientierter Führungsstil als größte Herausforderung für gesündere Arbeit betrachtet, mit einigem Abstand gefolgt von der Arbeitsplatz- und Arbeitsumweltgestaltung sowie dem Demografie-Thema. 44% weisen dem Handlungs- und Kompetenzfeld „Unfallverhütung und Arbeitssicherheit" mindestens hohes Gewicht für die kleinbetriebliche Prävention zu, aber kaum geringer sind die Nennungshäufigkeiten für Arbeitsorganisation, Stressbewältigung und Work-Life-Balance. Insgesamt vermittelt dieses Antwortprofil den Eindruck, dass sich die Einschätzung

---

1 Dieser Verteiler listete zum Erhebungszeitpunkt ca. 900 Berater aus Innungsverbänden und dem Kammerbereich (inkl. Landesgewerbeförderungsstellen). Mit einem vergleichbaren Instrument wurden parallel durch das RKW-Kompetenzzentrum Berater/innen zweier Wirtschaftsverbände sowie der RKW-Landesverbände befragt (vgl. Hentrich et al. 2008).
2 Methodische Details und weitere Daten sind im Materialband dokumentiert.

der Befragten nicht wesentlich von den Erkenntnissen der kleinbetriebsbezogenen Präventionsforschung unterscheidet.

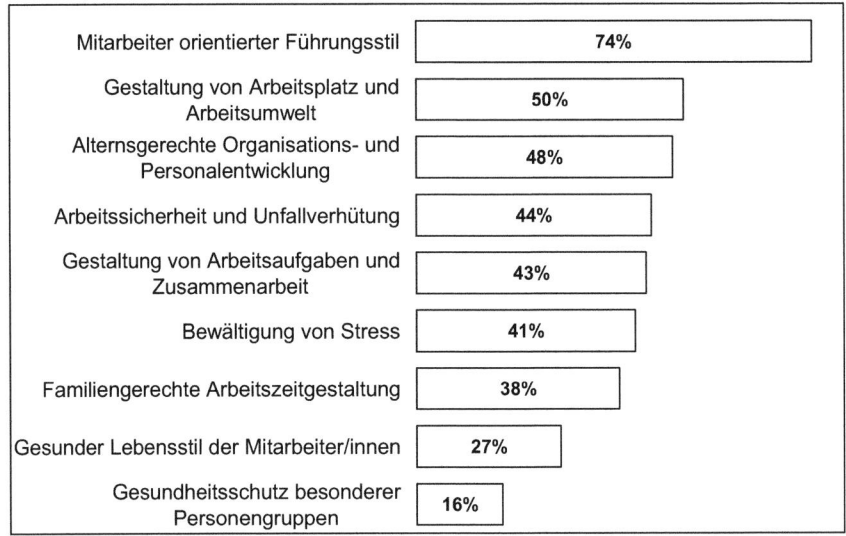

(Ausprägungen der Anforderungen „hoch" oder „sehr hoch"; Mehrfachnennungen; N = 98);
Quelle: Befragung von Betriebsberatern im Handwerk, © sfs 2008

*Abbildung 10:* Handlungs- und Kompetenzbedarf im betrieblichen
Gesundheitsmanagement des Handwerks

Zentralen Stellenwert hatte die Frage, zu welchen präventionsrelevanten Themenfeldern die Beratenden sich eigene Interventionen zutrauen und in welcher Form sie sich diese vorstellen könnten bzw. bereits realisieren. An den in Tabelle 6 dokumentierten Ergebnissen fällt zunächst auf, dass ein relativ großer Anteil der Befragten die Thematiken Arbeitssicherheit sowie Arbeitsplatz- und Arbeitsumweltgestaltung (seltener den sozialen Arbeitsschutz) bereits thematisiert, darunter 20 bis 30% in Form konkreter Lösungsvorschläge oder über „systemische" Vermittlungsformen wie Bildungs- und Gremienarbeit. Dieser Teilbefund dürfte stark durch die Angaben der „Arbeitsschutz-Berater" (vgl. Kapitel 2.3) geprägt sein, die sich durch das Umfragethema besonders angesprochen gefühlt haben müssen.

| Problembereich | Hinweise auf Probleme | | Hinweise auf Beratung | | schriftl. Informationen verteilen | | Lösungen vorschlagen | | Bildungsarbeit/ Vorträge | | Gremienarbeit | |
|---|---|---|---|---|---|---|---|---|---|---|---|---|
| | ! | !? | ! | !? | ! | !? | ! | !? | ! | !? | ! | !? |
| Arbeitssicherheit/ Unfallverhütung | 50 | 19 | 42 | 20 | 33 | 25 | 29 | 15 | 26 | 19 | 21 | 22 |
| Arbeitsplatz-/ Arbeitsumweltgestaltung | 46 | 20 | 37 | 21 | 31 | 27 | 30 | 12 | 24 | 17 | 24 | 18 |
| Sozialer Arbeitsschutz | 21 | 35 | 18 | 33 | 13 | 39 | 14 | 20 | 8 | 19 | 7 | 19 |
| Arbeitsaufgaben/ Zusammenarbeit | 38 | 34 | 27 | 35 | 15 | 43 | 21 | 25 | 11 | 30 | 11 | 30 |
| Bewältigung von Stress im Betrieb | 30 | 37 | 21 | 39 | 3 | 46 | 12 | 31 | 5 | 32 | 3 | 28 |
| Mitarbeiter orientierter Führungsstil | 40 | 39 | 23 | 44 | 11 | 52 | 21 | 41 | 10 | 40 | 10 | 34 |
| Alternsgerechte OE/ PE | 25 | 36 | 10 | 39 | 6 | 44 | 8 | 28 | 4 | 26 | 4 | 26 |
| Familiengerechte Arbeitszeitgestaltung | 17 | 31 | 8 | 38 | 10 | 39 | 3 | 24 | 0 | 19 | 2 | 16 |
| Gesunder Lebensstil der Mitarbeiter | 10 | 33 | 10 | 38 | 3 | 36 | 3 | 16 | 4 | 15 | 1 | 18 |

(Angaben in %; Mehrfachnennungen; N = 98)

Antwortvorgaben: „erste Hinweise auf Probleme und Handlungsbedarf geben"; „Hinweise auf externe Beratungsangebote geben"; „schriftliche Informationen und Hilfsmittel aushändigen"; „konkrete betriebliche Problemlösungen vorschlagen"; „das Thema in die eigene Weiterbildungs- und Vortragstätigkeit einbauen"; „das Thema in Fachgremien/ Erfahrungsaustausch einbringen"

Legende: links/hoch gestellt: „mache ich bereits"; rechts/tief gestellt: „könnte ich machen"; Rest zu 100%: weder noch/ k. A.

Quelle: Befragung von Betriebsberatern im Handwerk, © sfs 2008

*Tabelle 6:* Beiträge zum betrieblichen Gesundheitsmanagement nach Beratungs- und Vermittlungsformen

Nicht wenige Befragte berücksichtigen darüber hinaus auch Aspekte der Führung, der Arbeits- und Organisationsgestaltung und des betrieblichen Stressmanagements in ihrer Beratungstätigkeit. Die meisten tun dies durch Probleme benennende Hinweise (30 bis 40%) und/ oder die Information über bestehende Beratungsangebote (21 bis 27%). Etwa jede/r Fünfte macht nach eigenen Angaben bereits heute konkrete Problemlösungsvorschläge im Bereich Führung, Arbeitsgestaltung und Kooperation, 12% auch zum betrieblichen Stressmanagement. Seltener fließen die Themen in überbetriebliche Vermittlungsformen wie Bildungs- und Vortragstätigkeit oder Gremienarbeit ein (3 bis11%).

In allen neun abgefragten Themenfeldern lassen die Antworten starke Gruppen potenzieller „Thematisierer" erkennen. So können sich 25 bis 52% der Befragten vorstellen, die drei vorgenannten Themen auf die eine oder andere Weise in ihre Arbeit einfließen zu lassen. Die relativ größten Thematisierungspotenziale – gemessen am Verhältnis der praktizierenden zu den potenziellen Thematisierern – bieten dabei die Distribution schriftlichen Informationsmaterials und überbetriebliche Vermittlungsformen (Relationen von ca. 1:3 bis 1:9). 25 bis 41% trauen sich sogar zu, ihren Klienten künftig auch konkrete Problemlösungsvorschläge zu diesen Problembereichen zu machen.

Am stärksten ausgeprägt ist dieses spezifische Thematisierungspotenzial bei den Themenkomplexen, die bislang von vergleichsweise wenigen Beratenden aufgegriffen werden. In den Bereichen sozialer Arbeitsschutz, gesunder Lebensstil der Mitarbeiter, familiengerechte Arbeitszeiten und altersgerechte Organisations- und Personalentwicklung ist der Anteil potenzieller Thematisierer durchweg – teilweise um ein Vielfaches – größer als der Anteil der nach eigenen Angaben bereits Praktizierenden.

Auch das *persönliche Gesundheitsmanagement* der Inhaber/innen gehört nach Meinung der Befragungsteilnehmer auf die Agenda, vor allem die Aspekte Selbstorganisation, Zeitmanagement, Selbstentlastung/ Delegation und Work-Life-Balance. Wie Abbildung 11 zeigt, trauen sich 70 bis 80% der Befragten zum weiteren Problembereich „Selbstmanagement" ebenfalls eigene Beratungsbeiträge zu.

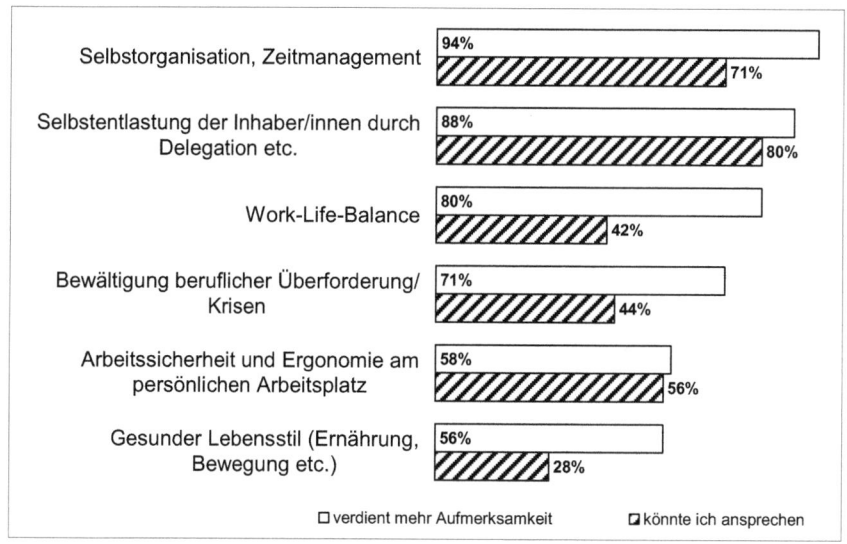

(Mehrfachnennungen, N = 98); Quelle: Befragung von Betriebsberatern im Handwerk, © sfs 2008

*Abbildung 11:* Persönliches Gesundheitsmanagement der Unternehmensleitung: Handlungsbedarf und möglicher eigener Beratungsbeitrag

Das Thema Gesundheitsmanagement in die Beratungskommunikation einzubinden, wird gleichwohl als sehr schwierige Aufgabe betrachtet (ohne Abbildung). Je etwa zwei Drittel der Befragten verweisen auf das erforderliche besondere Vertrauensverhältnis zwischen Klient und Beratenden, auf die zum Beratungszeitpunkt oft krisenhaft zugespitzte Unternehmenssituation und den zumeist niedrigen Stellenwert des Themas Prävention im kleinbetrieblichen Alltag. Hier werden also vor allem strukturelle Probleme gesehen, während Barrieren auf der Beratungsseite, Zweifel an der Zuständigkeit oder fachlich-zeitliche Ressourcen weniger kritisch eingeschätzt werden (42 bis 55%).

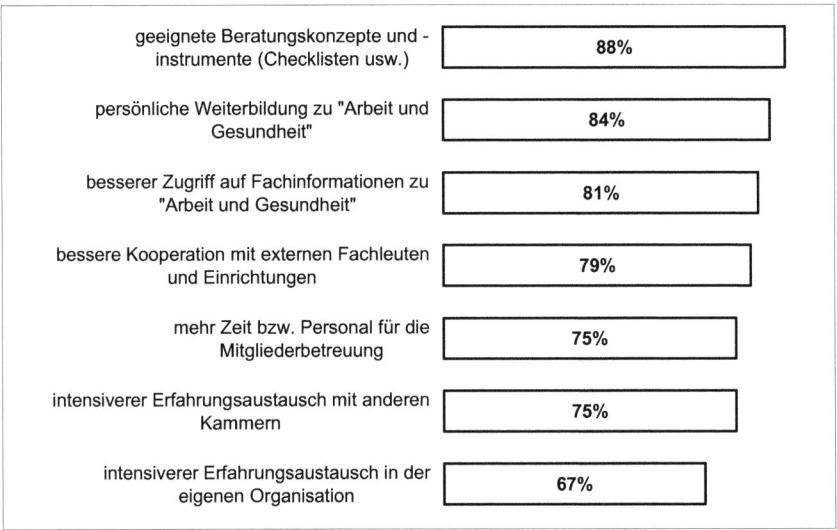

| geeignete Beratungskonzepte und -instrumente (Checklisten usw.) | 88% |
| persönliche Weiterbildung zu "Arbeit und Gesundheit" | 84% |
| besserer Zugriff auf Fachinformationen zu "Arbeit und Gesundheit" | 81% |
| bessere Kooperation mit externen Fachleuten und Einrichtungen | 79% |
| mehr Zeit bzw. Personal für die Mitgliederbetreuung | 75% |
| intensiverer Erfahrungsaustausch mit anderen Kammern | 75% |
| intensiverer Erfahrungsaustausch in der eigenen Organisation | 67% |

(„hilfreiche" oder „sehr hilfreiche" Faktoren; Mehrfachnennungen; N = 98)
Quelle: Befragung von Betriebsberatern im Handwerk, © sfs 2008

*Abbildung 12:* Was würde eigene Beratungsbeiträge zum betrieblichen Gesundheitsmanagement erleichtern?

Einer großen Mehrheit der Befragten (vgl. Abbildung 12) würden geeignete Beratungskonzepte und -instrumente, persönliche Weiterbildungsmaßnahmen zum Thema Arbeit und Gesundheit und ein besserer Zugriff auf entsprechende Fachinformationen die Themenintegration erleichtern. Auch eine bessere Beratungskooperation mit externen Fachleuten, mehr zeitliche Ressourcen und ein intensiverer Erfahrungsaustausch zum Thema werden überwiegend als zumindest hilfreich betrachtet.

▪ Planung einer „Konzeptwerkstatt" der Handwerksberater

Im Februar 2008 fand ein zweites Treffen im Haus des Handwerks statt, auf dem die Befragungsergebnisse präsentiert und weitere gemeinsame Schritte diskutiert wurden. Der ZDH beteiligte sich daran in gleicher Besetzung wie beim Erstgespräch.

Dass eine Umfrage zu diesem Thema mit gut zehnprozentigem Rücklauf überhaupt erfolgreich realisiert werden konnte, war nach Auffassung der ZDH-Vertreter nicht unbedingt zu erwarten. Für einige Überraschung sorgte auch der

Kernbefund, dass eine beachtliche Zahl von Beraterinnen und Beratern das Thema Arbeit und Gesundheit mit einem hohen Maß an Sensibilität und persönlicher Innovationsbereitschaft aufgenommen hatten. Natürlich sollten und konnten die Ergebnisse nicht repräsentativ für den gesamten Beraterpool sein, und außerdem war eine Überzeichnung durch für sozial erwünscht gehaltenes Antwortverhalten in Rechnung zu stellen. Insbesondere zwischen der selbst berichteten und der „lebenspraktischen" Handlungsbereitschaft dürfte deshalb eine schwer abschätzbare Lücke klaffen. Dennoch zweifelte niemand daran, dass die Befragungsergebnisse auf ein bislang unterschätztes Thematisierungspotenzial in der Praxis der Handwerksberatung hinweisen. Zugleich war mit der Umfrage ein Thematisierungsimpuls im Beraterpool gesetzt worden, der möglichst zügig genutzt werden sollte.

Rasch bildete sich deshalb Konsens, die mit einer systematischen Erweiterung des Themenportfolios der Handwerksberatung verknüpften konzeptionellen und praktischen Fragen zusammen mit innovationsbereiten Beratern und Beraterinnen weiter zu bearbeiten. Das PräTrans-Team regte an, dazu eine Art „virtueller Konzeptwerkstatt" ins Leben zu rufen: eine Diskussions- und Arbeitsplattform im Intranet des Beraterpools, in der mit Unterstützung durch PräTrans ein solches Beratungskonzept schrittweise ausgearbeitet wird. Dieses Modell hätte den vermutlich über das gesamte Bundesgebiet verstreuten „Innovatoren" unter dem Beratungspersonal eine relativ unaufwändige und flexible Beteiligung gestattet. Das Angebot für dieses Engagement sollte mit der anstehenden Rückmeldung der Umfrageergebnisse verknüpft werden.

Der ZDH veröffentlichte wenig später im Newsletter für die Betriebsberater/innen einen Kurzartikel, der die wichtigsten Ergebnisse kompakt zusammenfasste und einen Link auf eine ausführlichere und illustrierte Ergebnisdarstellung durch PräTrans enthielt. Parallel wurde der Artikel auch auf der ZDH-Homepage veröffentlicht. Am Ende des Kurzartikels wurde zur Kooperation an einem praxistauglich erweiterten Beratungskonzept eingeladen und bei Interesse um Rückmeldung an das PräTrans-Projekt gebeten. Es gab jedoch keine Resonanz auf dieses Angebot.

Dass der Plan einer virtuellen Konzeptwerkstatt gescheitert war, wurde weder im ZDH noch bei PräTrans auf fehlendes Interesse an der Sache zurückgeführt. Die Gründe wurden eher in Zurückhaltung gegenüber dem unkonventionellen und unpersönlichen Kommunikations- und Arbeitsmodell einer virtuellen Konzeptwerkstatt vermutet. Außerdem kann nicht sicher abgeschätzt werden, ob die Botschaft im Kontext der Ergebnisrückmeldung tatsächlich genügend Aufmerksamkeit im Klientel fand. Der ZDH bot deshalb an, einen weiteren Versuch zu unternehmen und die Konzeptdiskussion in eine spezielle *Weiterbildungsveranstaltung* für Beratende einzubetten, die von PräTrans moderiert werden sollte.

Diese Veranstaltung wurde im offiziellen Weiterbildungsprogramm des DHKT für 2009 ausgeschrieben.

Das vom PräTrans-Team der sfs dazu erarbeitete Curriculum greift die Idee der Konzeptwerkstatt erneut auf, verknüpft sie nun jedoch stärker mit systematischen Informations- und Bildungsanteilen. Es verbindet also den unmittelbaren Erwerb „technischer" Beratungskompetenz zum betrieblichen Gesundheitsmanagement mit der Reflexion konzeptioneller Fragen seiner nachhaltigen Implementation, insbesondere zum Rollenmodell, zur Beratungstiefe, zur Instrumentierung und zum Wissensmanagement. Die Zielgruppe wurde erweitert auf Fachpersonal aus Handwerksorganisationen mit praktischer Erfahrung in der Betriebsberatung. Explizit wurde darauf hingewiesen, dass es sich nicht um eine spezielle Weiterbildungsmaßnahme für Beratende mit vorhandener Expertise im Arbeits- und Gesundheitsschutz handelt, sondern auch und gerade Beratende mit betriebs- und personalwirtschaftlichem Fachprofil angesprochen sind.

Die Veranstaltung wurde auf zwei Tage ausgelegt und sollte im März 2009 in Berlin stattfinden; die Kosten waren – wie üblich – von den Dienststellen der Teilnehmenden zu tragen.

Ergänzend zur förmlichen Bekanntmachung wies das PräTrans-Team einige seiner Kontaktpersonen aus dem Feld individuell auf die Veranstaltung hin und warb um Teilnahme. Dennoch hatten sich kurz vor Ende der Anmeldefrist nur vier Personen zu der Veranstaltung angemeldet. In so kleinem Kreis schienen die Ziele der Veranstaltung kaum erreichbar und vermutlich wären auch die Erwartungen der Teilnehmenden an einen kollegialen Erfahrungsaustausch stark enttäuscht worden. Deshalb wurde die Veranstaltung vorsorglich abgesagt.

Nach den Erfahrungen dieses zweiten Anlaufes schien klar, dass die potenziellen Innovatoren in der Handwerksberatung nur sehr schwer für eine verbindliche Konzept- und Modellarbeit zu mobilisieren waren. Die Lücke zwischen der durch die Umfrage sichtbar gemachten kognitiv-theoretischen Innovationsbereitschaft und der Bereitschaft, sich auch praktisch dafür zu engagieren, war offenbar doch deutlich größer als ursprünglich eingeschätzt. Über die Gründe kann wiederum nur spekuliert werden. Eine der plausibelsten Ursachen kann in der Befürchtung gesehen werden, für konzeptionelles Engagement am Ende mit erhöhten Leistungsanforderungen konfrontiert zu werden.

Nach diesen zwei gescheiterten Anläufen wurden die Aktivitäten mit dem ZDH zunächst zugunsten anderer Projektaufgaben zurück gestellt. Dennoch endet die Geschichte der Modellentwicklung noch nicht an diesem Punkt.

In der Folgezeit ergaben sich – jeweils als Resonanz auf das PräTrans-Vorhaben – persönliche Kontakte mit zwei engagierten Mitarbeiterinnen aus einer Handwerkskammer und einem Innungsfachverband. Beide waren im Rahmen öffentlich geförderter Projekte seit kurzem für das Thema „betriebliche

Gesundheitsförderung" zuständig und qualifiziert. Ihr Tagesgeschäft bestand vor allem darin, Handwerksunternehmen für eine Einzelfallberatung zur betrieblichen Gesundheitsförderung zu akquirieren. Beide zeigten großes Interesse an einer stärkeren konzeptionellen Durchdringung der Beratungstätigkeit im Handwerk und waren gerne bereit, die mit dem ZDH aufgenommene Kooperationslinie fortzuführen. Das Leitbild eines pragmatischen kleinbetrieblichen Gesundheitsmanagements betrachteten sie als hoch anschlussfähig an ihre bisherigen Beratungserfahrungen mit Handwerksunternehmen. Besonders faszinierte die Idee, das Themen- und Problemreservoir der Betriebsberatung nach typischen Schnittstellen mit präventivem Handlungsbedarf zu durchforsten und für die häufiger auftretenden Problemverknüpfungen teilstandardisierte Beratungsmodule zu entwickeln (Identifizierungsschemata, Argumentationshilfen, Informationsmodule usw.).

Nach zunächst bilateralen Gesprächen fand im Oktober 2010 ein gemeinsames Arbeitsgespräch statt, auf dem beschlossen wurde, auf eine baldige Konzeptwerkstatt in der Sozialforschungsstelle Dortmund hinzuarbeiten und dazu die in den jeweiligen Netzwerken bekannten potenziellen Innovatoren zu mobilisieren. Dieser Plan wird über das förmliche Projektende hinaus im Rahmen eines Promotionsprojektes weiter verfolgt.

# 6 Ergebnisse und Schlussfolgerungen

## 6.1 Ergebnisse der Modell- und Konzeptentwicklungen in innovationstheoretischer Kommentierung

In Kapitel 1.2.3 haben wir PräTrans als empirisch-experimentelle „Innovations-Machbarkeitsstudie" charakterisiert, die nach konkreten Möglichkeiten sucht, die Praxis beruflicher und wirtschaftlicher Selbstverwaltung um die Perspektive auf kleinbetriebliches Gesundheitsmanagement zu erweitern. Zugleich haben wir begründet, warum wir die spezifische Leistungsfähigkeit einer *innovationstheoretischen* Perspektive in der *Längsschnittbetrachtung* von Inventions-, Diffusions- und Institutionalisierungsprozessen kultureller Neuerungen sehen. Die nachfolgende innovationstheoretische Interpretation unserer Interventionen wird deshalb die Schnittstelle zwischen Invention und Diffusion besonders fokussieren. Was lässt sich aus den Ergebnissen und Erfahrungen der Entwicklungsprozesse über die Chancen, Voraussetzungen und Randbedingungen der fortschreitenden Adoption der Modelle und Konzepte (als Inventionen) aussagen? Diese Frage weist in zwei Richtungen:

1. Lässt sich den experimentellen Praxismustern eine „soziale Prototypik" zuschreiben, die *notwendige* Bedingung einer positiven Diffusionsprognose ist? Eine geeignete Theoriefolie zur Diskussion dieser Frage bieten die von Rogers explizierten *immanenten* Qualitäten des Neuen (*attributes of innovations*), d. h. diejenigen diffusionsförderlichen bzw. -hinderlichen Faktoren, die in der Sozialgestalt der Invention selbst angelegt sind. Dabei interessieren also vor allem Gesichtspunkte wie Nutzenzugewinn, Kompatibilität, Praktikabilität, Testbarkeit und Demonstrierbarkeit.

2. Die zweite Frage fokussiert die *Sozial- und Kommunikationsstruktur der korrespondierenden Praxisfelder* unter diffusionsrelevanten Gesichtspunkten. Sie muss zu einer *intra-* und einer *inter*organisationalen Betrachtung führen: Da die uns interessierenden Adoptoren selbst bereits komplexe Sozialgebilde darstellen, stehen auf der *intra-*organisationalen Ebene vor allem typische mikropolitische Strukturen und Prozesse im Vordergrund, die für Adoptionsprozesse von Belang sein könnten. Auch dafür bietet Rogers mit

199

seinem Modell für Innovationen in Organisationen einige hilfreiche analytische und begriffliche Anregungen. Auf *inter*organisationaler Ebene kommen vor allem die Formen *dachverbandlicher* Vernetzung und Kommunikation als potenzielle sektorspezifische Diffusionskanäle in den Blick. Dabei drängt sich das Problem *sektoraler Innovationstreiber* (*change agencies*) auf, von Personen oder Organisationen, die sich für die konkrete Neuerung in diffusionsstrategischer Absicht einsetzen könnten.

Da im Bereich der Wirtschaftskammern praktische Erprobungen auf lokaler Ebene im Projekt selbst nicht möglich waren, ist dort die empirische Basis für die Diskussion von Diffusionschancen und -pfaden entsprechend schmaler. Diesem Umstand müssen wir mit einer weniger ausführlichen Kommentierung Rechnung tragen.


### 6.1.1 Berufskammern

Der mit der Ingenieurkammer Sachsen-Anhalt und (in Teilen) mit der Architektenkammer Nordrhein-Westfalen entwickelte „Werkzeugkasten" scheint geeignet zu sein, das Thema berufliches Gesundheitsmanagement in das Kommunikations- und Dienstleistungspotenzial dieser Sektoren einzuführen. In der IK S-A ist es im Rahmen eines gestuften Programms gelungen, die Themenintegration bis in das Bildungsangebot voran zu treiben, in beiden Fällen wurde durch die thematische Erweiterung der Informationsangebote der Homepages eine mehr als „nur" symbolträchtige, dauerhafte Implementation von Präventionsaspekten erreicht.

Ein *programmatischer Artikel* in den offiziellen Kammermedien kann als zumindest nützlicher primärer Kommunikationsimpuls betrachtet werden. Zwei Randbedingungen dürften dabei besonders erfolgskritisch sein: Der thematische Impuls sollte durch Beteiligung und Mitverantwortung von Organmitgliedern und/ oder der Kammerspitze (wie im Fall der IK S-A) als *interner* Anstoß kenntlich gemacht werden. Außerdem sollte das Thema Gesundheitsmanagement von Beginn an in der Berufs- und Erwerbswirklichkeit der Mitglieder konfiguriert werden. Durch Rekurs auf berufstypische Schlüsselprobleme und praktische Bewältigungsoptionen kann bereits verdeutlicht werden, dass persönliches und betriebliches Gesundheitsmanagement in engem Zusammenhang mit der feldspezifischen Leitidee der „Professionalität" thematisiert wird.

*Mitgliederbefragungen* können als Vehikel des weiteren internen Kommunikationsprozesses dienen. Sie vertiefen und verbreitern den Thematisierungsanreiz für die Mitglieder und helfen dabei, berufstypische Gesundheitsdilemmata zumindest exemplarisch zu veranschaulichen. Damit leisten sie zugleich einen Beitrag zur Enttabuisierung berufsbedingter Gesundheitsprobleme, denn ihre Befunde sind immer auch ein Signal persönlicher Betroffenheit an die Adresse anderer Mitglieder und der Kammerorgane. Die epidemiologische „Beweiskraft" der Umfragergebnisse wird in der Regel zwar durch eher bescheidene Rückläufe und mangelnde Repräsentativität begrenzt sein. In beiden hier betrachteten Modellprozessen waren sie dennoch für die *organisationspolitische Dynamik* von erheblicher Triebkraft. In der IK S-A haben sie die Innovationsbereitschaft und das Durchhaltevermögen der Entwicklungspartnerschaft spürbar bekräftigt, in der AK NW maßgeblich dazu beigetragen, dass das Thema förmlich auf die kammerpolitische Agenda gesetzt wurde.[1]

Dass das Gesamtprogramm mit der erfolgreichen Pilotierung einer *präventionsorientierten Fortbildungsveranstaltung* planmäßig abgeschlossen werden konnte, lässt sich nach Hinweisen aus dem Evaluationsprozess nicht zuletzt auf die systematische Anlage des gesamten Thematisierungsprozesses zurückführen. Angesichts der Fixierung der Nachfrage auf Fortbildungsangebote des fachlichen Pflichtkanons bedarf es offenbar einer solchen Kommunikationsoffensive, um ein hinreichendes Interesse der Mitgliedschaft zu wecken. Positive Resonanz auf die thematische Erweiterung des Bildungsangebots einer Ingenieurkammer kann insofern auch als Nagelprobe für den Erfolg des gesamten Thematisierungsprogramms gesehen werden.

Die Erfahrungen aus der Pilotveranstaltung bestätigen eindrucksvoll die Notwendigkeit einer „nahtlosen" pragmatischen Synthese berufsfachlicher und präventiver Inhalte. Je besser diese Integration auf curricularer Ebene gelingt und Prävention als professionelle *und* nachhaltige Anforderungsbewältigung vermittelt wird, desto größer ist offenbar der Lernerfolg. Die technisch-praktisch geprägten Mitglieder einer Ingenieurkammer können in diesem Punkt als besonders anspruchsvoll betrachtet werden; mit idealisierten gesundheitspädagogischen Botschaften sind sie im Kammerkontext jedenfalls nicht zu erreichen.

Innovationstheoretisch betrachtet, stellte das mit der IK S-A erprobte Seminarkonzept eine typische Re-Invention dar. Es handelte sich um die rekontextualisierende Adoption einer in der Feldpraxis selbst unter besonders günstigen Handlungsbedingungen entstandenen („endogenen") Invention. Dass diese „Blaupause" nicht unter dem expliziten thematischen Fokus von Gesundheit bzw. Gesundheitsmanagement, sondern als praktische Hilfe bei einem professionellen Anforderungs- und Belastungsmanagement entstanden war, begrün-

---

1 Wie bereits geschildert, war in der AK NW die Kooperation zunächst als eher „analytische" angelegt und erlangte erst nach der Befragungsaktion die verstärkte Aufmerksamkeit des zuständigen Fachausschusses und des Kammervorstands, was dann wiederum zu praktischen Folgeaktivitäten führte (Erweiterung des Informationsangebotes auf der Kammerhomepage).

det eine besondere Kompatibilität mit weiten Bereichen des freiberuflichen Sektors.

Unter *Wirkungsgesichtspunkten* wäre potenziellen Frühadoptoren also zu empfehlen, das mit der IK S-A entwickelte Themenintegrations-Programm möglichst in seiner gesamten Stufenfolge zu adoptieren. Auf den ersten Blick könnte es Nachahmern als zu komplex und anspruchsvoll erscheinen, bei näherem Hinsehen bietet sein modular-sequenzieller Aufbau jedoch beste Voraussetzungen für Testbarkeit (*trialability*). Jede Aktionsstufe bietet Möglichkeiten, die Mitgliederresonanz auszuloten und das Programm ohne größere Risiken zu beenden, falls deren Grenzen erreicht sind.

Die Erfahrungen aus dem Prozess dieser Modellentwicklung lassen sich nicht linear auf die Bedingungen künftiger Adoptionen durch weitere Ingenieurkammern übertragen. Da es sich dabei primär um einen Prozess der *Invention* handelt, ist dieser mit zahlreichen Randbedingungen verknüpft, die für Prozesse der *Adoption* atypisch sind, allen voran der Zufluss externer Ressourcen in Form von Spezialwissen und operativer Unterstützung. Als *Inventionsprozess* stand die Modellentwicklung deshalb auch unter der latenten Spannung, etwas für den Sektor *Prototypisches* aus den *Besonderheiten* der individuellen Kammerstruktur hervorbringen zu müssen. Dieser Widerspruch wurde ja recht bald an der Frage virulent, welche Rolle diese singulären kammernahen Infrastrukturen (*arbeitsschutz-akademie*) spielen sollten. Aus Projektsicht musste diese Frage eindeutig zugunsten des prototypisch Modellhaften entschieden werden. Die Tatsache, dass dies nur bedingt den Interessen eines wichtigen lokalen Promotors entsprach, belastete die mikropolitische Konstellation der Modellentwicklung, gefährdete sie jedoch nicht ernsthaft.

Was sind nun die typischen Funktions- bzw. Adoptionsvoraussetzungen dieses Stufenmodells? Grundbedingung ist zunächst eine organisationspolitisch hinreichend gesicherte Vorentscheidung für ein *agenda setting* im prozessualen Sinne Rogers'. Es muss zumindest eine *Erkundungs-Absicht* bestehen, ob und wie das Thema Gesundheitsmanagement in die Kammerarbeit integriert werden kann. Initiator ist dabei im Idealfall der für den Themenkreis Arbeitsbedingungen/ berufliche Förderung zuständige Kammerausschuss, weil die Themenintegration damit von Anfang an als Projekt der ehrenamtlichen Ebene der Selbstverwaltung installiert wird.

Dieses Prozessmuster zeigten z. B. die (endogenen) Themeninnovationen der Ärztekammern Hamburg und Baden-Württemberg zur Sucht- und Burn-Out-Problematik, ebenso das Projekt der Apothekerkammer Nordrhein zur „kollegialen Beratung". Die PräTrans-Aktivitäten mit der IK S-A und der AKNW verliefen in diesem Punkt atypisch: Im Fall der IK S-A bestand eine auf die Person des Vorsitzenden zentrierte Anbindung an einen Fachausschuss, der sich mit Sicherheit und Gesundheitsschutz eher als Dienstleistungsprodukt und nicht so sehr als berufspraktisches Problem der Mitglieder befasste. In der AK NW wurde der zuständige Ausschuss zunächst gar nicht einbezogen und erst auf das Projekt aufmerksam, als die Aktivitäten mit der Mitgliederbefragung eine größere Reichweite erlangten.

Wegen der ausgeprägten Testbarkeit des mit der IK S-A entwickelten Modells genügt für seine Adoption zunächst der begründete Ausgangsverdacht, dass die Themenintegration einen organisationspolitischen Zusatznutzen (*relative advantage*) verspricht bzw. seine Auslassung perspektivisch ein Risiko darstellt. Schon diese primäre Adoptions(vor)entscheidung, wird aber mit der Frage verknüpft sein, ob und wie sich die für die (zumindest partielle) Anwendung des Modells erforderlichen Ressourcen mobilisieren lassen. Der Entscheidung wird also eine *Nutzen-Kosten-Abwägung* zugrunde liegen: Rechtfertigt der absehbare Zusatzaufwand den erwarteten organisationspolitischen Mehrwert? Da sich die Erwartungen an *relative advantage* in Grenzen halten dürften – keine Ingenieurkammer wird die Perspektiverweiterung derzeit als existenzielles Problem betrachten –, wird der Investitionsaufwand entsprechend kritisch geprüft werden. Minimalbedingung für Frühadoptionen scheint deshalb eine Realisierung mit möglichst geringem Einsatz an *Bordmitteln* und weitgehend *kostenloser externer Expertise* zu sein.

Angesichts der PräTrans-Modellstrategie, für die Themenintegration vorzugsweise gut entwickelte Infrastrukturen und Formate von Mitgliederkommunikation und -service zu nutzen, sind zunächst einmal keine Erweiterungen bzw. „Neuerfindungen" von Kammerstrukturen erforderlich. Alle Module des Modells stützen sich auf Medien und Formate, die für die meisten Ingenieurkammern mehr oder weniger zum Standardrepertoire gehören. Programmatische Artikel im Kammerorgan, Praxistipps auf der Kammerhomepage oder die Organisation von Fortbildungsveranstaltungen sind für Berufskammern nichts Ungewöhnliches, und selbst Mitgliederbefragungen führen sie gelegentlich mit eigenen Mitteln durch.

Externe Unterstützung werden Ingenieurkammern in der Regel jedoch auf präventionsfachlichem Gebiet benötigen. Die Expertise, die in allen Ingenieurkammern durch die Sicherheitsingenieure unter den Mitgliedern repräsentiert wird, deckt nach unseren Erfahrungen nur einen begrenzten Teil des zu bearbeitenden Problemspektrums ab (Arbeitssicherheit, Unfallverhütung, Ergonomie usw.). Die pragmatisch-ganzheitliche Präventionsperspektive, wie sie unser Rahmenkonzept von kleinbetrieblichem Gesundheitsmanagement beschreibt, wird inzwischen aber durch die meisten Fachdienstleister mit explizitem Präventionsauftrag kompetent vertreten. Insbesondere Krankenversicherungen und Berufsgenossenschaften werden sich konkreten Unterstützungsanfragen von

Berufskammern kaum verweigern (können), bilden sie doch eine zusätzliche Möglichkeit eigenes Klientel mit einem systemischen Ansatz zu erreichen.

Nach dieser insgesamt positiven Einschätzung von Leistung und Praktikabilität des Modells stellt sich die Frage, welche „äußeren" Voraussetzungen und Aktivitäten seinen Diffusionsprozess in Gang bringen könnten. Ohne eine *breite sektorale Kommunikation der lokalen Erfahrungen* scheint ein horizontaler Funkenflug mit der Folge erster Adoptionen schwer vorstellbar. Dies ist die klassische Aufgabe einer *change agency*, und niemand könnte diese Rolle glaubwürdiger ausfüllen als die Modellkammer selbst. Eine Reihe von Plänen und Ankündigungen im fortgeschrittenen Projektverlauf begründeten zunächst die Hoffnung, dass diese Promotionsanstrengungen mit einiger Energie angegangen würden.[1] Soweit wir sehen, sind diese Pläne bislang nicht umgesetzt worden und die vom PräTrans-Team auch über die Projektlaufzeit angebotenen Unterstützungen bei diesen Aktivitäten wurden nicht abgerufen.

Zu Projektbeginn schien die Ingenieurkammer Hessen in die Rolle einer „designierten Frühadoptorin" eintreten zu wollen. Ohne die Belastungen eines eigenen Inventionsprozesses auf sich zu nehmen, sollten dennoch brauchbare Modellelemente der IK S-A möglichst noch in der PräTrans-Laufzeit adoptiert werden. Die Startbedingungen eines Diffusionsprozesses hätte dies zweifellos verbessert. Leider wurde diese Funktion faktisch nicht wahrgenommen, die von PräTrans angebotenen Beobachtungs- und Kommunikationsmöglichkeiten im Magdeburger Modellprojekt und auf Verbundebene (Werkstattgespräche) wurden nicht genutzt.

Grundsätzlich kommt auch die *Bundesingenieurkammer* als *change agency* in Betracht. Die Erfahrungen aus unseren systematischen Potenzialanalysen und Aussagen unserer Entwicklungspartner legen dazu eine eher skeptische Einschätzung nahe. Als Dachverbände sind „Bundeskammern" gehalten, sich auf den größten gemeinsamen Nenner der Mitgliederagenden, d. h. auf die darin *bereits installierten* virulenten Kernthemen zu konzentrieren. In der Bundeskammer ist also ein eher reaktives *agenda setting* zu erwarten: Eine eigene dachverbandliche Aufstellung zum Thema berufliches Gesundheitsmanagement ist wohl erst dann zu erwarten, wenn dessen Diffusion bereits die Schwelle zum Selbstläufer erreicht und genügend „kritische Masse" ausgebildet hat. Die Ankunft des Themas auf der Agenda der Bundeskammer wäre dann gleichsam ein

---

1 So war ein Erfahrungsbericht in der Bundesausgabe des Deutschen Ingenieurblattes angekündigt, mit dem andere Ingenieurkammern auf das Modell aufmerksam gemacht werden sollten. Des Weiteren stand eine gemeinsame Präsentation auf der Geschäftsführer-Konferenz der Ingenieurkammern im Raum, außerdem eine intensive Kommunikation des Modells im Netzwerk der ostdeutschen Ingenieurkammern.

Indikator für den beginnenden *Institutionalisierungsprozess* der hier fokussierten Innovation.[1]

Fazit: Die Machbarkeit einer systematischen und individuell anpassbaren Themeninnovation konnte in einer Ingenieur- und einer Architektenkammer modellhaft demonstriert werden, die dabei entwickelten Konzepte und Instrumente sind hinreichend praktikabel und mit überschaubarem Aufwand reproduzierbar. Ihre sektorale Diffusion wird vor allem von zwei Faktoren abhängen:

1.  Von der Güte der intrasektoralen Kommunikation der Modellerfahrungen, mit der ein konkreter Möglichkeitsraum der Themenintegration sichtbar gemacht wird. Ohne das Engagement einer präventionspolitisch motivierten *change agency* oder zumindest eines sektorinternen Impuls gebenden Zentrums bleibt dieser Kommunikationsprozess jedoch weitgehend dem Zufall überlassen.

2.  Die notwendigen Voraussetzungen der Diffusion müssen jedoch im endogenen *agenda setting* der Berufskammern reifen. Darauf hat die Kommunikation von praktischen Handlungsoptionen zwar auch einen (inspirierenden, orientierenden) Einfluss. Entscheidend bleibt jedoch, durch welche übergreifenden Problem- und Themendynamiken in beiden freiberuflichen Praxisfeldern das Thema berufliches Gesundheitsmanagement an organisationspolitischem Gewicht zulegen kann. Dies kann sowohl durch handfesten Problemdruck erzeugt werden, z. B. eine bedenkliche Zunahme vorzeitiger Berufsunfähigkeiten oder die Häufung beanspruchungsbedingter Qualitätsmängel. Aber auch der wachsende Einfluss potenzieller Treiber- oder Inkubatorthemen (wie demografischer Wandel, Work-Life-Balance usw.) kann diesen Effekt hervorrufen.

Zum erstgenannten Faktor legt vor allem das faktische Fehlen einer *change agency* eine skeptische Einschätzung nahe. Zum Faktor 2 kann in vorsichtigem Analogieschluss zu Themendynamiken in anderen Sektoren zwar ein allgemeiner Bedeutungsgewinn der Gesundheitsdimension auch in den Berufskammern prognostiziert werden. Dieser wird sich aber nur als mittel- und langfristiger Trend bemerkbar machen und immer wieder durch tagesaktuelle berufspolitische Themensetzungen durchbrochen werden. Ingesamt begründet dies derzeit nicht die Erwartung eines raschen und vitalen Diffusionsprozesses.

---

[1] Zusätzlich muss berücksichtigt werden, dass ein Großteil der Bundeskammer-Aktivitäten und – Ressourcen auf den Außenraum, d. h. die politischen Systeme auf Bundes- und EU-Ebene gerichtet sind.

Das *Modell „kollegiale Beratung"*, das mit der Apothekerkammer Nordrhein ausgearbeitet wurde, stellt eine interessante Bereicherung des Repertoires eines pragmatischen kleinbetrieblichen Gesundheitsmanagements dar. Es zielt darauf, die Kommunikation über gesundheitliche Risiken und ihre Bewältigungsmöglichkeiten im betrieblichen Alltag präventionsorientiert zu verbessern und zu verstetigen. Seine erfolgreiche Implementation fördert Partizipation und Empowerment der Belegschaft und verstärkt zugleich den Resonanzboden eines gesundheitsförderlichen Führungshandelns der Unternehmensleitung.

Das Modell geht deutlich über die hierarchische Konstruktion des „Führungshelfers" hinaus, die der klassischen Laienfunktion des Sicherheitsbeauftragen nach SGB VII zugrunde liegt. Es ist thematisch offen und damit prinzipiell auch für Arbeits- und Gesundheitsprobleme durchlässig, die nicht durch das Arbeitsschutzrecht normiert sind (Stress, psychische Gesundheit, Kooperationsprobleme). Damit eignet es sich speziell für die Prävention bei kleinbetrieblich verfasster Dienstleistungsarbeit. Auch wenn es nicht zufällig eine Invention der „gesundheitsnahen" Apothekenbranche ist, dürfte das Modell auch für andere freiberufliche Sektoren sowie Teile des Handwerks[1] und der gewerblichen Wirtschaft von Interesse sein.

Zu den Minimalvoraussetzungen seiner betrieblichen Adoption zählen eine Unternehmensführung, die für die Leitgedanken eines pragmatischen kleinbetrieblichen Gesundheitsmanagements offen ist sowie eine intakte Teamkooperation. Sind diese Bedingungen im Einzelfall nicht hinreichend gegeben, ist eine Implementation wenig aussichtsreich und wird vermutlich schon an Akzeptanzproblemen im Vorfeld scheitern.

Wo die Stärken und Schwächen des betrieblichen Handlungskonzepts „kollegiale Beratung" liegen, wird sich allerdings erst dann exakter berurteilen lassen, wenn es von einer größeren Zahl von Mitgliedern der Modellkammer über einen längeren Zeitraum praktiziert und in geeigneter Form evaluiert worden ist. Die Erfahrungen aus den beiden Einstiegfortbildungen deuten allerdings darauf hin, dass das Modell als betriebliche Innovation durchaus diffusionsförderliche Attribute wie hohe Kompatibilität, beherrschbare Komplexität und gute Testbarkeit aufweist. Dass aus dem Stand zwei Einstiegfortbildungen gut besucht wurden, lässt auch auf ausreichende Nutzenattribuierung durch Mitglieder schließen.

An dieser Stelle geht es jedoch weniger um die *betriebliche* Effizienz und Praktikabilität des Modells, die selbstverständlich für seinen Diffusionsprozess „erster Ordnung" von herausragender Bedeutung sein wird, sondern um seine Qualität als präventionsorientierte Innovation der Praxis von Apothekerkam-

---

1 Auf dem zweiten PräTrans-Werkstattgespräch wurde die Präsentation der Modellidee z. B. von der Vertreterin eines Friseur-Innungsverbandes mit großem Interesse aufgenommen.

mern. Das spezifisch Neue in Relation zum Praxisstandard besteht darin, eigenes Kommunikations- und Dienstleistungspotenzial dafür zu nutzen, ein gleichermaßen branchen- wie kleinbetriebsspezifisches Präventionsmodell im Rahmen einer übergreifenden berufspolitischen Zukunftsstrategie zu implementieren.

Auch in der Apothekerkammer Nordrhein war der Inventionsprozess durch eine singuläre (atypische) Konstellation geprägt, die Kreativität und Experimentierfreude begünstigt hat. Wichtigstes (von außen sichtbares) Glied in der Kette war die „Infiltration" systematischen und strategischen Präventionsdenkens in den Kammerapparat durch eine gesundheitswissenschaftlich ausgebildete und berufspolitisch ambitionierte Fachfrau. Die Begegnung mit dem PräTrans-Vorhaben mag als weiterer glücklicher Zufall gewertet werden.

Unter solch atypischen Inventionsbedingungen konnte jedoch ein Praxismuster generiert werden, das auch unter normalen, kammertypischen Bedingungen reproduziert werden kann. Die generalisierbaren Erfolgsvoraussetzungen für die Adoption ähneln denen, die wir bereits aus der Modellentwicklung mit der Ingenieurkammer Sachsen-Anhalt abgeleitet haben:

- internes *agenda setting* in den einschlägigen Organen und Gremien der Kammer (Vorstand, Fortbildungsausschuss),
- strikt berufspolitische Begründung, eingebettet in den strategischen Modernisierungsdiskurs der Branche,
- Nutzung vorhandener Kommunikationsformate und Bildungskapazitäten.

Als Schlüsselwerkzeug liegt nun auch ein getestetes didaktisches Rahmenkonzept vor, das eine Kombination von „Multiplikatoren-Qualifizierung" und „Konzept-Werkstatt" darstellt. Mit ihm lässt sich die Implementation des Modells operativ über den Fort- und Weiterbildungsapparat jeder Apothekerkammer betreiben. Die reflexive Anlage der Einstiegsfortbildung bietet ausreichenden Spielraum für Anpassungen des Modells an lokale Sonderbedingungen im Sinne der Re-Invention. Die verbleibenden Anforderungen sind rein logistischer Art und dürften keine Apothekerkammer vor größere Schwierigkeiten stellen.

Jede an einer Implementation interessierte Kammer muss sich allerdings im Klaren sein, dass eine erfolgreiche Diffusion des Modells über die Einstiegsfortbildung hinaus flankierende Maßnahmen zur Sicherung seiner Effizienz und seiner Stabilität erfordert. Dazu zählen in erster Linie Vorkehrungen, die praktizierende „Kümmerer" informationell, sozial und moralisch unterstützen, z. B. durch Einzelfallberatung (Hotline etc.), Informationsbroschüren, überbetrieblichen Erfahrungsaustausch, spezielle Weiterbildung und ein funktionsspezifisches Instrumentarium des Wissensmanagements. Hier wird sich die Kammer zumindest als Organisatorin von Support-Netzwerken engagieren müssen, vieles aber wohl auch selber vorhalten müssen.

Als Innovation von Kammerpraxis weist das Modell also eine hohe Kompatibilität mit feldtypischen normativen und organisatorischen Handlungsbedingungen auf. Prinzipiell diffusionsförderlich ist wiederum auch die gute Testbarkeit: Bei hinreichend professionellem Marketing des Modellangebots kann die Nachfrage als Lackmustest auf Mitgliederresonanz gewertet werden.

Kritischer ist wohl die für Frühadoptionen zentrale organisationspolitische Nutzen-Attribuierung einzuschätzen, ohne die schon das primäre *agenda setting* schwer vorstellbar ist. Noch ist die betriebliche Wirksamkeit des Handlungskonzepts „kollegiale Beratung" nicht überzeugend empirisch belegbar. Seine Evidenz ist derzeit vor allem theoretisch plausibel und wird durch die erfreuliche Startresonanz in der Modellkammer zusätzlich erhärtet. Auch gab es zuletzt erste Hinweise auf interessierte Aufmerksamkeit bei anderen Apothekerkammern. Ob diese jedoch ohne handfestere Nutzenbeweise zur Frühadoption bereit sein werden, ist durchaus fraglich.

Mit der handlungsmächtigen und engagierten Innovatorin der Modellentwicklung steht nicht nur ein *lokaler* Treiber hinter der Modellidee, sondern zugleich eine Person, die bereit und fähig ist, Funktionen einer sektoralen *change agency* wahrzunehmen. Ihre berufs- und branchenstrategische Rahmung der Modellidee, gute Arbeitskontakte zu anderen Apothekerkammern und nicht zuletzt eine ausgeprägte publizistische Kompetenz lassen in diesem Fall auf einen spannenden und dynamischen Innovationsprozess hoffen.

### 6.1.2  Wirtschaftskammern

Im Bereich der Wirtschaftskammern wurden unter PräTrans drei sektorspezifische Optionen für die systematische Themenintegration *konzeptionell* unterschiedlich weit entwickelt. Eine praktische Erprobung anhand von Prototypen war in diesen Fällen jedoch noch nicht möglich.

Vergleichsweise hoch ist die operationale Reife des neuen *IHK-Weiterbildungskonzeptes zur Personalentwicklung in KMU*, zu dessen Curriculum PräTrans ein Themenmodul „Humanressourcen- und Gesundheitsmanagement" beigesteuert hat. Das Ergebnis ist – wie alle Konzeptentwicklungen der DIHK-Bildungs-GmbH – in formaler Hinsicht direkt durch IHKs bzw. IHK-Bildungszentren umsetzungsfähig. Es enthält wesentliche Informationen, Instrumente und Instruktionen auf curricularer, logistischer und Marketing-Ebene, die seine lokale Implementation unterstützen.

Trotz dieses hohen Operationalisierungsgrades sind alle IHK-Weiterbildungskonzepte auf inhaltliche und formale Anpassung an örtliche Besonderheiten ausgelegt (Branchen- und Zielgruppenstruktur, regionale „Weiterbildungskultur" usw.). Testbarkeit und Re-Invention sind also methodisch-systematische Elemente der zentralen Konzipierung von Bildungsinnovationen im IHK-System. Für das hybride Weiterbildungskonzept „Personalentwicklung" mit seiner modularen Baukastenstruktur gilt dies in besonderer Weise.

Die Konzeptentwickler/innen der DIHK-Bildungs-GmbH setzen offensichtlich ein hohes Maß an Systemvertrauen in ihre spezifische Arbeitsmethode: Durch gemischte Projektgruppen, in denen unterschiedliche und insbesondere praktische Perspektiven und Kompetenzen zum Tragen kommen, soll die Bedarfsgerechtigkeit und Praktikabilität der Produkte sichergestellt werden. Systematische interne Marktanalysen im Vorfeld sind ebenso unüblich wie Pilotierungen der Konzepte. Wir dürfen unterstellen, dass sich dieses Verfahren bewährt hat und damit auch Kompatibilität und Praktikabilität als grundlegende Diffusionsvoraussetzungen gewährleistet. Im vorliegenden Konzept sprechen vor allem das pragmatisch-integrative Verständnis von Personalentwicklung und der strategische Bezug auf akute Probleme der gewerblichen Wirtschaft (demografische Entwicklung, Fachkräftesicherung) für diese Annahme.

Mehrtägige Zertifikatslehrgänge sind vergleichsweise aufwändige Veranstaltungen, so dass eine Teilnahme entsprechend hohe Nutzenerwartungen voraussetzt. Eine IHK wird die Implementation einer solchen Weiterbildungsinnovation deshalb an die Erwartung einer tragfähigen Nachfrage ihrer Mitglieder knüpfen. Dass ein strategisch-proaktiv konzipiertes Weiterbildungsangebot den örtlichen IHK-Bildungsmanagern auf dem Gipfel einer akuten Finanz- und Wirtschaftskrise riskant erschien, ist nachzuvollziehen und erklärt die ausbleibende Nachfrage im Jahr nach der Markteinführung des Konzeptes.

Sollte die Zurückhaltung des internen Marktes speziell mit der thematischen Erweiterung um betriebliches Gesundheitsmanagement zusammenhängen? Wir halten diese Vermutung für nicht begründet. Der Präventionsaspekt ist im Sinne eines pragmatischen kleinbetrieblichen Gesundheitsmanagements entfaltet und mit Personalentwicklung über das Paradigma eines modernen Humanressourcen-Managements verbunden. Wer dieses akzeptiert, wird auch mit dem Modul „Gesundheitsmanagement" keine ernsthaften Probleme haben. Und schließlich bestand die Möglichkeit, das Konzept ohne das Modul „Humanressourcen und Gesundheitsmanagement" zu adoptieren. Mangels Masse ließen sich weder das Implementationsverhalten von Frühadoptoren noch deren Erfahrungen mit dem Konzept im Projektverlauf beobachten.

Als weitere spezifische Thematisierungsoption des IHK-Systems hat PräTrans die Möglichkeiten einer IHK untersucht, das Thema betriebliches

Gesundheitsmanagement auf die *Agenda der regionalen Wirtschaft* zu setzen. Die Bearbeitung dieser Frage war in ein sehr spezielles Innovations-Setting eingebettet: Da das IHK-System mit den mehrjährigen lokalen Gesundheitsförderungs-Aktivitäten in Hamburg und Berlin bereits selbst Modell bildend tätig war, hätten zusätzliche Eigenentwicklungen unter PräTrans wenig Sinn gemacht. Das Projekt konnte sich also unmittelbar und ausschließlich auf die Schnittstelle von Invention und Diffusion konzentrieren. Worin könnte der prototypische Gehalt der lokalen Projekte bestehen und welches sind fördernde und hemmende Bedingungen für die Diffusion der Praxismuster in andere IHKs?

Die über den DIHK institutionalisierte Jahrestagung der Fachreferenten für Dienstleistungswirtschaft, die in der Regel auch für das Thema betriebliche Gesundheitsförderung zuständig sind, bot für die Diskussion dieser Frage ein sehr effizientes Forum. Die sachliche Kernfunktion[1] der Veranstaltung besteht darin, lokalen Akteuren eine Metaebene für Erfahrungsaustausch und strategische Diskussionen bereit zu stellen und darüber auch das Markenprofil „IHK" in speziellen Wirtschaftpolitiken (hier: Dienstleistungswirtschaft) zu schärfen und zu koordinieren. Damit umfasst das Forum zumindest Teilfunktionen einer *change agency* und stellt eine innovationsstrategisch wertvolle soziale Infrastruktur des IHK-Systems dar.

Die Dynamik der Diskussion und ihre Ergebnisse belegen, dass der von PräTrans mit tatkräftiger Unterstützung der beiden lokalen Innovatorinnen moderierte Themenblock ein effizienter Impulsgeber für das Thema betriebliches Gesundheitsmanagement war. Durch die anschauliche und zugleich reflektiert-selbstkritische Präsentation der beiden (unterschiedlichen) Thematisierungsmodelle war den Anwesenden eine offene Diskussion und eine realistische Einschätzung der Chancen und Risiken der Themenintegration möglich. Vielen war die vorgestellte Handlungsoption völlig unbekannt und zumindest einige begegneten ihr offensichtlich mit persönlichem und praktischem Interesse.

Ein bemerkenswertes Ergebnis der Diskussion war der hohe Bekanntheitsgrad der Thematik betriebliches Gesundheitsmanagement und die weitgehende Anerkennung seines strategischen Innovationspotenzials für die regionale Wirtschaftsentwicklung. Zwar wurde deutlich, dass in den beiden stadtstaatlichen IHK-Milieus besondere Handlungsvoraussetzungen und Erfolgsbedingungen für das *agenda setting* wirksam waren (insbesondere die Vernetzung mit regionalen Präventionsnetzwerken und -institutionen). Einige grundlegende Konzeptelemente wurden jedoch als imitierbar und interessant für andere IHK-Bezirke betrachtet (z. B. die Vernetzung von Anbietern und Nachfragern von betrieblichen

---

1 Die informellen und sozialen Funktionen solcher Zusammenkünfte sind sicherlich kaum weniger bedeutsam.

Präventionsdienstleistungen). Ob und wie dieser einmalige Impuls das *agenda setting* und die Adoptionsbereitschaft anderer IHKs faktisch beeinflusst hat, lässt sich nicht abschätzen. Vermutlich müsste es dafür zumindest häufiger auf die Tagesordnung des internen Erfahrungsaustausches gesetzt werden.

Im Zentrum der Zusammenarbeit mit der Abteilung Gewerbeförderung im ZDH standen die *Potenziale der handwerkseigenen Betriebsberatung* im Kontext eines pragmatischen kleinbetrieblichen Gesundheitsmanagements. Die Befunde der empirischen Potenzialanalysen, insbesondere der schriftlichen Befragung von Beratenden der Handwerkskammern und Innungsverbände, deuten darauf hin, dass die individuellen Beratungsportfolios und -perspektiven vieler Handwerksberater ungenutzte Spielräume für eine systematische Erweiterung um Aspekte des Gesundheitsmanagements bieten könnten. Vor allem Beratende mit betriebswirtschaftlichem Praxisschwerpunkt, d. h. nicht allein die bereits in den Handwerksorganisationen praktizierenden Arbeitsschutz-Berater, ließen eine hohe Sensibilität und Handlungsbereitschaft für das Thema erkennen.

Es lohnt sich offenbar zu fragen, welchen Beitrag diese Beratenden *in ihrem alltäglichen Kerngeschäft* für die Initiierung und „Bahnung" gesundheitsdienlicher Problemlösungen leisten können. Nach dem Handlungsmodell des pragmatischen kleinbetrieblichen Gesundheitsmanagements ist der primäre Zugang das *praktische betriebliche Problem* und die Beratenden unterstützen dabei, es mit Blick auf die Humanressourcen möglichst nachhaltig zu bewältigen. Strategisch läuft dieser Beratungsansatz auf „Generalisierung" und nicht auf „Spezialisierung" hinaus:

- Interessierte Beraterinnen und Berater werden in die Lage versetzt, die mit ihren typischen Beratungsproblemen systemisch verknüpften Präventionsaspekte in ihren fachlichen Beratungshorizont soweit zu integrieren, dass sie in der Beratungssituation Probleme thematisieren, spezialisierte Unterstützung (durch Dritte) ins Spiel bringen und vielleicht sogar direkte Gestaltungsanregungen geben können.
- Sie machen den Klienten Thematisierungs- und Unterstützungsangebote, ohne dabei missionarischen Eifer an den Tag zu legen. Dieser Habitus steht bestenfalls einem Vertreter von Staat oder Berufsgenossenschaften zu, nicht aber dem Personal einer Organisation ohne expliziten Präventionsauftrag.
- Sie sind sich stets ihrer „präventiven Randkompetenz" bewusst und achten darauf, nicht in die Rolle eines Coaches oder Präventionsexperten zu schlüpfen oder sich in diese hinein drängen zu lassen.

Um diese rahmenkonzeptionellen Leitgedanken gruppieren sich eine Vielzahl feinkonzeptioneller Fragen, die nur gemeinsam mit Praktikern der Betriebsberatung im Handwerk geklärt werden können. Dies betrifft vor allem das konkrete Rollenbild, das Breite-Tiefe-Verhältnis der Initialberatung, Fragen der Weiterbildung, des Wissensmanagements und der internen und externen Beratungskooperation. Leider war es nicht möglich, diesen Fragenkatalog in einer „Konzeptwerkstatt" weiter zu verfolgen. Ein Erfolg versprechendes Curriculum dafür wurde unter PräTrans ausgearbeitet und kann bei Bedarf jederzeit eingesetzt werden.

Aus Sicht der Innovationsforschung dürfte selbst ein operational differenziertes Feinkonzept nur über das Sprungbrett eines oder mehrerer lokaler Pilotprojekte Einfluss auf die Praxis beratender Handwerksorganisationen gewinnen. Die diffusionstheoretische Funktion solcher Praxistests im Modellmaßstab besteht nicht allein darin, die Praktikabilität des Konzeptes zu prüfen und zu optimieren. Sie haben vor allem auch eine Demonstrationsfunktion, indem sie die mit dem Konzept skizzierte Alternativpraxis sichtbar werden lassen. Erst wenn das Konzept in einen unter Alltagsbedingungen einer Handwerksorganisation funktionsfähigen Prototyp umgesetzt ist, sind potenzielle Frühadoptoren in der Lage, seine innovativen Qualitäten halbwegs sicher zu abzuschätzen und eine Adoptionsentscheidung nicht allein theoretisch oder strategisch zu begründen.

### 6.2 Zusammenfassung und Schlussfolgerungen

In keinem der drei Kammersektoren gibt es *juristische* Legitimationsprobleme, sich mit dem Thema betriebliches Gesundheitsmanagement zu befassen. Ein entsprechendes Mandat lässt sich unmittelbar aus dem Auftrag der Kammern zur Förderung der wirtschaftlichen und beruflichen Belange der Mitglieder herleiten: Gesundheitsmanagement pflegt unternehmerische Handlungsfähigkeit und betriebliche Humanressourcen und leistet damit einen nachhaltigen Beitrag zur Sicherung der sektoralen Leistungsfähigkeit und -qualität. Dieser Zusammenhang gilt für alle drei Kammersektoren und wird im fachwissenschaftlichen und organisationspraktischen Kontext von niemandem bestritten.

Die Ausgangsvermutung des Vorhabens, Wirtschafts- und Berufskammern verfügten über ein ausdifferenziertes und stabil institutionalisiertes *operatives Potenzial für die Themenintegration*, hat sich empirisch in vollem Umfang bestätigt. Aus infrastruktureller Perspektive stehen jeder Einrichtung in der Regel mehrere geeignete Kommunikationskanäle und Serviceangebote zur Verfügung, ebenso vielfältig sind die Anschlussmöglichkeiten im kammertypischen Themenvorrat. Jede Kammerart verfügt dabei jedoch über ein spezifisches Potenzialprofil, z. T. regelrechte „Alleinstellungsmerkmale": Bei den Handwerkskammern ist dies bspw. die gut ausgebaute Infrastruktur für Betriebsberatung, bei den Industrie- und Handelskammern die besondere Kompetenz für das regionale wirtschaftspolitische *agenda setting* und bei den Berufskammern die Fokussierung auf ein eng umgrenztes und homogenes Berufsfeld. Seine Modell- und Konzeptentwicklungen hat PräTrans deshalb vor allem auf diese Kernkompetenzen gerichtet.

Aber selbst die Kombination von juristischer Möglichkeit, sachlicher Plausibilität und operativem Potenzial schafft lediglich notwendige Voraussetzungen, aber noch kein hinreichendes *organisationspolitisches* Argument für eine Themeninnovation. Die Einführung neuer Themenperspektiven in den Kammerdiskurs bedarf jeweils einer spezifischen und aktuellen wirtschafts-, branchen- oder berufspolitischen Begründung. Dieser pragmatische Begründungszusammenhang muss für jeden der drei Kammersektoren zunächst einer eigenständigen Grundlogik genügen, die aus dem besonderen institutionellen Auftrag resultiert und jeweils andere „Kollektivgüter" besonders fokussiert. Für die Berufskammern eigenen sich dafür bspw. Referenzen auf erweiterte Professionalität (Präventionskompetenz) und die Sicherung von Systemvertrauen (Gesundheit als Voraussetzung integrer Dienstleistung). Im Handwerk treten vor dem Hintergrund seiner spezifischen Arbeits- und Unternehmenskultur Aspekte der sozialen Verantwortung und klassischer Fürsorge in den Vordergrund. Im IHK-Bereich wird betriebliches Gesundheitsmanagement vorzugsweise als ökonomisch rationale Teilstrategie eines systematischen Humanressourcen-Managements kommuniziert.

Dagegen lässt sich aus der Gemeinwohlbindung der Kammern als öffentlich-rechtliche Körperschaften keine *präventionspolitische Verpflichtung* begründen. Insbesondere die Politik der „Gesundheitsförderung" – im wohl verstandenen, umfassenden Sinne der Ottawa-Charta der WHO – stößt mit ihrem gesellschaftspolitischen „Überschuss" an Zielen und Normen (z. B. Partizipation, Empowerment, Kompensation sozialer Ungleichheit vor Gesundheit) an die Grenzen des Legitimationsrahmens der Kammern. Der Vorwurf, mit dem Bekenntnis zur so verstandenen Gesundheitsförderung eine fachpolitische Position jenseits der eigenen Kompetenzgrenzen zu beziehen, wäre nicht leicht von der Hand zu weisen.

So zielte die präventionspolitische Leitidee des PräTrans-Teilprojektes zur beruflichen und wirtschaftlichen Selbstverwaltung nie auf eine „Indienstnahme" von Kammern für die Umsetzung einer „zeitgemäßen kleinbetrieblichen Gesundheitspolitik". Seine zentrale Frage ist nicht, „inwiefern und unter welchen Bedingungen bzw. zu welchen ‚Kosten' sich Kammern und Verbände als ‚Helfer' der gesetzlich verpflichteten Transferträger einbinden lassen", wie Beck irrtümlich vermutet (Beck 2010: 268). Diese Arbeit hat hoffentlich deutlich gemacht, dass es uns darum ging, wie Kammern kleinbetriebliches Gesundheitsmanagement als nützliches Thema für sich entdecken und „eigensinnig" konfigurieren können, um sich konstruktiv und selbstbewusst in eine kooperative Praxis und den präventionspolitischen Diskurs zum kleinbetrieblichen Gesundheitsmanagement einzumischen. Die präventionspolitische Strategie des Vorhabens ist also komplementär und subsidiär zu verstehen – und nicht hierarchisch-instrumentalistisch.

Auf politikwissenschaftlicher Metaebene steht dahinter die Überlegung, neben den Standard-Regulationsebenen von Arbeit und Gesundheit, einerseits „Staat" (Normsetzung und Kontrolle), andererseits „Markt" (Gerätesicherheit, Präventionsdienstleistungen etc.), (klein)betriebliche Prävention auch als *zivilgesellschaftliche Veranstaltung* in den Blick zu nehmen. Intermediäre als tragende Säulen des „dritten Sektors" verdienen aus dieser Perspektive besondere Aufmerksamkeit, zumal solche, die für Arbeit und Wirtschaft in kleinbetrieblich-freiberuflichen Erwerbsmilieus Funktion und Bedeutung beanspruchen.

In allen PräTrans-Modellprozessen hat sich dabei das Rahmenkonzept eines „pragmatischen kleinbetrieblichen Gesundheitsmanagements" als normativer Orientierungsrahmen und gemeinsame Arbeitsgrundlage sehr gut bewährt. Keine der Erfahrungen aus PräTrans spricht dagegen, dass es sich als *Ausgangspunkt* eines endogenen, von Kammern moderierten Leitbilddiskurses im kleinbetrieblich-freiberuflichen Milieu eignet.

Das Thema „Gesundheitsmanagement" wird in Relation zu den Pflicht- und Kernthemen der Kammerarbeit stets ein wenig prominentes Querschnittsthema bleiben. Von einem breiten Mitgliedervotum für die Themenintegration, das ganz andere Innovationspotenziale und Ressourcen freimachen würde, ist derzeit und vermutlich auch mittelfristig kaum auszugehen. Die besten Aussichten auf eine nachhaltige Themeninnovation bietet die Integration in die jeweils virulenten Kernthemen der Kammerarbeit. Je organischer und „nahtloser" die Einbettung, desto stabiler und dauerhafter die Themenpräsenz – so unsere durch die PräTrans-Erfahrungen bestätigte These. Eine solche Integrationsstrategie dürfte zugleich die beste Versicherung dagegen sein, dass das Thema Gesundheitsmanagement durch tagespolitische Umbrüche der Agenda völlig aus dem Blick gerät. Konjunktur- und Wirtschaftskrisen oder regulative Eingriffe in die Kompetenzfelder der Kammerarten führen regelmäßig zur kurzfristigen Umschichtung von Prioritäten, der zuerst die als randständig betrachteten Themen zum Opfer fallen. Als optionales *add on* – als Schönwetterthema – formatiert, wäre Gesundheitsmanagement damit einem permanenten Risiko ausgesetzt. Die organische Verflechtung mit dem gesicherten Themenbestand erhöht also auch die Robustheit der Themenintegration gegenüber Wirtschafts- und Themenkonjunkturen.

Einen gewissen Optimismus im Blick auf die globalen Diffusionschancen des Themas „Gesundheitsmanagement" begründet allerdings die Beobachtung, dass sich die Kammerdiskurse in jüngster Zeit gegenüber Themen geöffnet haben, die ihrerseits eine Art „Treiber- oder Inkubatorfunktion" für Präventionsaspekte haben. Solche Effekte konnten wir vor allem an der Debatte über den demografischen Wandel beobachten, aber auch Themenkomplexen wie Work-Life-Balance, Familienfreundlichkeit und verantwortliche Unternehmensführung (CSR) sind der Perspektiverweiterung in Richtung „Erwerbsarbeit und Gesundheit" förderlich.

Auf der derzeit noch schmalen Erfahrungsbasis macht es u. E. wenig Sinn, auch schon die Chancen einer intersektoralen Diffusion der Modelle und Konzepte systematisch zu diskutieren. Grundsätzlich enthalten diejenigen unter PräTrans entwickelten Ansätze, die nicht auf strukturellen Alleinstellungsmerkmalen aufbauen[1], zumindest prototypische Elemente auch für andere Sektoren. So hat die thematische Integration von Gesundheitsmanagement in eine Führungskräfte-Weiterbildung zur Personalentwicklung auch für die Curriculumentwicklung im Weiterbildungssystem des Handwerks modellhafte Elemente, und auch das betriebliche Modell der kollegialen Beratung kann für dienstleistungsorientierte Handwerksbetriebe sehr interessant sein. Noch scheint es uns jedoch zu früh, auf natürliche intersektorale Adoptionen zu setzen oder solche gar provozieren zu wollen. Zunächst sollten Fortschritte der sektoralen Diffusion die Optionen mit praktischer Erfahrung sättigen und „sichtbarer" machen. Parallel dazu müsste die unter PräTrans ansatzweise aufgenommene Kommunikation zwischen den Kammern und Kammersektoren verbreitert und verstetigt werden.

Lässt man die Befunde der Potenzialanalysen zum Kammersektor in den Kapiteln 2 und 3 noch einmal Revue passieren, wird deutlich, dass Kammern alles andere als „immun" gegen das Thema Arbeit und Gesundheit sind. Wo es als praktisches Problem für relevante Mitgliederfraktionen virulent war, hat es immer auch einen Weg auf die Kammeragenda und zumeist auch in die Organisationsstruktur gefunden – und zwar weitgehend ohne direkte politische Einflussnahme.

Ein besonders prägnantes Beispiel ist die pragmatische Themenintegration von „Arbeitsschutz" in IHKs und Handwerkskammern. Ursprünglich verdankt sie sich Mitgliederbedürfnissen nach defensivem Support gegenüber staatlicher Arbeitsschutz-Bürokratie. Der dafür notwendige Aufbau interner Expertise hat zur Integration von „Grenzgängern" geführt, von Fachpersonal, dem sowohl die

---

1 Dies gilt speziell für die Betriebsberatung im Handwerk und das Instrument des regionalen Wirtschaftsdialoges im IHK-System.

Kammer-Ratio als auch die Arbeitsschutz-Perspektive verständlich ist. Wie sich dadurch Handlungsfähigkeit und Kompetenz auf dem Themenfeld weiter entwickeln konnten, lässt sich an den weit gestreuten und überwiegend verstetigten Aktivitäten beider Kammerarten ablesen. Nach einem ähnlichen endogenen Muster entstanden die Selbsthilfestrukturen der Ärztekammern für die Bewältigung von Sucht- und Burn-Out-Problemen ihrer Mitglieder.

Auf der anderen Seite weisen die Erfahrungen mit der Modellentwicklung in der Ingenieurkammer darauf hin, wie mühselig eine künstliche, synthetische Themeninnovation sein kann, selbst wenn organisationspolitisches Wohlwollen dahinter steht, das Instrumentarium zentrale Kriterien von Kompatibilität und Praktikabilität erfüllt und externe Ressourcen deren Implementation zusätzlich unterstützen. Eine deutlich größere Eigendynamik entfaltete dagegen die Modellentwicklung mit der Apothekerkammer. Zwar ging auch hier der entscheidende Impuls nicht von einer expliziten Bedarfsartikulation der Mitgliedschaft aus. Die spezifische Variante der Themenintegration – betriebliche Implementation einer „kollegialen Beratung" – war jedoch weitgehend intern generiert und in ein organisationsindividuelles, strategisch-berufspolitisches Programm eingebettet. Im Verein mit dem herausragenden Engagement der lokalen Innovatorin sorgte dies für eine ganz andere Prozessdynamik als im Fall der Ingenieurkammer.

Aus der Metaperspektive sind diese Beobachtungen eine erneuter Hinweis darauf, dass Innovationen in komplexen Sozialsystemen, wie Wirtschafts- und Berufskammern sie darstellen, sich nicht durch externe Steuerung betreiben lassen, sondern bestenfalls durch eine gezielte Erweiterung der Möglichkeitsräume für Selbstentwicklung und Selbstveränderung.

# Literaturverzeichnis

Ammon, Ursula; Pröll, Ulrich (2008): Erwerbsarbeit und Gesundheit als Thema von Wirtschafts- und Berufskammern. In: Henning/ Richert/ Hees (Hrsg.), 140-145

Ammon, Ursula; Maylandt, Jens; Pröll, Ulrich (2009): Was können Wirtschafts- und Berufskammern für eine gesündere Erwerbsarbeit ihrer Mitglieder tun? Sektorspezifische Potenziale und ihre modellhafte Nutzung – Erfahrungen aus dem Projekt PräTrans. In: Henning/ Leisten/ Hees (Hrsg.), 151-166

Ammon, Ursula; Maylandt, Jens; Pröll, Ulrich (2010): Gesünder arbeiten in kleinen Unternehmen. Modellentwicklungen im Bereich der Wirtschafts- und Berufskammern im PräTrans-Projekt. In: Henning/ Bach/ Hees (Hrsg.), 247-262

Ammon, Ursula; Maylandt, Jens; Pröll, Ulrich; Amann, Silke; Freigang-Bauer, Ingra; Hentrich, Jörg; Kuchenbecker, Marlies: Gesünder arbeiten in kleinen Unternehmen – Ein Thema für Kammern und Verbände. Erfahrungen und Anregungen aus dem BMBF-Verbundvorhaben PräTrans (Broschüre zur Abschlusstagung des Projektes), Dortmund: sfs

Antonovsky, Aaron (1997): Salutogenese (deutsche Übersetzung von „Unraveling the Mystery of Health") hrsg. von Alexa Franke, Tübingen: dgvt

Ärztekammer Hamburg (2001): Merkblatt für suchtkranke/ suchtgefährdete Kammermitglieder (pers. Inf.)

Ärztekammer BW [Baden-Württemberg] (2007): Tätigkeitsbericht 2007/2008 http://www.aerztekammer-bw.de/ueberuns/02laek/tb/tb2008.pdf (17.03.2011)

Ax, Christine (1997): Das Handwerk der Zukunft. Leitbilder für nachhaltiges Wirtschaften, Basel/ Boston/ Berlin

Baden Württembergischer Handwerkstag (2005): Satzung: http://www.handwerk-bw.de/fileadmin/user_upload/Organisationsbereich/Handwerkstag/satzung_bwht.pdf (27.05. 2010)

Badura, Bernhard; Ritter, Wolfgang; Scherf, M. (1999): Betriebliche Gesundheitspolitik. Der Weg zur gesunden Organisation. Berlin u. a.

Baric, Leo; Conrad, Günter (1999): Gesundheitsförderung in Settings. Konzept, Methodik und Rechenschaftspflichtigkeit zur praktischen Anwendung des Settingsansatzes der Gesundheitsförderung. Gamburg: Verlag für Gesundheitsförderung

Beck, David (2010): Zeitgemäße Gesundheitspolitik in Kleinst- und Kleinbetrieben. Fallstudien zu hemmenden und fördernden Bedingungen ihrer Diffusion. Dissertation, Universität Bielefeld - Fakultät für Gesundheitswissenschaften

Bengel, Jürgen; Regine Strittmatter; Hildegard Willmann (1998): Was erhält Menschen gesund? Antonovskys Modell der Salutogenese – Diskussionsstand und Stellenwert. Hrsg. v. d. Bundeszentrale für gesundheitliche Aufklärung, Köln

Benz, Matthias; Frey, Bruno S. (2003): The Value of Autonomy: Evidence from the Self-Employed in 23 Countries, Working Paper No. 173, Institute for Empirical Research in Economics, University of Zurich

Bertelsmann-Stiftung/ ZDH (2005): Strategien für ein zukunftsfähiges Handwerk. Führung mit Perspektive im Betrieb – am Markt – in der Gesellschaft, Gütersloh

Bertelsmann-Stiftung/ Hans-Böckler-Stiftung (Hrsg.) (2004): Zukunftsfähige betriebliche Gesundheitspolitik. Gütersloh: Eigenverlag

Bissels, Thomas; Sackmann, Sonja; Bissels, Sandra (2006): Die Arbeitssituation von Selbstständigen: Eine beschreibende Studie zu Belastungen, individuellen Bewältigungsstrategien/-kompetenzen und den Konsequenzen im Erleben der Arbeit. Z. ARB. WISS (60) 2, 97-106

Boldt, Ute; Hans-Gustav Gille; Regina Grahl (1997): Arbeitsmedizinische Information, Motivation und Beratung von Handwerkern, Schriftenreihe der Bundesanstalt für Arbeitsschutz und Arbeitsmedizin, Fb 766, Dortmund/ Berlin

Braun, M.; Freudenmann, R.W.; Schönfeldt-Lecuona, C.; Beschoner, P. (2007): Burnout, Depression und Substanzgebrauch bei Ärzten. Ein Überblick zur derzeitigen Datenlage in Deutschland. Psychoneuro 33 (1):19-22

Braun-Thürmann, Holger; John, René (2010): Innovation: Realisierung und Indikator des sozialen Wandels. In: Howaldt/ Jacobsen (Hrsg.)(2010), 36-55

Brenke, K. (2008): Reform der Handwerksordnung – Erfolgreich, aber viel zu halbherzig. In: Vierteljahreshefte zur Wirtschaftsforschung 77 (2008), 1, 51-64. Berlin

Brüggemann, Beate; Rainer Riehle (1995): Umweltschutz durch Handwerk? Frankfurt/ New York

Bundesanstalt für Arbeitsschutz und Arbeitsmedizin (Hrsg.) (1994a): Erfahrungen bei der betriebsärztlichen Betreuung von Klein- und Mittelbetrieben, Workshop vom 13.11.1993 in der Bundesanstalt für Arbeitsmedizin, Schriftenreihe der Bundesanstalt für Arbeitsmedizin, Tb 2, Bremerhaven

Bundesanstalt für Arbeitsschutz und Arbeitsmedizin (Hrsg.) (1994b): Arbeitsschutz in Klein- und Mittelbetrieben sowie im Handwerk, Schriftenreihe der Bundesanstalt für Arbeitsschutz und Arbeitsmedizin, Fa 29, Bremerhaven

Bundesärztekammer (o. J.): Aktivitäten und Programme von Ärztekammern zur Unterstützung suchtkranker Ärzte (Folienvortrag, pers. Inf.)

BMFSFJ - Bundesministerium für Familie, Senioren, Frauen und Jugend (2006) (Hrsg): Familienfreundliche Maßnahmen im Handwerk. Potenziale, Kosten-Nutzen-Relationen, Best Practices, Berlin

Bundesregierung (2002): Bericht der Bundesregierung über Beiträge, Aufgaben und Effizienz der Industrie- und Handelskammern. Bundestagsdrucksache 14/9175

Bundesregierung (2004): Zukunft der Pflichtmitgliedschaft in Industrie- und Handelskammern, den Handwerkskammern, den Landwirtschaftskammern und den Kammern der Freien Berufe, Antwort der Bundesregierung auf die Kleine Anfrage, Drucksache 15/3114. Bundestagsdrucksache 15/3265

Caplan, Gerald (1964): Principles of preventive psychiatry. New York: Basic Book

Cernavin, Oleg; Georg, Arno (2004): Praxishandbuch Arbeitsschutz – Instrumente für Unternehmer und Fachkräfte, Wiesbaden: Universum-Verlag

Cernavin, Oleg; Holland, Ulrich Friedrich; Keller, Stefan; Rehme, Gerald (2006): Prävention und soziale Ressourcen in KMU. Theorie, empirische Untersuchung, Konzepte und Handlungshilfen – am Beispiel von Dachdeckerunternehmen. München/ Mehring: Rainer Hampp Verlag

Damm, Hans Jörg; Kablitz, H.E. (2000): Präventionsfachliche Regelbetreuung von Kleinbetrieben, in: Pröll (2000a), S.78-80

DIHK-Bildungs-GmbH (2009): Baukasten Personalentwicklung in KMU. Fachkräfte sichern – mit der Formel „A" (Konzept für einen Zertifikatslehrgang in der Führungskräfte-Weiterbildung), Bestellnummer K23/1/1

DIHK - Deutscher Industrie- und Handelskammertag (2004): Industrie- und Handelskammern der Bundesrepublik Deutschland. Aufgaben und Gesetz. Berlin: DIHK

DIHK - Deutscher Industrie- und Handelskammertag (2005): Satzung des Deutschen Industrie- und Handelskammertages, http://www.dihk.de/wir-ueber-uns/wer-wir-sind/dihk/dihk, Zugriff am 17.03.2011

DIHK - Deutscher Industrie- und Handelskammertag (2007): Jahresbericht 2007, Auszug: DIHK-Finanzen (online-Dokument)

DIHK - Deutscher Industrie- und Handelskammertag (2007a): Für was wir stehen, http://www.dihk.de/wir-ueber-uns/fur-was-wir-stehen (17.03.2011)

DIHK - Deutscher Industrie- und Handelskammertag (2007b): Wer wir sind, http://www.dihk.de/wir-ueber-uns/wer-wir-sind (17.03.2011)

DIHK - Deutscher Industrie- und Handelskammertag (2008a): Mittelstandsreport. Ergebnisse einer DIHK-Umfrage bei den Industrie- und Handelskammern, Sommer 2008. Berlin: DIHK

DIHK - Deutscher Industrie- und Handelskammertag (2008b): Erbschaftssteuer verunsichert Mittelstand – DIHK-Report zur Unternehmensnachfolge 2008. Berlin: DIHK

DIHK - Deutscher Industrie- und Handelskammertag (2008c): Wirtschaftslage und Erwartungen, Sonderauswertung „Kreditkonditionen". Ergebnisse der DIHK-Umfrage bei den Industrie- und Handelskammern, Herbst 2008. Berlin: DIHK

DIHK - Deutscher Industrie- und Handelskammertag (2009a): Schwieriges Gründungsklima – DIHK-Gründerreport 2009. Berlin: DIHK

DIHK - Deutscher Industrie- und Handelskammertag (2009b): Unternehmensnachfolge im Zeichen von Erbschaftssteuer und Finanzmarktkrise. DIHK-Report zur Unternehmensnachfolge 2009. Berlin: DIHK

DIHK - Deutscher Industrie- und Handelskammertag (2009c): Mittelstandsreport. Ergebnisse einer DIHK-Umfrage bei den Industrie- und Handelskammern, Sommer 2009. Berlin:DIHK

DIHK - Deutscher Industrie- und Handelskammertag (Hrsg.) (o. J.): IHK – Das Leitbild der Marke. Manuskript, Berlin: DIHK

DIHK - Deutscher Industrie- und Handelskammertag (Hrsg.) (2002): Leistungen im öffentlichen Auftrag. Aufgaben der Industrie- und Handelskammern vom Gesetzgeber übertragen. Broschüre, Berlin: DIHK

DIHK - Deutscher Industrie- und Handelskammertag (Hrsg.) (2006): Existenzgründung in Zeiten von Hartz IV. DIHK-Gründerreport 2006

Eickhoff, Marion (2005): Zuweisung staatlicher Aufgaben an die Kammern der freien Berufe. Rechtsfragen zu den Auswirkungen auf die Organisationsstruktur. In: Jahrbuch des Kammer- und Berufsrechts, Baden-Baden: Nomos, 37-50

Ertel, Michael; Pröll, Ulrich (2004): Arbeitssituation und Gesundheit von „neuen Selbstständigen" im Dienstleistungssektor, ARBEIT, Heft 1, 3-15

Ertel, Michael; Pröll, Ulrich (2008): Selbstständig und gesund in freiberuflicher Tätigkeit, in: VFB (Hrsg.) (2008), 99-106

Faller, Gudrun (2008): Betriebliche Gesundheitsförderung oder Betriebliches Gesundheitsmanagement? prävention, Heft 3, 71-74

Faller, Gudrun (Hrsg.) (2010): Lehrbuch betriebliche Gesundheitsförderung, Bern: Verlag Hans Huber

Franke, Jacqueline; Reek-Berghäuser, Kerstin; Weisheit, Klaus-Jürgen; Ritter, Albert (2008): Werkzeuge einer erfolgreichen Poolbetreuung. Schritt für Schritt zum Erfolg (Version 1, September 2008) Download von http://www.gusik.info/manual (31.01.11)

Frevel, Alexander (2010): Arbeitsbewältigungs-Coaching® in Handwerksbetrieben – Stärkung der Arbeitsbewältigungsfähigkeit auf individueller und betrieblicher Ebene. In: ITB (Hrsg.) (2010), 71-85

Fromm, Christine (1998): Soziale Typik und Gesundheit im handwerklichen Kleinbetrieb, in: Pröll (1998a), 11-25

Fromm, Christine; Pröll, Ulrich (2000): Zur sozialen Konstitution von Gesundheit und Sicherheit in Kleinbetrieben. Ansatzpunkte für ressourcenorientierte Präventionskonzepte. In: Brandenburg, Uwe; Nieder, Peter; Susen, Britta (Hrsg.), Gesundheitsmanagement im Betrieb, Weinheim und München: Juventa, 221-236

Fromm, Christine; Pröll, Ulrich unter Mitarbeit von Angelika Dehne und Ellen Hilf (2000): Gesundheit und Sicherheit im Kleinbetrieb. Präventive Potentiale der kleinbetrieblichen Arbeitswelt und Möglichkeiten ihres systematischen Ausbaus. Dortmund (als Download abrufbar unter http://www.sfs-dortmund.de/odb/Repository/Project/Docs/108/EBER_P340_2008.pdf)

Fromm, Christine; Ulrich Pröll (1998): ArGU!ment – ein regionales Modellprojekt zur Weiterbildung und Betriebsberatung im Arbeits- und Gesundheitsschutz des Handwerks, in: Pröll (1998a), 75-85

Fuchs, Tatjana; Bielenski, Harald; Fischer, Agnes; Kistler, Ernst; Wagner, Alexandra (2006): Was ist gute Arbeit? Anforderungen aus der Sicht von Erwerbstätigen. Konzeption und Auswertung einer repräsentativen Untersuchung. Forschungsbericht an die BAuA, Stadtbergen 2005 (Internet-Download: http://www.inqa.de/Inqa/Redaktion/Projekte/Was-ist-gute-Arbeit/gute-arbeit-endfassung-studie,property=pdf,bereich=inqa,sprache=de,rwb=true.pdf)

Gesetz über Partnergesellschaften Angehöriger Freier Berufe in: BGBl 1994, 1744

Gillwald, Katrin (o.J.): Konzepte sozialer Innovation. Discussion Paper P00-519 des Wissenschaftszentrums Berlin für Sozialforschung (WZB)

Goltz, Ferdinand (2002) :Mancur Olsons Logik des kollektiven Handelns und das (Rechts-)Problem der gesetzlichen Pflichtmitgliedschaft in den Kammern. Jahrbuch des Kammerrechts, 179-222

Heberle, Liliane (1995): Das Projekt 'Zukunftswerkstatt' der Innungskrankenkasse Stuttgart, in: Pröll (1995), 71ff.

Hendler, Reinhard (2002): Geschichte und Idee der funktionalen Selbstverwaltung; in: Jahrbuch des Kammerrechts, 9-22

Henning, Klaus, Bach, Ursula; Hees, Frank (Hrsg.) (2010): Innovationsfähigkeit stärken – Wettbewerbsfähigkeit erhalten. Präventiver Arbeits- und Gesundheitsschutz als Treiber (Dokumentation der 3. Jahrestagung des Förderschwerpunktes „Präventiver Arbeits- und Gesundheitsschutz), Aachen

Henning, Klaus, Leisten, Ingo; Hees, Frank (Hrsg.) (2009): Innovationsfähigkeit stärken – Wettbewerbsfähigkeit erhalten. Präventiver Arbeits- und Gesundheitsschutz als Treiber (Dokumentation der 2. Jahrestagung des Förderschwerpunktes „Präventiver Arbeits- und Gesundheitsschutz), Aachen

Henning, Klaus; Richert, Anja; Hees, Frank (Hrsg.) (2008): Präventiver Arbeits- und Gesundheitsschutz 2020 (Dokumentation der 1. Jahrestagung des Förderschwerpunktes „Präventiver Arbeits- und Gesundheitsschutz), Aachen,

Hentrich, Jörg; Freigang-Bauer, Ingra, unter Mitarbeit von Silke Amann und Gabriele Gusia (2008): Ansatzpunkte und Beispiele für die Themenintegration im Verbände-System. In: Henning/ Richert/ Hees (Hrsg.) (2008,) 146-153

Hirtenlehner, Helmut; Meggeneder, Oskar (2005): Die Ansprechbarkeit kleiner und mittlerer Unternehmen für Betriebliche Gesundheitsförderung. Eine Typologie anhand von Befragungsdaten aus Oberösterreich. In: Meggeneder/ Pelster/ Sochert (Hrsg.), 189-200

Handelskammer Hamburg (2011): Neues Parlament der Hamburger Kaufleute gewählt, PM vom 24.02.2011, http://www.hk24.de/servicemarken/presse/informationen/pressemeldungen/1263278/Neues_Pa rlament_der_Hamburger_Kaufleute_gewaehlt.html (17.03.2011)

Hommerich, Christoph (2008): Die Freien Berufe und das Vertrauen der Gesellschaft, in: VFB (Hrsg.) (2008), 61-68

Hommerich, Christoph; Ebers, Thomas (2006): Die wirtschaftliche Situation der Ingenieure in der Bundesrepublik Deutschland - Ergebnisse einer Repräsentativbefragung. Untersuchung im Auftrag der Bundesingenieurkammer http://www.ingkbw.de/03_information/Hommerich-Ingenieure.pdf (17.03.2011)

Hommerich, Christoph; Ebers, Thomas Ebers (2009): Die wirtschaftliche Situation der NRW-Architekten Erste Ergebnisse der Strukturuntersuchung 2009 der Architektenkammer Nordrhein-Westfalen, http://www.aknw.de/index.htm?modus=aktuelles_detail&id=2270 (17.03.2011)

Howaldt, Jürgen; Jacobsen, Heike (Hrsg.) (2010):Soziale Innovation. Auf dem Weg zu einem postindustriellen Innovationsparadigma. Wiesbaden: VS-Verlag

Howaldt, Jürgen; Schwarz, Michael (2010): Soziale Innovation – Konzepte, Forschungsfelder und - perspektiven. In: In: Howaldt/ Jacobsen (Hrsg.), 87-108

Hügel, H.; A. Kraus (1988): Berater und Arbeitswissenschaft. Forschungsbericht Fb 561 der Bundesanstalt für Arbeitsschutz, Bremerhaven: Wirtschaftsverlag NW

IHKG-Gesetz - Gesetz zur vorläufigen Regelung des Rechts der Industrie- und Handelskammern vom 18. Dezember 1956 (BGBl. I S.920), zuletzt geändert durch das Gesetz zur Änderung der Handwerksordnung und anderer handwerklicher Vorschriften zum 24. Dezember 2003 (BGBl. I S. 2934); in: DIHK (2004)

IK-BAU-NW [Ingenieurkammer-Bau Nordrhein-Westfalen] (2000): Ausgewählte Ergebnisse einer Mitgliederbefragung http://www.ikbaunrw.de/fileadmin/ikbau/downloads/mitglieder/kurzfassung_mitgliederbefragu ng.pdf (15.03.2011)

IKK Pro Gesundheit (2008): Die IKK-Impulswerkstatt. http://www.ikk-pro-gesundheit.de/pro/generator/pro/ikk/mehr-wissen/128574.html (14.10.2008)

IKKimpuls (2008): IKK-impulswerkstatt bei der Firma Fischer Dach in Wertheim-Bettingen. „Gesundheits-Know-how im Team". http://www.ikk.de/ikk/generator/ikk/fuer-arbeitgeber/gesundheits-management-im-betrieb/3976,property=Data.pdf (15.10.2008)

IKK Schwarzwald-Baar (2009): Rezepte für gesundes Arbeiten. Ikkimpuls-Gesundheitsprojekt bei der Konditoren-Innung Konstanz: http://www.ikkbw-he.de/uploads/tx_moveelevatorikkbooklet/3988.pdf (22.09.2009)

ITB - Institut für Technik der Betriebsführung (Hrsg.) (2010): Innovation und Prävention. Beiträge aus der Fokusgruppe „Betriebliches Innovationsmanagement". München/ Mering: Rainer Hampp Verlag.

ITB - Institut für Technik der Betriebsführung (Hrsg.) (2010): Nutzenorientierter und kostenreduzierter Arbeitsschutz mit integrierter Gesundheitsförderung. NOAH-Projektbericht, München und Mehring: Rainer Hampp Verlag

Klusmann, Kerstin; Stamm, Roger (2000): Der Sicherheits-Check: Gefährdungsbeurteilung für Kleinbetriebe in Europa, in: Pröll (Hrsg.) (2000a), 41-47

Kluth, Winfried (2002): Die Zukunft der funktionalen Selbstverwaltung – Perspektiven und Themen einer Reformdiskussion, in: Ders. (Hrsg.), Jahrbuch des Kammerrechts 2002, Baden-Baden: Nomos-Verlag, 43-63

Kluth, Winfried., Rieger, Frank (2004): Grundbegriffe des Rechts der Industrie- und Handelskammern. Halle (Saale): Institut für Kammerrecht

Kluth, Winfried (2006): Die Zukunft der Freien Berufe in der globalisierten Dienstleistungsgesellschaft. In: Jahrbuch des Kammer- und Berufsrechts, Baden-Baden: Nomos, 265-281

Kluth, Winfried (2008): Zukunft der Freien Berufe. Chancen auch in der globalisierten Welt. In: VFB (Hrsg.)(2008), 51-59

Kotthoff, Hermann; Reindl, Josef (1990): Die soziale Welt kleiner Betriebe. Wirtschaften, Arbeiten und Leben im mittelständischen Industriebetrieb, Göttingen: Otto Schwartz & Co

Krüger, Wolfgang (1983): Professionalisierung durch den Staat. Soziale Welt, Heft 4, 514-531

Kunstmann, Wilfried (2005): Suchtmittelerkrankungen bei Ärzten – Handlungsmöglichkeiten der Ärztekammern. Vortrag auf dem DGPPN-Kongress am 24.11.05 (Folienvortrag, pers. Inf.)

Landtag NRW (2009): Antwort der Landesregierung auf die Kleine Anfrage 3359 (Drucksache 14/9280) zu „Welche Chancen haben Frauen in den Führungsebenen der nordrhein-westfälischen Industrie- und Handelskammern?", Landtags-Drucksache 14/9451 vom 22.06.2009

Langhoff, Thomas; Wildförster, Ricarda (2001): Existenzgründung - gesund und sicher starten. Analyseergebnisse zur Situation der Gründer und der Gründungsberater. Langfassung des Sachverständigengutachtens "Existenzgründung und Arbeitsschutz - Qualifizierte Beratung und umfassende Information", Bundesministerium für Arbeit und Sozialordnung (Hrsg.) http://www.progruender.de/pdf_files/BMA-Gutachten-Langfassung.pdf (15.03.2011)

Martin, Albert; Bartscher-Finzer, Susanne (2008): Arbeitsbedingungen von Unternehmern. Schriften des Instituts für Mittelstandsforschung der Universität Lüneburg. Heft 22. Lüneburg

Maylandt, Jens (2008): Erwerbsarbeit und Gesundheit als Thema der Mitgliederbetreuung von Kammern und Verbänden. Erste Ergebnisse einer Kurzbefragung von Beratungspersonal. In: Henning/ Richert/ Hees (Hrsg.), 154-160

Meggeneder, Helmut; Pelster, Klaus; Sochert, Reinhold (Hrsg.) (2005): Betriebliche Gesundheitsförderung in kleinen und mittleren Unternehmen. Bern: Verlag Hans Huber

Moldaschl, Manfred (2010): Innovation in sozialwissenschaftlichen Theorien oder Gibt es überhaupt Innovationstheorien? Papers and Reprints of the Department of Innovation Research and Sustainable Ressource Management (BWL IX), Chemnitz University of Technology

Müller, Günter F. (2003). Diagnose unternehmerischer Persönlichkeitspotenziale. Zeitschrift für Management, Nr. 9, 14-18

Müller, Günther F. (2004). Die Kunst, sich selbst zu führen. Konzept, Strategie, Messung von Selbstführung. Personalführung, 37 (11), 30-43

Naidoo, Jennie; Wills, Jane (2010): Lehrbuch der Gesundheitsförderung (hrsg. v. d. Bundeszentrale für gesundheitliche Aufklärung), Gamburg: Verlag für Gesundheitsförderung

Nitsche, Heinz (1993): Gesundheit im Stuckateurhandwerk. In: Pelikan/ Demmer/ Hurrelmann (Hrsg.), 145-149

Olson, Mancur L. (2004 [1965]): Die Logik des kollektiven Handelns: Kollektivgüter und die Theorie der Gruppen. Tübingen

Pelikan, Jürgen M.; Demmer, Hildegard; Hurrelmann, Klaus (Hrsg.) (1993): Gesundheitsförderung durch Organisationsentwicklung. Konzepte, Strategien und Projekte für Betriebe, Krankenhäuser und Schulen, Weinheim/ München

Pitschas, Rainer (2005): Das klassische Leitbild des Freien Berufs in der deutschen Rechtsordnung. In: Jahrbuch des Kammer- und Berufsrechts, Baden-Baden: Nomos, 349-371

Pröll, Ulrich (1998a): Prävention in der handwerklich-kleinbetrieblichen Arbeitswelt: Wege zu einem milieugerechten Leitbild, in: ARBEIT, Heft 4, 1998, 219-237

Pröll, Ulrich (2000b): Präventionskonzepte für Kleinunternehmen. Kriterien aus Sicht der Forschung. In: Pröll, Ulrich (Hrsg.) (2000a), 7ff.

Pröll, Ulrich (2000c): Gesundheitsschutz im Kleinbetrieb. Präventive Strategie und praktische Ansätze am Beispiel des Handwerks. In: Badura, Bernhard; Litsch, Martin; Vetter, Christian (Hrsg.), Fehlzeiten-Report 2000, Heidelberg (Springer), 102-113

Pröll, Ulrich (2001): Prävention im Kleinbetrieb. Netzwerkgestützte Förderung eines pragmatischen Managements von Gesundheit und Sicherheit – Erfahrungen und konzeptionelle Schlussfolgerungen aus neueren Forschungs- und Entwicklungsaktivitäten, in: DLR-Projektträger „Arbeitsgestaltung und Dienstleistungen" (Hrsg.): Arbeitsschutz im Wandel. Neue Wege – Anregungen – Projekte, 42-53

Pröll, Ulrich (2004): Wirkungsbedingungen, Handlungspotenziale und Interventionsmöglichkeiten überbetrieblicher Akteure bei der Weiterentwicklung von Gesundheit und Sicherheit in Klein- und Mittelbetrieben. Gutachten im Auftrag der Bertelsmann Stiftung für die Kommission „Zukunftsfähige betriebliche Gesundheitspolitik". In: Bertelsmann-Stiftung/ Hans-Böckler-Stiftung (Hrsg.): Zukunftsfähige betriebliche Gesundheitspolitik. Vorschläge der Expertenkommission, Gütersloh: Bertelsmann (CD)

Pröll, Ulrich (2010): Corporate Social Responsibility (CSR) - ein innovatives Instrument für die Stressprävention? Kurzgutachten im Auftrag der Bundesanstalt für Arbeitsschutz und Arbeitsmedizin, Beiträge aus der Forschung, Band 172, Dortmund: sfs http://www.sfs-dortmund.de/odb/Repository/Publication/Doc/1217/badf_band_172.pdf (15.03.2011)

Pröll, Ulrich (2009): Erwerbsarbeit und Gesundheit von Selbstständigen. In: ARBEIT, Heft 4, 298-312

Pröll, Ulrich (Hrsg.) (1998): Arbeit und Gesundheit im Kleinbetrieb. Forschungsergebnisse und Präventionserfahrungen. Tagungsband, Dortmund: sfs (Beiträge aus der Forschung Bd. 104)

Pröll, Ulrich (Hrsg.) (2000): Sicherheit und Gesundheit im Kleinbetrieb. Zwischenbilanz und Perspektiven praktischer Handlungsansätze des Arbeitsschutzes. Dokumentation des Workshops der Sozialforschungsstelle Dortmund am 22. Februar 2000, Dortmund: sfs

Pröll, Ulrich (Red.) (1995): Regionale Kooperationsnetzwerke Arbeit & Gesundheit. Modelle - Projekte - Erfahrungen. Dokumentation der Informationstagung 'Gesundheitsschutz in der Arbeitswelt durch regionale Zusammenarbeit' in Dortmund am 25. Okt. 1995, Düsseldorf/Dortmund

Pröll, Ulrich; Ammon, Ursula, Ertel, Michael, Haake, Gunter; Kruse, Oliver (2007): selbstständig & gesund – Prävention und Gesundheitsförderung bei selbstständiger Erwerbsarbeit. Forschungsbericht Fb1092 der Bundesanstalt für Arbeitsschutz und Arbeitsmedizin. Dortmund/ Berlin/ Dresden

Pröll, Ulrich; Berger, Rainer; Herrmann, Jörg; Schumacher, Erika (2008): Fit bis zur Rente? Gesundheitsmangement im freiberuflichen Arbeitsleben von Ingenieuren, Deutsches Ingenieurblatt (Sachsen-Anhalt), Heft 4

Pröll, Ulrich; Ertel, Michael; Haake, Gunter (2010): Für alles ständig selbst verantwortlich? Belastungen, Gesundheitsressourcen und Prävention bei selbstständiger Erwerbsarbeit. In: Faller (Hrsg.), 258-265

Pröll, Ulrich; Gude, Dietmar (2003). Gesundheitliche Auswirkungen flexibler Arbeitsformen. Risikoabschätzung und Ableitung von Gestaltungsanforderungen. Forschungsbericht Fb 986 der Bundesanstalt für Arbeitsschutz und Arbeitsmedizin, Bremerhaven: Wissenschaftsverlag NW 2003

Pröll, Ulrich; Maylandt, Jens (2008): Transferpotenziale der Betriebsberatung des Handwerks für das Gesundheitsmanagement in Kleinbetrieben. Ergebnisse einer Online-Befragung. In: Gesellschaft für Arbeitswissenschaft e.V. (Hrsg.), Arbeitsgestaltung in KMU. Herbstkonferenz vom 10.-11.September 2008, Ilmenau, 241-248

Pröll, Ulrich; Schumacher, Erika (2008): Fit bis zur Rente? Gesundheitsmanagement im freiberuflichen Arbeitsleben. Deutsches Architektenblatt (NRW), Heft 1, 14f.

Protsch, Paula (2006): Lebens- und Arbeitsqualität von Selbstständigen. Objektive Lebens- und Arbeitsbedingungen und subjektives Wohlbefinden einer homogenen Erwerbsgruppe. WZB-discussion paper SP I 2006-106, Wissenschaftszentrum Berlin für Sozialforschung

Rieger, Frank (2003): Die Ingenieurkammern in Deutschland. In: Jahrbuch des Kammer- und Berufsrechts, Baden-Baden: Nomos, 64-93

Rimann, Martin; Udris, Ivars (1998): 'Kohärenzerleben' (Sense of Coherence): Zentraler Bestandteil von Gesundheit oder Gesundheitsressource?, in: Schüffel, Wolfgang et al. (Hrsg.), Handbuch der Salutogenese. Konzept und Praxis, Wiesbaden, S. 351-373

223

Ritter, Albert; Schulte, Achim (2010): Arbeitsschutz und Gesundheitsförderung in Handwerksbetrieben: Ansatzpunkte für innovative Strategien und Wege. In: ITB (Hrsg.), 43-46

Rogers, Everett M. (2003 [1962]): Diffusion of Innovations (Fifth Edition), New York u. a.: Free Press

Schafhausen, Martin (2007): Die angestellte Psychotherapeutin/ der angestellte Psychotherapeut – Spannungsverhältnis zwischen Freiheit der Berufsausübung und Weisungsrecht des Arbeitgebers. Psychotherapeutenjournal, Heft 2, 142-147

Schmidt-Trenz, Hans-Jörg (2006): Wie viel Zwang braucht der Dritte Sektor? Die Logik kollektiven Handelns bei Delegation am Beispiel der Industrie- und Handelskammern. In: Jahrbuch Recht und Ökonomik des Dritten Sektors 2005/ 2006 (RÖDS). Baden-Baden: Nomos, 140-164

Schulte, Achim; Ritter, Albert (2010): Das „NOAH-Modell", in: ITB (Hrsg.), 23-34

Schumpeter, Joseph Alois (1964 [1912]): Theorie der wirtschaftlichen Entwicklung. Berlin: Duncker und Humblot (Nachdruck der 1. Auflage)

Sebaldt, Martin; Straßner, Alexander (2004): Verbände in der Bundesrepublik Deutschland. Eine Einführung, Wiesbaden: VS-Verlag

Siebecke, Dagmar (2009): Befragung zu den Belastungen und Beanspruchungen in der IT-Arbeit. Befragung von Beschäftigten und Freelancern der IT- und Medienbranche (Zwischenauswertung – Stand: Januar 2009) http://www.pragdis.de/data/siebecke_1.pdf (10.08.2009)

Siegrist, Johannes (1996): Soziale Krisen und Gesundheit. Göttingen u. a.: Hogrefe Verlag für Psychologie

Techniker Krankenkasse (2008): Gesundheit in KMU. Widerstände gegen Betriebliches Gesundheitsmanagement in kleinen und mittleren Unternehmen. Veröffentlichungen zum betrieblichen Gesundheitsmanagement der TK, Band 17 (ISSN 1610-8450)

Tempel, Jürgen; Geißler, Heinrich; Ilmarinen, Juhani: Stärken fördern, Schwächen erkennen: Der Beitrag der betrieblichen Gesundheitsförderung für die Erhaltung der Arbeitsfähigkeit von älteren und älter werdenden Mitarbeiterinnen und Mitarbeitern. In: Faller (Hrsg.) (2010), 181-189

Tettinger, Peter J. (2002): Freie Berufe und Kammerrechte im Wandel der Staatsaufgaben. In: Merz, J. (Hrsg.) (2002): Freie Berufe im Wandel der Märkte. Baden–Baden: Nomos

Tettinger, Peter J. (2003): Selbstverwaltung in freiberuflichen Kammern. In: Jahrbuch des Kammer- und Berufsrechts, Baden-Baden: Nomos, 140-152

Thomzik, Markus (2010): Innovation und Prävention. In: ITB (Hrsg.) (2010), 11-26

Thönnessen, Kerstin (2010): Ergebnisse der Evaluation der pilotartigen NOAH-Anwendung, in: ITB (Hrsg.), 139-142

Ullmann, Hans-Peter (1988): Interessenverbände in Deutschland. Frankfurt/M.

VFB - Verband Freier Berufe im Lande NRW (Hrsg.) (2008): Freie Berufe – Gestalter der Gesellschaft. Festschrift zum 60-jährigen Bestehen des Verbandes Freier Berufe im Lande NRW e.V., Düsseldorf: Selbstverlag

Welt-Online                                                                                      (2007): http://www.welt.de/wirtschaft/article1341027/39_Berufe_und_ihre_woechentliche_Arbeitszeit. html (10.08.2009)Antonovsky, Aaron (1997): Salutogenese (deutsche Übersetzung von "Unraveling the Mystery of Health"), Hrsg. von Alexa Franke, Tübingen

Westdeutscher             Handwerkskammertag             (2010):             Leitbild: http://www.handwerknrw.de/ueberuns/leitbild.html, Zugriff am 27.05.2010

Wikipedia (2010b): Handwerkskammern: http://de.wikipedia.org/wiki/Handwerkskammer, Zugriff am 06.05.2010

Windhoff-Heretier, Adrienne (1990): Verwaltungen im Widerstreit von Klientelinteressen : Arbeitsschutz im internationalen Vergleich. Wiesbaden: Dt. Univ.-Verl.

Wydler, Hans; Kolip, Petra; Abel, Thomas (Hrsg.) (2000): Salutogenese und Kohärenzgefühl. Grundlagen, Empirie und Praxis eines gesundheitswissenschaftlichen Konzepts, Weinheim/ München: Juventa

Zapf, Wolfgang (1989): Über soziale Innovation. Soziale Welt, 40 (1/2), 170-183

ZDH - Zentralverband des Deutschen Handwerks (2005): Zahlen und Daten zur Beratungsorganisation. http://www.zdh.de/fileadmin/user_upload/themen/Gewerbefoerderung/zahlen_BB_im_Handw erk_2005.pdf (05.09.07)

ZDH - Zentralverband des Deutschen Handwerks (2003): Ein klares Ja zum Meisterbrief. ZDH-Präsident Dieter Philipp wirbt in der Juli-Ausgabe der Zeitschrift "Meistertipp" für das Konzept des Handwerks für eine moderne Handwerksordnung: http://www.zdh.de/presse/beitraege/archiv-beitraege/ein-klares-ja-zum-meisterbrief.html (08.06.2010)

ZDH - Zentralverband des Deutschen Handwerks (2008): Betriebsberatung im Handwerk. http://www.zdh.de/gewerbefoerderung/betriebsberatung/die-betriebsberatung-im-handwerk.html (04.08.2008)

ZDH - Zentralverband des Deutschen Handwerks (2010b): Der Deutsche Handwerkskammertag: http://www.zdh.de/handwerksorganisationen/deutscher-handwerkskammertag-dhkt/der-deutsche-handwerkskammertag.html (31.05.2010)

ZDH - Zentralverband des Deutschen Handwerks (2009): Handwerk ist mehr, ZDH Schriftenreihe Nr. 67, Berlin

ZDH - Zentralverband des Deutschen Handwerks et al. (o. J.): Verantwortungsvolles Unternehmertum. Praxisleitfaden für kleine Betriebe. http://csr.schnittsteller.de/uploads/media/Guide_CSR_Germany_neu.pdf (21.09.09)

# VS Forschung | VS Research
## Neu im Programm Politik

Cornelia Altenburg

**Kernenergie und Politikberatung**
Die Vermessung einer Kontroverse
2010. 315 S. Br. EUR 39,95
ISBN 978-3-531-17020-6

Markus Gloe / Volker Reinhardt (Hrsg.)

**Politikwissenschaft und Politische Bildung**
Nationale und internationale Perspektiven
2010. 269 S. Br. EUR 39,95
ISBN 978-3-531-17361-0

Farid Hafez

**Islamophober Populismus**
Moschee- und Minarettbauverbote
österreichischer Parlamentsparteien
2010. Mit einem Geleitwort von Prof.
Dr. Anton Pelinka. 212 S. Br. EUR 34,95
ISBN 978-3-531-17152-4

Annabelle Houdret

**Wasserkonflikte sind Machtkonflikte**
Ursachen und Lösungsansätze
in Marokko
2010. 301 S. Br. EUR 34,95
ISBN 978-3-531-16982-8

Jens Maßlo

**Jugendliche in der Politik**
Chancen und Probleme einer
institutionalisierten Jugendbeteiligung
2010. 477 S. Br. EUR 49,95
ISBN 978-3-531-17398-6

Torsten Noe

**Dezentrale Arbeitsmarktpolitik**
Die Implementierung der Zusammen-
legung von Arbeitslosen- und Sozialhilfe
2010. 274 S. Br. EUR 39,95
ISBN 978-3-531-17588-1

Stefan Parhofer

**Die funktional-orientierte Demokratie**
Ein politisches Gedankenmodell
zur Zukunft der Demokratie
2010. 271 S. Br. EUR 29,95
ISBN 978-3-531-17521-8

Alexander Wolf

**Die U.S.-amerikanische Somaliaintervention 1992-1994**
2010. 133 S. Br. EUR 29,95
ISBN 978-3-531-17298-9

Erhältlich im Buchhandel oder beim Verlag.
Änderungen vorbehalten. Stand: Juli 2010.

**www.vs-verlag.de**

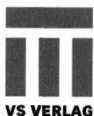
**VS VERLAG**

Abraham-Lincoln-Straße 46
65189 Wiesbaden
Tel. 0611.7878-722
Fax 0611.7878-400

MIX
Papier aus verantwortungsvollen Quellen
Paper from responsible sources
FSC® C105338

If you have any concerns about our products,
you can contact us on
**ProductSafety@springernature.com**

In case Publisher is established outside the EU,
the EU authorized representative is:
**Springer Nature Customer Service Center GmbH
Europaplatz 3, 69115 Heidelberg, Germany**

Printed by Libri Plureos GmbH
in Hamburg, Germany